EXERCICES

SUR LA

GRAMMAIRE BRETONNE

DU DIALECTE DE TRÉGUIER

PAR

L'ABBÉ L. LE CLERC

Licencié ès lettres

Professeur à l'Institution Notre-Dame de Guingamp

SAINT-BRIEUC

IMPRIMERIE-LIBRAIRIE DE RENÉ PRUD'HOMME

1910

EXERCICES

SUR LA

GRAMMAIRE BRETONNE

DU DIALECTE DE TRÉGUIER

EXERCICES

SUR LA

GRAMMAIRE BRETONNE

du Dialecte de Tréguier

PAR

L'Abbé L. LE CLERC

LICENCIÉ ÈS LETTRES

PROFESSEUR A L'INSTITUTION NOTRE-DAME DE GUINGAMP

SAINT-BRIEUC

IMPRIMERIE-LIBRAIRIE DE RENÉ PRUD'HOMME

1910

PRÉFACE

Ce livre d'*Exercices bretons*, comme la *Grammaire* à laquelle il correspond, est un travail d'adaptation. Il reproduit, à peu de chose près, le livre d'*Exercices* (1) composé par MM. Guillevic et Le Goff pour le dialecte de Vannes. Presque toujours, en effet, il lui emprunte le texte des thèmes, et se contente d'habiller à la trécorroise celui des versions.

C'est seulement par ceci qu'il est neuf.

Les règles élémentaires de syntaxe, avec lesquelles il s'agit de familiariser peu à peu l'élève, ne sont plus énoncées en tête des exercices où l'on doit les appliquer. On trouve seulement à cette place un numéro qui renvoie à une étude préliminaire intitulée *Petite syntaxe*. Toutes les règles y sont groupées, non pas sans doute dans un ordre rigoureusement logique, mais de façon cependant à former un ensemble que l'élève pourra embrasser d'un coup d'œil et saisir facilement. Quand il se les sera bien assimilées, il pourra, sans témérité, aborder la traduction d'un texte quelconque. Je l'ai cru, du moins, et que je pouvais ne pas mettre dans cet ouvrage la seconde partie de celui qui me sert de modèle, c'est-à-dire les *Exercices sur la syntaxe*. L'expérience dira s'il y a lieu de combler plus tard cette lacune.

Les groupes de mots qui font face à chaque série d'exercices ont aussi subi un allègement. On n'y a laissé que les termes dont

---

(1) A Vannes, chez Lafolye, libraire-éditeur.

l'élève a besoin de connaître la signification pour faire la version ou le thème. On n'y a même pas indiqué le pluriel des substantifs, sauf pour les exercices du début, qui ne supposent pas encore chez l'élève la connaissance des règles relatives à la formation de ce nombre. On veut que, une fois initié au mécanisme de ces règles, il fasse un effort pour se les rappeler et les appliquer. S'il est arrêté par quelque difficulté, il en trouvera la solution dans les deux *lexiques* qui suivent les exercices.

Ce sont eux encore qui viendront au secours de sa mémoire, chaque fois qu'il lui arrivera d'oublier le sens d'une des expressions employées dans les exercices précédents : sauf erreur, il les y trouvera toutes.

En somme, quand on compare ce livre avec celui de MM. Guillevic et Le Goff, on n'y voit d'autre innovation importante que les lexiques. C'est dire combien je suis reconnaissant, une fois de plus, aux éminents grammairiens qui, désireux de favoriser l'étude comparée du vannetais et des autres dialectes bretons, m'ont autorisé et fort encouragé à faire profiter le trécorrois de leurs travaux.

L. LE CLERC.

EXERCICES SUR LA GRAMMAIRE BRETONNE

du dialecte de Tréguier

I. — REMARQUES PRÉLIMINAIRES

SUR LA CONJUGAISON DES VERBES

1° Radical pur.

a) Pour conjuguer un verbe en breton il faut connaître le radical pur, puisqu'il fournit toutes les formes des modes personnels. Dans **lac'han**, *tuer*, par exemple, le radical pur est **lac'h** : l'on dira **me a lac'h**, *je tue* ; **me a lac'he**, *je tuais* ; **me a lac'ho**, *je tuerai*.

b) On trouve ordinairement le radical pur en supprimant la terminaison de l'infinitif : c'est ce qui arrive du moins pour les infinitifs en **al, an, at, et, out,** et pour quelques infinitifs en **en : strakal**, *éclater*, r. p. **strak** ; **lac'han**, *tuer*, r. p. **lac'h** ; **gwasaat** ou **gwasât**, *empirer*, r. p. **gwasa** ; **gwelet**, *voir*, r. p. **gwel** ; **karout**, *aimer*, r. p. **kar** ; **dougen**, *porter*, r. p. **doug**.

c) Dans quelques infinitifs les voyelles **a, e, o** du radical sont altérées sous l'influence des terminaisons **el, en** et **i : mervel**, *mourir*, r. p. **marv** ; **dibri**, *manger*, r. p. **debr** ; **skei**, *frapper*, r. p. **sko**.

En ce cas on trouve le radical pur au participe passé, dont on supprime la terminaison **et : marvet**, *mort* ; **debret**, *mangé* ; **skoet**, *frappé*.

Voilà pourquoi, au cours des exercices, le participe passé de ces sortes de verbes sera indiqué entre parenthèses : **mervel (p. marvet)**, *mourir*.

d) Quelquefois l'infinitif se présente sans terminaison, sous la forme du radical pur lui-même : **lenn** (p. **lennet**), *lire* ; **c'hoari** (p. **c'hoariet**), *jouer*. — Dans ce cas l'on écrira **lenn** (rad.).

N. B. — Pour plus de détails, v. *Gram.*, n° 101.

2° Particule verbale A.

Quand les formes verbales sont précédées de leur sujet ou de leur complément direct, elles en sont séparées par la particule **a**, à moins qu'une autre particule ne les en sépare : **ma breur a lenn,** *mon frère lit* ; **eul levr a lennan,** *je lis un livre* ; **ma breur na lenn ket,** *mon frère ne lit pas.*

Cette particule **a** provoque l'affaiblissement de la consonne initiale du verbe si celle-ci est muable (*Gram.* n° 32) : **me a gar** (pour **me a kar**), *j'aime* ; **me a vo** (pour **me a bo**), *je serai.*

Remarque. — Souvent **a** devient **ac'h** devant une voyelle : **me ac'h ambroug,** *je conduis.*

II. — CONJUGAISON DU VERBE AUXILIAIRE Bean, *ÊTRE*

PARTICIPE PASSÉ : **bet,** *été.*

INDICATIF PRÉSENT

1° A L'IMPERSONNEL (1)		2° AU PERSONNEL	
me a zo	*je suis,*		**on** *je suis malade,*
te a zo	*tu es,*		**out** *tu es malade,*
heñ, hi a zo	*il, elle est,*		**eo** *il, elle est malade,*
ni a zo	*nous sommes,*	**klanv** (2)	**omp** *nous sommes ma-lades,*
c'hwi a zo	*vous êtes,*		**oc'h** *vous êtes malade,*
i (int) a zo	*ils, elles sont.*		**int** *ils, elles sont ma-lades.*

(1) Pour l'emploi de la conjugaison personnelle et de la conjugaison impersonnelle, v. *Gram.*, n°ˢ 87, 158, 159.

(2) La particule verbale **e** se sous-entend ici ou devient **ec'h** par euphonie : **klanv ec'h on.**

IMPARFAIT

me a oa	*j'étais,*		oan	*j'étais malade.*
te a oa	*tu étais,*		oas	etc.
heñ, hi a oa	*il, elle était,*	klanv e	oa	
ni a oa	*nous étions,*		oamp	
c'hwi a oa	*vous étiez,*		oac'h	
i (int) a oa	*ils, elles étaient.*		oant	

Le *passé défini* manque : on le remplace ordinairement par le plus-que-parfait.

FUTUR

me a vo	*je serai,*		vin	*je serai malade.*
te a vo	*tu seras,*		vi	etc.
heñ, hi a vo	*il sera,*	klanv e	vo	
ni a vo	*nous serons,*		vefomp	
c'hwi a vo	*vous serez,*		vefet	
i (int) a vo	*ils, elles seront.*		vefont	

CONDITIONNEL

me a vije ou vefe (1)	*je serais,*		vijen ou vefen (1) *je*	
te a vije ou vefe	*tu serais,*			*[serais malade,*
heñ, hi a vije ou vefe	*il, elle serait*		vijes ou vefes	etc.
ni a vije ou vefe	*nous serions,*	klanv e	vije ou vefe	
c'hwi a vije ou vefe	*vous seriez,*		vijemp ou vefemp	
i (int) a vije ou vefe	*ils, elles seraient.*		vijec'h ou vefec'h	
			vijent ou vefent	

PASSÉ INDÉFINI

me a zo bet, *j'ai été.* | klanv on bet, *j'ai été malade.*

PLUS-QUE-PARFAIT

me a oa bet, *j'avais été.* | klanv e oan bet, *j'avais été malade.*

FUTUR PASSÉ

me a vo bet, *j'aurai été.* | klanv e vin bet, *j'aurai été malade.*

CONDITIONNEL PASSÉ

me a vije, *j'aurais été.* | klanv e vijen bet, *j'aurais été malade.*

(1) Pour le choix entre ces formes, v. *Gram.*, p. 61, note.

L'*impératif* et le *subjonctif* ne se trouvent qu'à l'impersonnel :

IMPÉRATIF : **bez, beet, beomp, beet, beent,** *sois,* etc.

SUBJONCTIF
PRÉSENT : **e vin** ou **e ven, e vefen** (1), *que je sois.*
IMPARFAIT : **e vijen,** *que je fusse.*
PASSÉ : **e vin bet** ou **e ven, e vefen bet,** *que j'aie été.*
PLUS-QUE-PARFAIT : **e vijen bet,** *que j'eusse été.*

III. — CONJUGAISON DU VERBE AUXILIAIRE **Am eus** (2) *J'AI*

PARTICIPE PASSÉ : **bet,** *eu.*

1° A l'impersonnel.

INDICATIF PRÉSENT		IMPARFAIT	
me am eus	*j'ai,*	**me am oa**	*j'avais,*
te a teus	*tu as,*	**te a toa** (3)	*tu avais,*
heñ an neus	*il a,*	**heñ an doa (noa)**	*il avait,*
hi he deus	*elle a,*	**hi he doa**	*elle avait,*
ni hon deus	*nous avons,*	**ni hon doa**	*nous avions,*
c'hwi ho peus	*vous avez,*	**c'hwi ho poa**	*vous aviez,*
i (int) o deus	*ils, elles ont.*	**i (int) o doa**	*ils, elles avaient.*

Le *passé défini* manque : on le remplace ordinairement par le plus-que-parfait.

FUTUR		PASSÉ INDÉFINI
me am mo	*j'aurais,*	**me am eus bet** *j'ai eu.*
te a to (4)	*tu aurais,*	
heñ an do (no)	*il aurait,*	PLUS-QUE-PARFAIT
hi he do	*elle aurait,*	
ni hon do	*nous aurions,*	**me am oa bet** *j'avais eu.*
c'hwi ho po	*vous auriez,*	
i (int) o do	*ils, elles auraient.*	

(1) Pour le choix entre ces formes, v. *Gram.,* p. 62, note.

(2) Ce verbe, en trécorrois, n'a pas d'autre infinitif que **kaout, kât,** qui signifie plutôt *trouver.*

(3) On dit aussi **te a tevoa, heñ an devoa, hi he devoa, ni hon devoa, i (int) o devoa.**

(4) On dit aussi **te a tevo, heñ an devo, hi he devo, ni hon devo, (i int) o devo.**

<table>
<tr><td>

CONDITIONNEL PRÉSENT

me am mefe, mije (1) *j'aurais,*
te a tefe, tije *tu aurais,*
(**heñ an defe, dije** *il aurait,*
)**hi he defe, dije** *elle aurait,*
ni hon defe, dije *nous aurions,*
c'hwi ho pefe, pije *vous auriez,*
i (int) o defe, dije *ils, elles auraient.*

</td><td>

FUTUR PASSÉ

me am mo bet *j'aurai eu.*

CONDITIONNEL PASSÉ

me am mije bet *j'aurais eu.*

</td></tr>
</table>

2º Au personnel.

La conjugaison personnelle a les mêmes formes que la conjugaison impersonnelle : **c'hoant am eus,** *j'ai envie.* Elle comporte cependant de plus des formes spéciales pour le subjonctif et pour l'impératif.

SUBJONCTIF
PRÉSENT : **am mo** ou **am me, am mefe** (2), *que j'aie.*
IMPARFAIT : **am mije,** *que j'eusse.*
PASSÉ : **am mo bet** ou **am me, am mefe bet,** *que j'aie eu*
PLUS-QUE-PARFAIT : **am mije bet,** *que j'eusse eu.*

IMPÉRATIF : **bez, beet, beomp, beet, beent,** *aie,* etc.

IV. — CONJUGAISON DU VERBE ACTIF **Lac'han** (3) *TUER*

PARTICIPE PASSÉ : **lac'het,** *tué.*

1º A l'impersonnel.

<table>
<tr><td>

INDICATIF PRÉSENT

me a lac'h *je tue,*
te a lac'h *tu tues,*
heñ, hi a lac'h *il, elle tue,*
ni a lac'h *nous tuons,*
c'hwi a lac'h *vous tuez,*
i (int) a lac'h *ils, elles tuent.*

</td><td>

IMPARFAIT

me a lac'he *je tuais,*
te a lac'he *tu tuais,*
heñ, hi a lac'he *il, elle tuait*
ni a lac'he *nous tuions,*
c'hwi a lac'he *vous tuiez,*
i (int) a lac'he *ils, elles tuaient.*

</td></tr>
</table>

(1) Pour le choix entre ces formes, v. *Gram.,* p. 61, note.
(2) Pour le choix entre ces formes, v. *Gram.,* p. 62, note.
(3) A **karout,** *aimer,* qui est le paradigme de la *Grammaire,* nous préférons pour les exercices **lac'han,** *tuer,* parce que sa lettre initiale l ne se prête pas aux mutations.

<table>
<tr><td>

PASSÉ DÉFINI

me a lac'has *je tuai.*
    etc.

FUTUR

me a lac'ho *je tuerai.*
    etc.

CONDITIONNEL

me a lac'hfe, a lac'hje (1) *je*
    etc.   [*tuerais.*

</td><td>

PASSÉ INDÉFINI

me am eus lac'het *j'ai tué.*

PLUS-QUE-PARFAIT

me am oa lac'het *j'avais tué.*

FUTUR PASSÉ

me am mo lac'het

CONDITIONNEL PASSÉ

me am mije lac'het

</td></tr>
</table>

2° Au personnel.

INDICATIF PRÉSENT

	lac'han	*je tue*	
	lac'hez	*tu tues*	
eur blei a	**lac'h**	*il, elle tue*	**un loup**
	lac'homp	*nous tuons*	
	lac'het	*vous tuez*	
	lac'hont	*ils, elles tuent*	

IMPARFAIT

	lac'hen	*je tuai*	
	lac'hes	*tu tuais*	
eur blei a	**lac'he**	*il, elle tuait*	**un loup**
	lac'hemp	*nous tuions*	
	lac'hec'h	*vous tuiez*	
	lac'hent	*ils, elles tuaient*	

PASSÉ DÉFINI

	lac'his	*je tuai*	
	lac'hjont	*tu tuas*	
eur blei a	**lac'has**	*il, elle tua*	**un loup**
	lac'hjomp	*nous tuâmes*	
	lac'hjoc'h	*vous tuâtes*	
	lac'hjont	*ils, elles tuèrent*	

(1) Pour le choix entre ces formes, v. *Gram.*, p. 61, note.

FUTUR

eur blei a {
lac'hin	*je tuerai*
lac'hi	*tu tueras*
lac'ho	*il, elle tuera*
lac'hfomp	*nous tuerons*
lac'hfet	*vous tuerez*
lac'hfont	*ils, elles tueront*
} *un loup*

CONDITIONNEL

eur blei a {
lac'hfen (1)	*je tuerais*
lac'hfes	*tu tuerais*
lac'hfe	*il, elle tuerait*
lac'hfemp	*nous tuerions*
lac'hfec'h	*vous tueriez*
lac'hfent	*ils, elles tueraient*
} *un loup*

On dit aussi : **a lac'hjen**, etc. (1).

PASSÉ INDÉFINI

eur blei am eus lac'het *j'ai tué un loup.*

PLUS-QUE-PARFAIT

eur blei am oa lac'het *j'avais tué un loup.*

FUTUR PASSÉ

eur blei am mo lac'het *j'aurai tué un loup.*

CONDITIONNEL PASSÉ

eur blei am mije lac'het *j'aurais tué un loup.*

IMPÉRATIF

lac'h	*tue,*
lac'het	*qu'il, qu'elle tue,*
lac'homp	*tuons,*
lac'het	*tuez,*
lac'hent	*qu'ils, qu'elles tuent.*

(1) Pour l'emploi de **lac'hfen, lac'hjen**, voir *Gram.*, p. 61, note.

SUBJONCTIF

PRÉSENT : **e lac'hin, e lac'hfen** (1), **eur blei,** *que je tue un loup.*
IMPARFAIT : **e lac'hjen,** *que je tuasse...*
PASSÉ : **am mo** ou **am me, mefe** (1) **lac'het,** *que j'aie tué...*
PLUS-QUE-PARFAIT : **am mije lac'het,** *que j'eusse tué...*

V. — CONJUGAISON DU VERBE PASSIF :

Bean lac'het, *ÊTRE TUÉ*

Le verbe passif, au personnel et à l'impersonnel, prend les formes du verbe **bean** auxquelles on ajoute le participe passé : je *serai tué*, **lac'het e vin** et **me a vo lac'het.**

(1) Pour le choix entre ces formes, voir *Gram.,* p. 62, note.

PETITE SYNTAXE

(Leçons correspondant aux Exercices du recueil)

N° 1.

RÈGLE I. — L'adjectif en breton est invariable.

RÈGLE II. — L'article défini *le, la, les*, au masculin et au féminin, au singulier et au pluriel, se rend par **an** devant une voyelle, un **h** muet, et les lettres **n, t, d** ; par **ar** devant les autres consonnes et devant **i** consonne, c'est-à-dire **i** suivi d'une autre voyelle (1) ; par **ar** ou **al** devant **l**.

L'article indéfini *un, une*, devant une voyelle, se rend par **eun, eur, eul,** selon la lettre qui suit.

L'article partitif *du, de, la, des*, ne se traduit pas.

N° 2.

RÈGLE I. — Le pronom personnel complément direct est presque toujours identique à l'adjectif possessif.

ADJECTIFS POSSESSIFS		PRONOMS PERSONNELS COMPLÉMENTS	
ma, am,	*mon, ma, mes.*	**am,**	*me.*
da, az,	*son, sa, ses.*	**az,**	*te.*
e,	*son, sa, ses (à lui).*	**e, hen,**	*le.*
he,	*son, sa, ses (à elle).*	**he, hi,**	*la.*
hon,	*notre, nos.*	**hon,**	*nous.*
ho,	*votre, vos.*	**ho,**	*vous.*
o,	*leur, leurs.*	**o,**	*les.*

Remarques. — *1)* Les formes **am, az** de l'adjectif possessif s'emploient seulement après la préposition **da,** *à* : **d'am c'halon,** *à mon cœur.*

(1) L'i consonne s'écrit souvent **y.**

2) La préposition **e (en)**, *en, dans* se combine avec les formes **am, az** de l'adjectif possessif pour donner les formes **em (en em, 'n em), ez (en ez, 'n ez)**, qui signifient, l'une *dans mon, ma, mes* ; l'autre *dans ton,* etc. : **em c'halon,** *dans mon cœur.*

3) En Tréguier, devant les voyelles et même quelquefois devant les liquides **l, m, n, r,** on renforce par l'aspiration **c'h** les formes **he, ho : hoc'h eoul,** *votre huile* ; **hec'h loer,** *son bas (à elle).*

RÈGLE II. — Les pronoms personnels compléments directs se mettent entre le sujet et le verbe. Devant ces pronoms, la particule **a** est supprimée : *il me tue,* **heñ am lac'h.**

Nº 5.

RÈGLE I. — L'adjectif en breton se place régulièrement après le nom.

RÈGLE II. — Les expressions **an hini,** *celui, celle* ; **ar re,** *ceux, celles,* peuvent se joindre à des adjectifs, et forment des expressions qui servent à traduire les adjectifs français pris substantivement : *le malade,* **an hini klanv** ; *les fous,* **ar re sod.**

RÈGLE III. — Après les adjectifs numéraux, les substantifs gardent la forme du singulier : *trois ans,* **tri blâ.**

Nº 6.

RÈGLE I. — On emploie sans article les expressions **dilun, dimeurz,** etc., comme en français *lundi, mardi,* etc.

RÈGLE II. — Dans les temps composés, le pronom personnel complément direct se met entre l'auxiliaire et le participe : **me am eus e (1) welet,** *je l'ai vu.* — En ce cas on peut remplacer **hen** ou **e** par **an.**

RÈGLE III. — Au lieu des formes de pronoms personnels compléments directs précédemment étudiées (**am, az, e** ou **hen, he, hon, ho, o**) qui se placent avant le verbe, le trécorrois se

(1) Le pronom **e** provoque l'affaiblissement de la consonne initiale du mot suivant, si elle est muable (omis dans la 1re édition de la *Gram.,* nº 31).

sert plus souvent, par abus, de formes composées qui se placent après le verbe (v. *Gram.*, n° 78, 2°).

Ces formes sont les suivantes :

ac'hanon, anon, *me.*
ac'hanout, anout, *te.*
anean, 'nean, *le.*
anei, 'nei, *la.*
ac'hanomp, anomp, *nous.*
ac'hanoc'h, anoc'h, *vous.*
anê, 'nê, *les.*

Me a wel ac'hanoc'h au lieu de **me ho kwel**, *je vous vois* ; **me am eus gwelet 'nei** au lieu de **me am eus he gwelet**, *je l'ai vue.*

RÈGLE IV. — Le participe présent se forme en faisant précéder l'infinitif soit de **o**, *en train de*, avec mutation mixte, soit de **en eur**, *en*, avec affaiblissement général (v. *Gram.*, n° 32).

Dans la première construction, l'infinitif marque une action que l'on fait actuellement et est accompagné ordinairement du verbe **bean** ; dans la seconde il indique la simultanéité ou le moyen.

Heñ a oa o lenn, *il lisait (il était lisant, en train de lire)* ; **heñ a zesk en eur lenn**, *il apprend en lisant.*

N° 8.

RÈGLE. — On place après l'adjectif les mots **bras, meurbet,** *très* ; **mat,** *bien* ; **awalc'h,** *assez.*

N° 9.

RÈGLE I. — Quand la préposition française *de* marque qu'un substantif a pour complément un nom propre, ou un nom commun individualisé par l'adjonction d'un article ou d'un adjectif déterminatif, ou encore un pronom, deux traductions sont possibles. La première consiste à supprimer l'article défini devant le premier nom et la préposition **eus** devant le complément ; — la seconde à exprimer la préposition **eus** devant le complément et l'article défini devant le premier nom : *les montagnes du pays* : **meneio ar vro, ar meneio eus ar vro.**

La première traduction est la seule admise quand le complément désigne un être animé. Ex. : *le chapeau de mon père*, **tôk ma zad.**

On emploie exclusivement la seconde, quand le complément exprime une idée d'origine, de partie : *la moitié de la tourte*, **an hanter eus an dorz.**

RÈGLE II. — Quand le complément du substantif est un terme général et indéterminé, on le traduit simplement par **a.** Cependant la préposition est supprimée quand le complément désigne la matière, la destination : *un homme de cœur*, **eun den a galon** ; *la cuiller d'argent*, **al loa arc'hant.**

N° 16.

RÈGLE I. — Après les verbes *entendre, voir, sentir*, l'infinitif français se traduit comme le participe présent par **o** avec l'infinitif : *je le vois marcher*, **me a wel anean o kerzet.**

RÈGLE II. — *Faire* suivi de l'infinitif se rend par **lakat…da** : *faire pleurer l'enfant*, **lakat ar bugel da ouelan.** — *Laisser* suivi de l'infinitif se rend par **lezel … da, lôskât … da.**

N° 17.

RÈGLE I. — Après un comparatif *que* se rend par **evit** (1).

RÈGLE II. — *Autant … que* se rend par **kement … ha** ; *aussi … que* par **ken … ha.**

RÈGLE III. — Pour traduire *l'homme le plus fort*, on dirait en breton : **ar c'hreñvan den** ou **an den kreñvan** (sans l'article).

N° 18.

RÈGLE. — Avec les noms de nombre composés, le substantif se place après le premier terme, si celui-ci s'additionne ; après

____

(1) En Léon **eget.**

le second, s'il y a multiplication : *quarante-cinq hommes*, **pemp den ha daou-ugent** ; — *soixante hommes*, **tri-ugent den**.

Au-dessus de *cent*, si l'on procède par centaines, les centaines s'expriment d'abord, et le substantif prend sa place ordinaire avant les particules **war** et **ha**, quand ces particules doivent être exprimées : *deux cent soixante-cinq hommes*, **daou c'hant pemp den ha tri-ugent**. Il est entendu que jusqu'à 200 on peut compter par vingtaines : *cent quarante-cinq hommes*, **pemp den ha seiz ugent**.

N° 22.

RÈGLE I. — **Ouz**. On emploie *ouz* :

1° Après les mots qui expriment rapprochement, conformité : **stagan ouz**, *attacher à* ; — **hanval ouz**, *semblable à*.

2° Après les mots exprimant des relations hostiles ou amicales : **senti ouz**, *obéir à* ; — **fachet ouz**, *fâché contre* ; — **mirout ouz**, *empêcher* (quelqu'un).

3° Après les mots exprimant un sentiment : **kaout kaz ouz**, *avoir de l'aversion pour*.

Remarque. — Après les mots exprimant séparation, éloignement, on emploie : **diouz, pell diouz**, *loin de*.

RÈGLE II. — **Gant**. On emploie *gant* :

1° Devant le complément des verbes passifs : **heñ a zo bet skoet gant e vreur**, *il a été frappé par son frère* ; — **karet gant Doue**, *aimé de Dieu*.

2° Après les verbes qui signifient *demander à*, **goulen gant** ; — *recevoir de*, **reseo gant, kaout gant** (on emploie plutôt alors **digant**).

3° Devant des compléments de manière, d'instrument, de cause : **gant eur c'hleze**, *avec une épée, à l'épée* ; — **mervel gant an naon**, *mourir de faim* ; — **krenan gant an aon**, *trembler de peur*.

N° 23.

RÈGLE I. — **Da**. — 1° Se construisent avec **da** les verbes **gouelan**, *pleurer sur* ; — **pokat**, *baiser, embrasser*.

2º Remarquer que certains adjectifs se construisent avec **da** : **tost da**, *proche de* ; — **kar da**, *parent de* ; — **enebour da**, *ennemi de*.

RÈGLE II. — **En, e.** — 1º Cette préposition traduit *à, en, dans*, devant le nom de lieu où l'on est, où l'on entre : **en Pondi**, *à Pontivy* ; — **mont en ti**, *entrer dans la maison*. — *À, en*, marquant une simple direction, se rendent par **da** : **mont da Bondi**, *aller à Pontivy*.

Vers se traduit ordinairement par **etrezek** devant un nom de lieu ; par **daved** devant un nom de personne.

2º **E** traduit *à, en, dans* devant le nom du temps où une chose se fait : **en heur hon maro**, *à l'heure de notre mort*. — On emploie **da** dans certaines expressions : **da vintin**, *le matin* ; — **d'an neve amzer**, *au printemps*.

Dans signifiant *au bout de* se rend par **a-benn, 'benn** ou par **abarz** : **a-benn eiz de**, *dans huit jours*.

RÈGLE III. — **Diwar.** — 1º **Diwar** signifie *de dessus* : **disken diwar ar marc'h**, *descendre de cheval*.

2º **Diwar** traduit *sur* après les verbes *prélever, prendre* : **sevel gwirio diwar an dud** : *lever des impôts sur le peuple*.

Nº 24.

RÈGLE. — Le pronom relatif **a**, *qui, que*, ne diffère pas de la particule verbale. On l'omet devant le pronom personnel complément, devant la particule **en em**, devant le verbe **am eus** et devant la négation **na, ne**.

An hini a wel, *celui qui voit* ;
an hini ho kwel, *celui qui vous voit* ;
an hini na welet ket, *celui que vous ne voyez pas*.

Nº 25.

RÈGLE. — Le pronom *quelque*, au pluriel comme au singulier, se traduit par le mot **bennak**, qui se place après un nom singulier précédé de l'article indéfini : *quelques mots*, **eur gir bennak**.

N° 26.

Règle I. — Même en l'absence de toute construction demandant la conjugaison personnelle (*Gram.*, n° 87), on peut, dans les propositions principales affirmatives, employer cette conjugaison avec le verbe **bean**, si on le fait précéder de l'attribut : **klanv e oan**, *j'étais malade*, au lieu de **me a oa klanv**.

On peut, devant les formes **on**, **out**, etc., supprimer la particule verbale **e** : **klanv on**. Aux temps composés, on peut mettre le participe passé, au lieu de l'attribut, en tête de la proposition : **bet on klanv**, *j'ai été malade*.

Règle II. — L'impératif a toujours la forme personnelle et n'est jamais précédé de l'attribut. **Beomp kalonek**, *soyons courageux*.

Règle III. — Au personnel, le pronom sujet ne s'exprime pas, sauf dans le cas d'une locution emphatique : *J'étais malade*, **klanv e oan** ; — emphatiquement : **e oan me**.

Règle IV. — Dans les cas qui amènent la conjugaison personnelle, tout autre sujet que le pronom personnel s'exprime après le verbe, qui se met toujours à la troisième personne du singulier : *mes parents étaient malades*, **klanv e oa ma zud**.

N° 27.

Règle I. — La forme bretonne qui répond à *ne... pas* est **na... ket** ou **ne... ket**. Pour l'emploi de ces deux formes on peut s'en rapporter aux règles qui fixent celui des particules verbales **a** et **e** (*Gram.*, n° 88) : *Jean ne sera pas malade*, **Ian na vo ket klanv** ; *je ne serai pas malade*, **ne vin ket klanv**.

Comme on le voit, la négation se joint au verbe sans aucune particule.

C'est toujours la conjugaison personnelle qui s'emploie dans une proposition négative (*Gram.*, n° 87).

Il faut appliquer, le cas échéant, la *règle IV* de la leçon précédente : *mes parents n'étaient pas malades*, **ne oa ket klanv ma zud**. Cependant, dans les propositions principales, cette règle peut ne pas être suivie : on peut mettre le sujet autre que le pronom personnel avant le verbe, lequel prend alors la forme personnelle, se mettant au pluriel, s'il y a lieu : **ma zud na oant ket klanv** (*mes parents, ils n'étaient pas malades*).

Règle II. — La conjonction de subordination se joint au verbe sans particule. **Pa oan klanv,** *quand j'étais malade.* — Le verbe est, comme on le voit, à la conjugaison personnelle (*Gram.,* n° 87).

Règle III. — Après un adverbe, un complément indirect, une proposition subordonnée, qui demandent aussi après eux la conjugaison personnelle, c'est la particule **e** qu'il faut employer avant le verbe : *hier j'étais très malade,* **dec'h e oan klanv bras.**

Nota. — Dans les cas visés par ces deux dernières règles, il faut observer, le cas échéant, la *règle IV* de la leçon précédente.

Règle IV. — Les formes d'actualité **eman, emaint,** s'emploient pour mettre en relief l'idée de temps.

1° Devant **o** et l'infinitif, qui alors a la valeur d'un participe présent : **eman o skrivan,** *il écrit (il est écrivant).*

2° Après les adverbes de lieu et de temps et après les conjonctions **pa, ma,** etc. : **elec'h m'eman,** *où il est ;* — **pelec'h eman ?** *où est-il ?*

Si le sujet est exprimé (s'il est autre qu'un pronom personnel), il se place toujours après le verbe : **eman Yan o labourat** ou **o labourat eman Yan,** *Jean travaille.*

Si la proposition est négative, on *pourra* cependant faire précéder **eman, emaint** de leurs sujets : **ma zud m'emaint ket er gêr,** *mes parents ne sont pas à la maison.* — Mais on pourra dire aussi : **n'eman ket ma zud er gêr,** d'après la règle générale énoncée à la fin de la leçon précédente (verbe au singulier suivi d'un substantif pluriel sujet).

N° 28.

Règle I. — Pour traduire *il y a* on se sert régulièrement de **eus.** Mais en Tréguier on ne l'emploie guère que dans les propositions négatives : *il n'y a pas d'eau dans la maison,* **n'eus ket dour en ti ;** — *il n'y a pas de marchands en ville,* **n'eus ket marc'hadourien en kêr.**

Dans les propositions affirmatives, le trécorrois emploie **zo,** même quand la construction semble appeler la conjugaison impersonnelle : *il y de l'eau dans la maison,* **dour a zo an ti** ou **en ti e zo dour,** ou emphatiquement **bean a zo dour en ti.**

Remarque. — On emploie aussi **eus** dans les réponses pour traduire le *si* affirmatif du français : *il n'y a pas d'eau dans la maison? – Si,* **n'eus ket dour en ti ?** — **Eus** ou même **geus.**

RÈGLE II. — Les expressions *c'est, ce sont,* dans une proposition affirmative indépendante, se traduisent en mettant en breton avant le verbe les mots qui le suivent en français ; le verbe sera la forme **eo** du personnel, même quand il se trouvera précédé de mots pouvant servir de sujet ; en réalité ces mots constituent un attribut : *c'est moi,* **me eo** ; *ce sera ici,* **aman eo e vo** ; *ce sont eux qui sont là,* **int eo a zo aze.** — Quand le sujet *logique* précède *ce* on ne fait pas l'inversion et on emploie la conjugaison impersonnelle : *faire cela c'est un péché,* **ober an dra-ze a zo eur pec'hed.**

Remarque. — On emploie encore **eo** pour traduire les expressions impersonnelles *il est, il fait : il est vrai,* **gwir eo** ; — et, en Tréguier, dans la construction du complément anticipé : *le chapeau de Pierre est noir,* **Pêr ac'h eo du e dôk** (v. *Gram.,* n° 88, note).

N° 29.

RÈGLE. — Le complément direct d'un verbe actif peut se mettre avant le verbe, qui est alors à la conjugaison personnelle avec la particule **a** : **Doue a garan,** *j'aime Dieu.*

Le complément du verbe français *avoir* peut aussi se mettre en breton avant le verbe **am eus,** avec suppression de la particule **a** (v. la *régle II* de la 2ᵉ leçon) : **eur vuoc'h am eus,** *j'ai une vache.*

N° 30.

RÈGLE I. — Après *si* conditionnel, en français, on emploie quelquefois le présent de l'indicatif dans le sens du futur ; *s'il vient demain, je serai content.* Il en est de même en breton après **mar, ma : mar deu arc'hoaz, e vo stad ennon.**

Cependant le verbe **bean** se met en ce cas au subjonctif présent **ben** : *si je suis bien portant, je viendrai demain,* **mar ben iac'h, e teuin arc'hoaz.**

Règle II. — Après *si* on emploie en français l'imparfait de l'indicatif dans le sens du conditionnel ; en pareil cas, c'est du conditionnel qu'on se sert en breton : *si j'étais malade, je ne serais pas ici,* **ma (1) vijen klanv, ne vijen ket aman.**

N° 32.

Règle I. — En général, on introduit les propositions subordonnées complétives à l'aide de la particule **e (ec'h)** que suit immédiatement le verbe à la conjugaison personnelle.

On traite ainsi, en particulier, les propositions qui suivent :

1° Les verbes qui signifient *dire, croire, savoir, sentir : je crois que je suis malade* ou *je crois être malade,* **me gred ec'h on klanv.**

2° Les verbes qui expriment un acte de volonté : *je veux que tu coupes une branche,* **fellout a ra d'in e troc'hfes eur barr.**

3° Les verbes qui marquent un sentiment : *je suis étonné que tu prennes ce chemin,* **souezet on e kemerez an hent-se.**

Remarques. — *1)* Après les verbes **aon am eus,** *j'ai peur,* la particule **e** se supprime quand la proposition subordonnée est négative.

2) Après les verbes qui marquent une demande, un ordre, un but, on emploie **ma** et non **e** : *fais en sorte qu'il travaille,* **gra ma labouro.**

Règle II. — Le subjonctif en breton s'emploie généralement dans les mêmes cas qu'en français. — Mais au présent il y a lieu de distinguer entre le subjonctif *complétif* (**fen**) et le subjonctif *non-complétif* (**in**). Après **e** c'est le *complétif,* après **ma** c'est le *non-complétif* qu'on emploie généralement.

Exception. — Le subjonctif étant le mode des énonciations

(1) **Ma,** signifiant *si,* provoque l'affaiblissement (omis dans la 1re édition de la *Gram.,* n° 32).

douteuses, le breton préfère l'indicatif dans les cas où il y a certitude. De là vient qu'il repousse le subjonctif dans certains cas où le français l'admet :

1° Après une proposition principale négative : *je ne croyais pas qu'il plût*, **ne greden ket e rê glao** (**e raje glao** signifierait *qu'il dût pleuvoir*).

2° Après un verbe de sentiment (v. règle I, 3°).

3° Après **ma** : *quoique j'entende bien*, **daoust ma klevan ervat.**

Règle III. — Les temps se correspondent ordinairement dans le français et le breton.

Cependant le présent du conditionnel et l'imparfait du subjonctif, marquant un fait futur après un temps futur, se rendent quelquefois par le conditionnel passé et par le plus-que-parfait du subjonctif : *il croyait que je parlerais*, **heñ a grede am mije komzet** (au lieu de **komzjen**) ; *il voulait que je parlasse*, **heñ a felle d'ean am mije komzet.**

N° 33.

Règle. — Nous avons vu que l'infinitif accompagné de **o** a la valeur d'un participe présent avec les formes d'actualité du verbe **bean** ou avec les formes équivalentes : **eman o lenn** : *il lit* (il est lisant) ; — **ec'h on o lenn** : *je lis* (je suis lisant).

Il a le même sens après les verbes *voir, entendre, sentir* : **me wel 'nean o sevel,** *je le vois monter.*

Après les verbes qui expriment un sentiment, il équivaut au participe présent précédé de *en* : **me am eus mez o welet anean,** *j'ai honte de le voir.*

Au lieu de **o** on emploie **ouz** devant la particule **en em** et devant le pronom régime simple : **me am eus mez ouz ho kwelet,** *j'ai honte de vous voir* ; **me 'wel 'nê ouz en em dornan,** *je les vois se battre* (on dit même : **me 'wel 'nê en em dornan**).

N° 34.

Règle. — Le pronom français *on* se traduit :

1º Par la forme passive ordinaire : *on aime Dieu,* **Doue a zo karet** (Dieu est aimé).

2º Par la forme verbale à sujet indéfini : *on aime Dieu,* **Doue a garer.**

3º Par un terme qui équivaut à *on* (*l'homme, chacun, nous, vous, ils*) : *on l'aime,* **pep hini hen kar** (chacun l'aime) ; *on rit quelquefois,* **a wejo e c'hoarz an nen (an den).**

Remarque. — On a se traduit comme *est, il y a.*

Nº 36.

RÈGLE. — L'infinitif s'emploie sans préposition :

1º Comme sujet de verbe : **mat e vefe senti,** *il serait bon d'obéir ;* **pec'hed eo laret gevier,** *c'est un péché de mentir.*

2º Comme sujet de beaucoup de verbes qui ont, en français, des correspondants construits avec *à* ou *de* : **hastan,** *se hâter de ;* — **diski,** *apprendre à ;* — **komans,** *commencer à ;* — **gourc'hemenni,** *ordonner de ;* — **laret,** *dire de* (ordonner).

Remarques. — 1) On construit avec **da** les verbes exprimant une direction physique ou morale : **me ac'h a da laret,** *je vais dire ;* — **pidi da,** *prier de ;* — **lakat da,** *faire* (inf.) ; — **lezel da,** *laisser* (inf.).

2) L'infinitif se construit avec des prépositions autres que **da** : **arôk mont,** *avant d'aller ;* **kentoc'h evit plegan,** *plutôt que de céder ;* — **elec'h mont,** *au lieu d'aller.*

Nº 38.

RÈGLE I. — Contrairement à la règle générale qui défend l'emploi d'une forme personnelle au commencement de la phrase, le verbe *mont* peut se mettre à cette place au présent et à l'imparfait de l'indicatif : **ec'h an d'ar park,** *je vais au champ.*

RÈGLE II. — Quand **mont** et **dont** sont suivis d'un infinitif, ils en sont séparés par **da** ; **kê da bidi,** *va prier.*

Nº 45.

RÈGLE I. — Le breton de Tréguier n'emploie pas ordinairement, pour traduire *est-ce que ?* de l'interrogation directe, la particule

ha, qui sert en ce cas à d'autres dialectes. L'interrogation se fait suffisamment sentir par l'intonation de la voix.

La proposition interrogative directe renferme le plus souvent une inversion. En ce cas, elle commence par le participe passé du verbe, si celui-ci est à un temps composé ; par un temps de l'auxiliaire **ober**, si le verbe est à un temps simple.

Deut ê Pêr ? *Pierre est-il venu ?*

Dont a rei Pêr ? *Pierre viendra-t-il ?*

Quelquefois même il n'y a pas inversion, et l'on dit **Pêr a zo deut ?** comme l'on dit en français *Pierre est venu ?*

Règle II. — A l'interrogation indirecte, on emploie en Tréguier la particule **ha** que l'on fait suivre soit du sujet du verbe (à l'impersonnel), soit d'un pronom personnel correspondant à ce sujet, soit même, par abus, mais par un abus que l'usage a consacré, de l'unique pronom **heñ** pour les trois personnes et pour les deux nombres.

N'ouzonn ket ha Pêr a deuio ou **hag heñ a deuio Pêr**, *je ne sais si Pierre viendra.*

Lavar d'in hag Anna a deuio ou **hag heñ a deuio Anna**, *dis-moi si Anne viendra.*

Lavar d'in ha hi a deuio ou **hag heñ a deuio hi**, *dis-moi si elle viendra.*

Aux temps composés et aux temps simples conjugués avec **ober**, il y a toujours inversion :

Lavar d'in ha dont a ri, *dis-moi si tu viendras.*

Lavar d'in ha deut ec'h int, *dis-moi s'ils sont venus.*

Remarque. — Cette construction de l'interrogation indirecte explique la forme **daoust ha** qui semble appartenir à l'interrogation directe et être équivalente à *est-ce que ?* mais qui signifie réellement *à savoir si* (**da c'houzout ha**), et appartient réellement à l'interrogation indirecte : **Daoust ha brao e vo an amzer ?** ou **daoust hag heñ a vo brao an amzer ?** *Est-ce que le temps sera beau ?* (savoir si le temps sera beau ?).

Nº 46.

Règle. — Jusqu'à 1 franc on emploie le mot **gwenneg**. On compte ensuite par **real** et **gwenneg** jusqu'à 6 francs (sauf qu'on dit **eur skoued** : 3 fr.) : 2 fr., **eiz real** ; — 3 fr. 35, **trizek real ha daou wenneg** ; — 5 fr., **ugent real** ; — 5 fr. 80, **tri real warnugent hag eur gwenneg**. — A partir de 6 fr. on emploie le mot **lur**, et pour les multiples de 3 le mot **skoued** avec addition de **gwenneg** : 6 fr. 25, **daou skoued ha pemp kwenneg**, ou simplement **daou skoued pemp** ; — 7 fr. 80, **seiz lur c'hwezek kwenneg** ; — 180 fr., **tri ugent skoued**. — Les derniers nombres de chaque unité (**lur** ou **real**) s'énoncent ordinairement par soustraction : 1 fr. 95, **eiz real 'met eur gwenneg** ; — 9 fr. 90, **dek lur 'met daou wenneg**.

I. — L'UNIVERS, L'ESPACE, LE TEMPS

1. — An neñv, *le ciel.*

bed, m. *monde.*
êr, m. *air.*
heol, m. *soleil.*
iarig, f. *poussinière.*
loar, f. *lune.*
neñv, m. *ciel.*

aobl, m. *firmament.*
rastel, f. *rateau.*
sav-heol, m. *orient.*
sklêrijen, f. *lumière.*
stereden, f. *étoile.*

AUTRES MOTS

bihan, *petit.*
bras, *grand.*
devus, *brûlant.*
du, *noir.*
evurus, *heureux.*
fall, *mauvais, méchant.*
galloudek, *puissant.*
iaouank, *jeune.*
izel, *bas.*
koz, *vieux.*
lôskus, *brûlant.*
lugernus, *brillant.*
mat, *bon.*
neve, *nouveau.*
paour, *pauvre.*

pinvik, *riche.*
ru, *rouge.*
sklêr, *clair, limpide.*
splann, *pur, brillant.*
steredennek, *étoilé.*
teval, *sombre.*
uhel, *haut.*

———

bean (p. bet), *être.*

———

ha (devant une voyelle), *et.*
hag (devant une consonne), *et.*
setu aman, *voici.*
setu aze, *voilà.*

———

Ecriture et Prononciation.

Gram., nos 1-24.

Etudier le présent de l'indicatif de **bean** à l'impersonnel (1). — Etudier aussi la leçon n° 1 de la *Petite Syntaxe*.

VERSION

Me a zo bras. — Te a zo bihan. — Heñ a zo fall. — Hi a zo mat. — Ni a zo paour. — C'hwi a zo pinvik. — I a zo koz. — Te a zo iaouank ha me a zo koz. — Heñ a zo bihan, mes heñ a zo fall. — Ni a zo paour, mes ni a zo mat. — Hi a zo pinvik ha mat. — Me a zo bihan ha iaouank. — Ar bed a zo bras. — An heol a zo splann ha lugernus. — An neñv a zo steredennek. — Ar stereden a zo uhel. — Setu aze al loar neve : hi a zo splann. — Setu aman ar iarig. — An neñv a zo teval hag izel.

THÈME

Ils sont riches. — Je suis pauvre. — Ils sont vieux et pauvres. — Elle est boîteuse. — Vous êtes puissant. — Tu es riche et heureux. — Nous sommes pauvres, mais heureux. — Voici de la lumière. — Voilà (un) soleil brûlant. — Le ciel est sombre. — Voici la poussinière et voilà le râteau. — L'orient est rouge et lumineux. — Le monde est grand. — Le firmament est clair. — Le monde est grand et je suis petit. — Ils sont riches et méchants. — Vous serez heureux. — Voici le soleil : il est haut et l'air est brûlant.

(1) Pour connaître la nature de la conjugaison impersonnelle et de la conjugaison personnelle, v. *Gram.*, n° 87.

---

2. — An dour, ar mor, *l'eau, la mer.*

andon, m. pl. io, *source.*
dichal, m., *pente pour l'eau, reflux.*
dour, m., *eau.*
enez, f. pl., inizi, *île.*
fank, m., *boue.*
fankigel, m. pl. llo, *bourbier.*
feunteun, f. pl. io, *fontaine.*
gwagen, f. pl., nno, *vague.*
gwaz, f. pl. ajo, *ruisseau.*
kaillar, m., *boue, crotte.*
karreg, f. pl. kerreg, *rocher, falaise*

lec'hid, m., *vase (la).*
lenn, f. pl. o, *étang.*
mammen, f. pl. nno, *source.*
mor, m., *mer.*
ôd, m., *rivage.*
poull, m. pl. o, *mare.*
red an dour, m., *courant.*
ruzulen, f. pl. nno, *rigole.*
stank, f. pl. o, *étang.*
ster, f. pl. io, *rivière.*

AUTRES MOTS

don, *profond.*
fankek, *boueux.*
goullou, *vide.*
kreñv, *fort.*
leun, *plein.*
stank, *serré, nombreux.*
trouzus, *bruyant.*

———

c'hwean, *s'enfler.*
divian, *épuiser.*
dougen, *porter.*
dibri (p. debret), *manger, ronger.*
eoni, *écumer.*
gourdrouz (radical), *gronder.*
iudal, *hurler.*
karout, *aimer.*
kas (rad.), *envoyer, porter.*

kavout, *trouver.*
kemer (rad.), *prendre.*
konforti, *consoler.*
kuzan, *cacher.*
mastari, *souiller.*
prenan, *acheter.*
tagan, *étrangler.*
tamall (rad.), *reprocher, accuser.*
terri (p. torret), *casser.*
treuzi, *traverser.*
teurel (p. tôlet), *jeter.*
troc'han, *couper.*

———

bemde, *tous les jours.*
da, *à.*
eus, *de.*
war, *sur.*

Mutations par spiration.

Gram., nᵒˢ 28 et 29.

Etudier le présent de l'indicatif du verbe lac'han à l'impersonnel. — Etudier aussi la leçon nᵒ 2 de la *Petite Syntaxe*.

VERSION

Heñ am zamall bemde. — Hi o zroc'h. — I he c'hemer. — Me he fren. — Ar fank hen mastar. — C'hwi hon c'honfort. — Ar ster he c'has d'ar mor. — Ar gwagenno o zôl war an ôd. — Ar ruzulen o c'has eus ar feunteun d'ar poull. — Ma stank a zo goullou, mes ma foull a zo leun. — Setu aman ar vammen, me he c'hav kreñv. — Setu aze an enez : he c'herreg a zo uhel ha trouzus. — Ar gwajo hag ar sterio a c'hwe hag a con. Me a zo evurus 'n em zour-tan. — Ar c'haillar o mastar.

THÈME

Vous m'étranglez. — Il la casse. — L'eau me porte. — Voici des bourbiers profonds : nous les traversons tous les jours. — Les flots le rejettent sur la rive. — La vase les cache. — Le reflux nous porte de l'île au rivage. — Il le gronde et l'accuse. — Mon cœur l'aime : il est mon père. — Notre mare est profonde. — Le courant de l'eau est fort dans ma rigole. — Voici une fontaine : son eau est limpide. — Les vagues écument et hurlent. — Les rochers sont nombreux : la mer les ronge. — Les sources sont épuisées.

3. — **An douar**, *la terre*.

aour, m., *or*.
arc'hant, m., *argent*.
arem, m., *airain*.
bro, f. pl. oio, *pays*.
dir, m., *acier*.
disken, m., *descente*.
douar, m., *terre*.
gwelec'h, m., *désert*.
houarn, m., *fer*.
kouevr, m., *cuivre*.
krav, m. pl. io, *montée*.
mene, m. pl. eio, *montagne*.

mengleu, f. pl. euio, *carrière*.
min (men), m. pl., mein, *pierre*.
min menerez, m., *pierre de taille*.
plenen, f. nno, *plaine*.
plom, m. *plomb*.
poultr, m., *poussière*.
pri, m., *argile*.
ra, m., *chaux*.
roc'h, m. pl. rec'hier, *rocher*.
run, m. pl. io, *colline*.
sten, m., *étain*.
traouien, f. pl. nno, *vallée*.

AUTRES MOTS

berr, *court*.
blot, *meuble, mou*.
dudius, *agréable*.
fur, *sage, avisé*.
gwag, *mou*.
hir, *long*.
kalet, *dur*.
karanteüs, *affectueux*.
rust, *rude, sévère*.
sabrennek, *sablonneux*.
sec'h, *sec*.
sentus, *obéissant*.
skanv, *léger*.

———

anaveout, anaout, *connaître*.

chare (rad.), *charroyer*.
doujan, *craindre, respecter*.
herzel (p. harzet), *empêcher, ar-*
   rêter.
heuill (rad.), *suivre*.
kinnigan, *offrir*.
lemel, *ôter, tirer*.
meskan, *mêler*.
teuzi, *fondre*.

———

bepret, *toujours*.
dioustu, dustu, *tout de suite*.
e-kichen, *auprès de*.
evel, *comme*.
re, *trop*.

Mutations par affaiblissement : 1ʳᵉ et 2ᵉ règle.

Gram., nᵒˢ 130 et 131.

VERSION

Setu aman eur vro dudius. — Ar bôtred hag ar merc'hed
a zo sentus ; i a douj o zad hag o mamm ; an tado hag ar
mammo a zo karanteüs. — Da dad ha da vamm a zo karanteüs. — Setu aze eur plac'h fur. — Ar meneio eus ar vro a
zo leun a aour, a arc'hant, a houarn hag a sten. — Ar pri,
ar ra hag ar vein a zo stank war an douar. — Da blom a
zo blot e kichen ma c'houevr. — Setu aze mein menerez ha
mein glas : me o freno hag o chareo dioustu. — Poultr a zo
war ar blenen. — Eur roc'h bras ha kalet hon harz bepret.
— E vein a zo kalet evel dir. — Da waz a zo sec'h.

THÈME

La plaine est grande, la montée longue, la descente courte et
la vallée profonde. — La montagne est grande et haute auprès
des collines. — Mon père est sévère ; nous le craignons : nous
connaissons son bâton (**baz**, f.). — Un garçon avisé tire son
chapeau. — La terre est sablonneuse ; je la trouve sèche et trop
légère. — Voici le père et la mère : les filles suivent leur mère.
— Voici mon père et ma mère. — Voilà ton père et ta mère. —
Ta terre est mauvaise : je la connais. — Un pays sablonneux est
un désert. — L'argent est dur : le plomb est mou auprès de
l'argent. — Le cuivre et l'étain, vous les fondez, vous les mêlez,
et voilà de l'airain. — Ton père a (**an neus**) une carrière ; il
l'offre à mon père ; mon père l'achète et la paie immédiatement.
— Voici une colline ; je la trouve petite auprès de la montagne.

4. — An amzer, *le temps.*

amzer, f., *temps.*
arnê, m., *orage.*
avel, m., *vent.*
avel skôt, *vent brûlant.*
diskorn, m., *dégel.*
erc'h, m., *neige.*
frim, m., *verglas.*
glao, m., *pluie.*
gliz, m., *rosée.*
ienien, m., *froid (froidure).*
korventen, f., *tourbillon.*
koumoulen, f. pl. koumoul, *nuage*

kurun, m. pl. o, *tonnerre.*
tarz kurun, m., *éclat de tonnerre.*
luc'heden, f. pl., luc'hed, *éclair.*
moester, f., *humidité.*
mougen, f., *brume.*
reo, m., *gelée.*
riou, m., *froid (sensation).*
sec'hour, f., *sécheresse.*
skorn, m., *glace.*
tevalijen, f., *obscurité.*
tomder, f., *chaleur.*

AUTRES MOTS

arneüs, *orageux.*
dous, *doux.*
ien, *froid.*
krenv, *fort.*
moest, *humide.*
ponner, *lourd.*
tom, *chaud.*

—

beuan, *noyer.*
bihanaat, *diminuer.*
c'hwean, *souffler.*
delc'hen (p. dalc'het), *tenir.*
devi, *brûler.*
dousaat, *s'adoucir, adoucir.*
duaat, *se noircir.*
duan, *noircir.*
faoutan, *fendre.*
gwalc'hi, *laver.*
kargan, *charger.*

kouean, *tomber.*
komans (rad.), *commencer.*
krenvaat, *devenir fort.*
kregi (p. kroget), *mordre.*
pellaat, *éloigner.*
pidi (p. pedet), *prier.*
sevel (p. savet), *lever, se lever.*
skuill (rad.), *répandre.*
spontan, *effrayer.*
tarzan, *éclater.*
tevalaat, *s'assombrir.*

—

arc'hoaz, *demain.*
a-wejo, *quelquefois.*
c'hoaz, *encore.*
dec'h, *hier.*
hirie, *aujourd'hui.*
koulskoude, *cependant.*

Mutations par affaiblissement : 3ᵉ règle.

Gram., nº 32.

Etudier les temps simples de **bean** et de **lac'han** à l'impersonnel.

VERSION

An avel a c'hwe, ar c'houmoul a dua hag a guz an heol, eur luc'heden a faout ar goumoulen, ar c'hurun a darz, a goue... Ar glao a walch an douar, a garg ar gwajo, a veu ar vro. Koulskoude ar c'hurun a bella, an avel a zousa, an devalijen a vihana. Setu c'hoaz an heol hag ar sklerijen. Dec'h an avel a oa kreñv ha rust : skorn war an douar ha war al lenn ; ienien ha sec'hour. Hirie eur vougen deval a garg an amzer : tomder ha moester ; an diskorn a gomans. Arc'hoaz an heol a devo an erc'h, ar skorn ha gar frim ; an amzer a vo dous ha dudius. — Me a gar an domder ha te ar ienien. — Al luc'hed hag ar c'hurun am spont. — Tomder hag amzer arneüs : ar c'hurun a darzo c'hoaz hirie. — An amzer a zousao.

THÈME

Hier, un nuage noir cachait le soleil. Le temps était lourd et orageux. Parfois un éclair traversait le ciel. Un coup de tonnerre éclatait sur les montagnes. Cependant le vent se leva, éloigna les nuages, et le soleil versa encore sa lumière. — Nous prions le Créateur et il répand sur la terre la pluie et la rosée. — Nous fendîmes la glace. — Parfois le soleil était trop chaud, parfois le temps était trop dur. — Le vent brûlant soufflera aujourd'hui. — Le temps est sombre et s'assombrira encore. — Voici un tourbillon. — Le vent deviendra fort, il éloignera l'orage. — La gelée mord aujourd'hui et le froid nous traverse.

5. — Brasder, *grandeur.*

Bagad, m., *troupe, bande.*
bern, m. pl. io, *tas.*
bec'h, m. pl. io, *faix.*
brasder, f., *grandeur.*
deun, m., *fond.*
diabarz, m., *intérieur.*
diavêz, m., *extérieur.*
faout, m. pl. o, *fente.*
goeled, m., *fond.*
karter, m. pl. io, *quartier.*

lec'h, m. pl. io, *lieu.*
lein, m., *dessus, sommet.*
lod, m., *part.*
loden, f. pl. nno, *part.*
niver, m., *nombre.*
samm, m. pl. o, *charge.*
somm, f. pl. o, *somme.*
tamm, m pl. o, *morceau.*
toull, m. pl. o, *trou.*

AUTRES MOTS

brao, *joli.*
divalo, *laid.*
klanv, *malade.*
pevar (1), m. (**peder**, f.), *quatre.*
vil, *laid.*

—

bodan, *grouper.*
brasaat, *agrandir, s'agrandir.*
c'hoari (rad.), *jouer.*
dastum (rad.), *amasser, rassembler.*
dizec'han, *dessécher.*
gallout, *pouvoir.*
goulen (p. goulet et goulennet), *demander.*
gwelet, *voir.*
kastian, *châtier, corriger.*

kerzet, *marcher.*
klask (rad.), *chercher.*
kleuzan, *creuser.*
krapat, *grimper.*
plegan, *plier.*
rannan, *partager.*
samman, *charger.*
sellet, *regarder.*
talvout, *valoir.*

—

aboe, *depuis.*
betek, bete, *jusqu'à.*
evit, *pour.*
gant, *avec.*
hep, *sans.*

(1) Les mots **pevar** et **peder**, comme **tri**, m., et **taer**, f., *trois*, **nao**, *neuf*, provoquent l'affaiblissement au même titre que **daou**, m., et **diou**, f., *deux* (omis dans la 1re édition de la *Grammaire*, no 32, 5e règle).

Mutations par affaiblissement : 4ᵉ règle.

Gram., nᵒ 34.

Etudier la leçon nᵒ 5 de la *Petite Syntaxe.*

VERSION

An diavêz a zo brao, mes an diabarz a zo vil. — Ar re vihan a dalv ar re vras. — Me a welas eur bern bras a vein dastumet e-kichen ar waz. — I a rannas ar vro : c'hwi a anave al lodenno. — Ar blenen a zo leun a doullo : c'hwi a zello. — Ar c'hurun a faoutas ar roc'h hag ar glao a vrasa ar faout bemde. — Ar pôtr a gemeras ar bal-dan (pelle à feu), a gleuzas an douar, hag a guzas an arc'hant. — Setu daou zen kreñv : i a zamm eur bec'h ponner hag a gerz gant o zamm. — C'hwi a grapo war ar mene : c'hwi a welo eus al lein rec'hier bras, hep niver, betek an traou.

THÈME

Nous trouvâmes une grande bande rassemblée. — Nous portons un grand et lourd fardeau. — Vous demandiez de l'argent : [en] voici une grande somme. — Ton père était un bon chrétien **(kristen)**. — Voici un joli endroit pour jouer. — Une grande chaleur dessèche la terre. — Mon père est malade depuis trois ans : il peut depuis deux ans marcher avec son bâton. — Vous cherchiez du sable : [en] voici un grand tas. — Voici deux morceaux : je prends le petit, vous prendrez le grand. — Nous pouvons plier le fer, mais nous cassons l'acier. — Le tourbillon les fit sombrer (envoyer au fond). — Voici les quatre quartiers. — La vieille levait son bâton pour corriger les petits enfants.

6. — Koulzo an amzer, *les divisions du temps.*

beure, m., *matin.*
blâ, m. pl. io, *an.*
blavez, m. pl., io, *année.*
de, m. pl. eio, *jour.*
devez, m. pl. io, *journée.*
hanter-noz, f., *minuit.*
heur, f. pl. io, *heure.*
inderv, m., *après-midi.*
kantved, m. pl. ezio, *siècle.*
koulz, m. pl. o, *moment.*
kreiste, m., *midi.*
mintin, m., *matin.*
miz, m. pl. io, *mois.*
— genver (1), *janvier.*
— c'hwevrer, *février.*
— meurz, *mars.*
— ebrel, *avril.*
— mê, *mai.*
— even, *juin.*
— goueren, *juillet.*
— êst, *août.*

miz gwennc'holo, *septembre.*
— here, *octobre.*
— du, *novembre.*
— kerdu, *décembre.*
noz, f. pl. io, *nuit.*
sêzon, f. pl. io, *saison.*
— neve amzer, m., *printemps*
— hanv, m., *été.*
— diskar-amzer, m., *automne.*
— gouanv, *hiver.*
sun, f. pl. io, *semaine.*
— lun, dilun, m., *lundi.*
— meurz, dimeurz, m., *mardi.*
— merc'her, dimerc'her, m., *mercredi.*
— iaou, diriaou, m., *jeudi.*
— gwener, digwener, *vendredi.*
— sadorn, disadorn, *samedi.*
— sul, disul, *dimanche.*

AUTRES MOTS

all, *autre.*
kant, *cent.*
neve, *neuf.*
seiz, *sept.*

labourat, *travailler.*
lac'han, *tuer.*
lenn (rad.), *lire.*
tremen (rad.), *passer.*

———

achui, *achever.*
diskwizan, *se reposer.*
difenn (rad.), *défendre.*
hanvout, *nommer.*
kriski (p. kresket), *croître.*

abret, *de bonne heure.*
e, en, *dans, en.*
e-koulz, *à temps.*
evel, 'vel, *comme.*

(1) L'écriture **Ienver** avec i consonne initial serait plus conforme à l'étymologie : **Ianuarius**, et à la prononciation : **an driet a Ienver,** *le 3 janvier.*

Mutations sur renforcement et mutations mixtes.

Gram., n°s 34 et 35.

Etudier la conjugaison du verbe auxiliaire **am eus**, *j'ai,* la conjugaison impersonnelle de **lac'han** aux temps composés, et la conjugaison impersonnelle du verbe passif **bean lac'het** à tous les temps.
Etudier aussi la leçon n° 6 de la *Petite Syntaxe*.

VERSION

An amzer a zo rannet en kantvejo, blaio, mizio, sunio, deio hag heurio. — Kant 'lâ a zo eur c'hantved. — Eur blâ an neus peder sêzon : an hanv hag ar gouanv, an neve-amzer hag an diskar-amzer. — Genver ha c'hwevrer a zo daou viz rust ha kalet. — Pevar goulz a zo en de : ar beure hag an inderv, kreiste ha hanter-noz. — Me am eus gwelet anoc'h dec'h, ha me ho kwelo c'hoaz dimeurz. — C'hwi ho poa achuet abret ho tevez. — C'hwi a vo lac'het 'n eur difenn ho pro. — Me a zell anean 'vel eur c'hristen. — Me 'm eus bepret sellet 'nean 'vel eur gwir gristen. — Ni a well anoc'h. — Me ho talc'ho. — Heñ a lenne 'n eur gerzet.

THÈME

Les mois sont appelés janvier, février, mars, avril, mai, juin, juillet, août, septembre, octobre, novembre, décembre. — Un mois a quatre semaines. — Il y a sept jours (sept jours sont) dans une semaine : le lundi, le mardi, le mercredi, le jeudi, le vendredi, le samedi, le dimanche. — Le dimanche est [fait] pour se reposer, et les autres jours pour travailler. — Une année passe comme un jour. — Il a été tué vendredi. — Nous connaissons votre pays. — Vous travaillerez votre terre. — Les petits enfants grandissent en mangeant. — Il passe (il est en train de passer). — Je te défendrai. — Je les ai vus jeudi en passant. — Vous prendriez votre bâton pour les tuer. — Je vous tiendrais. — Je les ai tenus. — En été le jour est long en comparaison (à côté) de la nuit.

II. — L'HOMME, LA FAMILLE, LA MAISON

7. — An den (e oad, e stad), *l'homme (âge, condition)*.

argouro, m. pl., *dot.*
bugel, m. pl. bugale, *enfant.*
bue, f., *vie.*
den, m pl. tud, *homme.*
dimezel, f. pl. lled, *demoiselle.*
dimei, m. pl. eio, *mariage, fian-*
    çailles.
emzivad, m. pl. ed, *orphelin.*
eured, m. pl. ejo, *noce.*
fest, m. pl. o, *repas de noces.*
gwanidigez, f., *faiblesse.*
gwrac'h, f. pl. ed, *vieille femme.*
grweg, f. pl. gwrage, *femme.*

gweladen, f., *visite.*
hano, m. pl. oio, *nom.*
iaouankiz, f., *jeunesse.*
intanv, m. pl. ien, *veuf.*
itron, f. pl. ezed, *dame.*
kavel, m. pl. llo, *berceau.*
kozni, f., *vieillesse.*
nerz, f., *force.*
oad, m., *âge.*
ôtro, m. pl. ôtrone, *monsieur.*
plac'h, f. pl. ed, *fille.*
plac'hig, f. pl. o, *fillette.*
poupig, m. pl. o, *bébé.*

AUTRES MOTS

gevel, *jumeau.*
iaouank, *jeune.*
kêz, *malheureux, pauvre (à plaindre).*

—

badaillat, *bailler.*
badeï, *baptiser.*
dansal, *danser.*
darempredi, *fréquenter.*
diskar (rad.), *abattre.*
disprizan, *mépriser.*
gonit (p. goneet), *gagner.*
kanan, *chanter.*
kelen (rad.), *instruire.*
klemm, en em glemm (rad.), *se*
    plaindre.
komz (rad.), *parler.*
kousket, *dormir.*
menel (p. manet) kousket, *s'en-*
    dormir.

kwitaat, *quitter.*
lezel, *laisser.*
luskellat, *bercer.*
mirout, *garder.*
plijout, *plaire.*
sevel (p. savet), *élever, éduquer.*
skrapan, *enlever.*

—

alies, lies, *souvent.*
arôk pell, *avant peu (avant long-*
    temps).
dija, *déjà.*
emberr, *tantôt, bientôt.*
neuze, *alors.*
prestik, *bientôt.*
warlerc'h, *après.*

Récapitulation des mutations.

Gram., n°s 36 et 37.

VERSION

Ar plac'h iaouank a zo bet en gweladen dimeurz. Ni a zanso prestik. An dud a gomz dija eus an dimei : warlerc'h an dimei an eured, warlerc'h an eured ar fest : neuze ar re vras hag ar re vihan a zanso ha 'n eur zansal a dorro o riou. Ar fest a vihanao an argouro, mes an ôtro a gar an dimezel hag a zispriz hec'h arc'hant. — An den, en e iaouankiz, a gresk hag a greñva bemde ; mes ar gozni a diskar anean, hag heñ neuze en em glemm eus e wanidigez. — Ar vue a zo berr : setu eur bugel en e gavel ; arc'hoaz ar bugel a vo bet skrapet. — Ar re glanv a gav hir an amzer hag a c'houl alies an heur. — Ar re vras a gelenne ar re vihan. — Ar bugel a zo klanv : ar wrac'h he deus an badeet.

THÈME

Vous fréquentez les grands messieurs et les grands messieurs vous fréquentent. — Le veuf a deux enfants, une fillette et un garçon. — La vieille femme berçait l'enfant : bercer les petits enfants a toujours plu aux vieilles. — La pauvre femme en quittant la vie laissait deux enfants jumeaux : une bonne dame prit et éleva les deux orphelins. — Nous aurons demain un grand mariage. — Mon berceau a été gardé et je le garderai toujours. — La jeune fille chantait et en chantant berçait le bébé. — L'enfant bâillait : il s'endormit et tomba. — Les hommes sont de grands enfants. — La femme gagnait sa vie en chantant. — Je vous ai baptisé : bientôt je vous instruirai. — Voici de bons enfants : nous les aimons. — Je vois souvent le jeune homme : je connais son nom et son âge.

---

8. — Ar gerent, *les parents.*

breur, m. pl., breudeur, *frère.*
c'hoar, f. pl. rezed, *sœur.*
c'hoar-gaer, *belle-sœur.*
goas, m. pl., goersed, *mari.*
gwreg, f. pl. gwrage, *femme mariée.*
iontr, m. pl. red, *oncle.*
kerent, m. pl. *parents.*
kinderv, m. pl. irvi, *cousin.*
kindervez, f. pl. ezed, *cousine.*
mab, m. pl. mibien, *fils.*
mab-kaer, m., *gendre.*
mab-bihan, *petit-fils.*
mamm, f., *mère.*

mamm-gaer, f., *belle-mère.*
mamm-goz, f., *grand'mère.*
mammig-koz, f., *bisaïeule.*
merc'h, f pl. ed, *fille.*
merc'h-kaer, f., *belle-fille.*
merc'h-vihan, f., *petite-fille.*
moereb, f. ezed, *tante.*
niz, m. pl. nizien, *neveu.*
nizez, f. pl. ezed, *nièce.*
pried, m. pl. ejo, *époux, épouse.*
tad, m. pl. o, *père.*
tad-kaer, m., *beau-père.*
tad-koz, m., *grand-père.*
tadig-koz, m., *bisaïeul.*

AUTRES MOTS

diês, *difficile.*
gwan, *faible.*
hegarat, *aimable.*
iac'h, *bien portant.*
kar, *apparenté.*
maro, *mort.*
nes, *proche.*
oll, *tout.*
tost, *proche.*
trist, *triste.*

—

bevan, *vivre.*
chom (rad.), *rester.*
dizenti, *désobéir.*
dleout (1), *devoir.*
gourdrouz (rad.), *gronder, réprimander.*

koll (rad.), *perdre.*
krozal, *réprimander.*
lakat, *mettre.*
laret (p. laret), *dire.*
magan, *nourrir.*
mailluri, *emmailloter.*
serviji, *servir.*
sikour (rad.), *aider.*

—

awalc'h, *assez.*
.bras, *très.*
e-keñver, *envers.*
ive, *aussi.*
mat, *bien.*
pe, *ou, ou bien.*
rak, *car.*

(1) On dit aussi gleout.

Récapitulation des mutations.

Gram., nᵒˢ 36 et 37.

Etudier la leçon nᵒ 8 de la *Petite Syntaxe*.

VERSION

Eur breur a dle bean mat ha hegarat e-keñver e c'hoar. — Eur verc'h a dle sikour ha serviji he mamm. — E dad a zo maro : e vamm goz he deus savet anean. — Ni a zo kar tost : ma zad-koz hag ho tad-koz a oa breudeur. — Me 'm eus seiz moereb ha daou iontr : me o c'har hag o enor evel eun niz mat.— Int ive a zo mat ha karanteüs e-keñver o niz.— Ar paour kêz emzivad an neus kollet e oll gerent nes. — Ma c'hoargaer a zo iac'h mat ha ma breur a zo iac'h awalc'h. — An daou bried a dle 'n em garout ha 'n em gonforti. — Lies meurbet eur verc'h-kaer a gav diês chom gant he mamm-gaer. — Alies eur mab a zo mat evel e dad, pe fall evel e dad ; eur verc'h ive a zo alies evel he mamm. — Ar mab-kaer a vage e dad-kaer. — He merc'h-kaer a zo iac'h, mes he mab-bihan a zo klanv. — Ma breur an neus kollet e wreg.

THÈME

J'ai encore ma grand'mère ; elle est très vieille et déjà bisaïeule. Elle a élevé quatre filles et deux fils ; elle a sept petits-fils et sept petites-filles. Elle dit souvent aux petits : « Vous serez bons et affectueux envers votre père et votre mère ; ils vous aiment, vous les aimerez ; ils vous gronderont, vous les respecterez ; ils vous ont nourris, vous les servirez et les aiderez toujours. Vous aimerez aussi vos oncles, vos tantes, vos cousins, et vous serez aimables envers tous vos parents. » — La mère emmaillotait son enfant et le mettait dans le berceau. — Ma cousine était très bien portante hier. — Le petit-fils et la petite-fille étaient très tristes : leur grand-père était mort, et leur grand'mère était très malade. — Mon beau-père est faible et vieux, mais nous le garderons et le nourrirons. — Une mère prudente garde et élève ses enfants. — J'ai perdu mes parents bien jeune ; mon oncle m'a toujours regardé comme son fils, et je l'ai toujours regardé comme mon père. — Ma sœur est fort triste, car son mari est assez malade.

9. — **An tiegez, ar vignoned,** *la famille, les amis.*

amezeg, m. pl , zeien, *voisin.*
doare, m., *bonnes façons.*
fillor, m., *filleul.*
gopr, m. pl. o, *gages.*
gourc'hemenno, pl., *compliments.*
hantiz, f., *fréquentation.*
kelo, m. pl. keleier, *nouvelle.*
kelo, m , *nouvelles* (de quelqu'un).
komêr, f., *commère.*
kompêr, m. pl. compiri, *compère.*
kompagnonez, f., *compagnie.*
kamarad, m., *camarade.*
kulator, m., *tuteur.*
maeron, f., *marraine.*
magerez, f., *nourrice.*

matez, f. pl. mitizien, *servante.*
mevel, m , *domestique.*
mesaer, m. pl. rien, *pâtre.*
mestr, m. pl. mistri, *maître.*
mignon, m. pl. ed. *ami.*
minor, m , *mineur.*
nesan, m., *prochain* (le plus proche).
penner, m., f. erez, *héritier* (fils unique).
paeron m. pl. ed, *parrain.*
servijer, m. pl. erien, *serviteur.*
tieg, m pl. tieien, *père de famille.*
tiegez, m., *famille, ménage.*
tud, m. pl., *gens, parents.*

AUTRES MOTS

besteod, *bègue.*
dieg, *paresseux.*
divalo, *vilain, méchant.*
ker, *cher.*
kristen, *chrétien.*
seder, *joyeux.*
souezus, *étonnant.*

—

balbouzat, *bredouiller.*
dihuni, *réveiller, se réveiller.*
gaillan, *agacer, railler.*
gopraat, *gager.*

gwellaat, *améliorer, aller mieux.*
kavout (en em gavout), *se trouver.*
koustout, *coûter.*
krosmoli, *murmurer.*
krozal, *gronder.*
rivinan, *ruiner.*
senti ouz, *obéir à.*

—

da, *à.*
dalc'hmat, *sans cesse.*
eus, *de.*

L'article.

Gram., n⁰ˢ 38-40.

Etudier la leçon n⁰ 9 de la *Petite Syntaxe*.

VERSION

Fillor ma zad a zo mesaer. — An emzivad a zo en ti e vaeron. — Mevel ma faeron a oa besteod hag a valbouze. — E bro ma faeron ar zervijerien a zo gopraet evit o oll bue. — Fall gompagnonez, fall hantiz an neus daonet eun niver bras a dud. — Paeron ma c'hamarad an neus promettet prezancho d'e fillor. — C'hwi a gaso gourc'hemenno ar mignon d'e gulator. — Setu aze keleier souezus. — Ticien ma farouz a zo tud a galon. — Klaskomp mad hon nesan. — Ma c'hompêr an neus eun ti soul. — Ar vesaerien dieg a zo diês da zihuni hag a c'haill alies o mistri.

THÈME

La marraine du mineur fut sa nourrice. — La servante de ma tante grondait et murmurait toujours. — Dans le pays un grand nombre de gens se trouvent ruinés. — Dans un ménage chrétien, l'enfant obéit à ses parents et le domestique à ses maîtres. — Nos voisins sont de bons et joyeux amis. — Voici un morceau de plomb. — Voilà du plomb. — Les gages de ta servante et de ton pâtre sont trop chers. — La marraine de l'héritier est une femme de bonnes façons. — J'ai eu de bonnes nouvelles de mon cousin. — Votre serviteur va mieux, mais votre servante est toujours bien malade. — Les voisins de mon parrain sont de méchantes gens. — Les servantes paresseuses coûtent toujours trop cher.

————————

10. — An hanoio bade, *les prénoms.*

Anna, *Anne.*
Bertram, *Barthélemy.*
Beneat, *Benoit.*
Berc'hed, *Brigitte.*
Ewan, Erwan, *Yves.*
Fransez, Fanch (fam.), *François.*
Fransezan, Fant (fam.), *Françoise.*
Gweltas, *Gildas.*
Gwillerm, Gwillo, Gwill, *Guillaume.*
Herri, *Henri.*
Ivonan, *Yvonne.*
Jann, Janed (fam.), *Jeanne.*
Jenovefan, *Geneviève.*

Jilez, Jil, *Gilles.*
Josef, Job (fam.), *Joseph.*
Katel, *Catherine.*
Loïz, Louiz, *Louis.*
Louizan, *Louise.*
Marc'harid, Gaid (fam.), *Marguerite.*
Maze, Mahe, *Mathieu.*
Matilin, Mato (fam.), *Mathurin.*
Nikolas, Kolas (fam.), *Nicolas.*
Olier, *Olivier.*
Pêr, Pipi (fam.), *Pierre.*
Stefan, *Etienne.*
Visant, *Vincent.*

AUTRES MOTS

born, *borgne.*
devot, *dévot.*
dibenn, *dissipé.*
didrous, *tranquille.*
digonfort, *sans consolation.*
drouk, *méchant.*
kalonek, *courageux.*
sod, *sot.*
sioul, *tranquille.*

—

begiat, bekan, *béler.*
blejal, *braire, beugler, crier.*
c'houirinat, *hennir.*
daleï, *tarder.*

difenn (rad.), *défendre.*
fellout, *falloir.*
   — me a fell d'in, *je veux.*
garmet, *crier, pleurer.*
grognal, *grogner.*
gwerzan, *vendre.*
harzal, *aboyer.*
huchal, *crier.*
mennan (peu us.), *vouloir.*
profan, *donner en offrande.*
studian, *étudier.*

—

eta, *donc.*
e ti, ti, *chez.*

Genre dans les noms de personnes et d'animaux.

Gram., nos 41-43.

VERSION

Bertram, pôtr sod ha dibenn, a huche war e c'hoar Berc'hed : kammez, kammez ! — Ma c'hintervez a zo devot bras da zantez Jenovefa. — Ma iontr an neus profet eun annouer da zant Gweltas. — Ar marc'h a c'houirin, ar vuoc'h a vlej, ar porc'hel a c'hrogn, ar c'hog a gan hag ar vugale a c'harm. — Tad Louizan a oa Robig : Louizan a zo eta eur Robigen. — Ian a zo intanv, ha Marc'harid a zo intanvez. — Ma mab an neus eur c'hamarad hanvet Herri, ha ma merc'h eur gamaradez hanvet Ivonan. — An ôtro hag an itron a oa dec'h gant o mevel e ti hon amezeg. — Bue eun emzivad a zo trist war an douar ; eun emzivadez a zo digonfort er bed. — Breur ma c'hoar-gaer an doa gwerzet e gazek ha prenet eun ejen. — Katel a zo drouk 'vel eur vorgnez.

THÈME

Etienne achèterait un cheval ; mais ses parents gardent bien leur argent. — Saint Yves est un grand saint. Il défendait les pauvres gens. Les prêtres doivent étudier sa vie. — Mon grand-père et ma grand'mère demeuraient (étaient demeurant à (e) Saint-Hernin, ma tante à Saint-Iltud, mes parents à Saint-Jean. — Saint Nicolas aimait et défendait les enfants et les jeunes gens : il peut encore aujourd'hui les défendre et les garder. — J'aurais voulu nommer mon filleul Mathurin ou Louis : mais ma commère a voulu le nommer Vincent. — Guillaume se mariera à Catherine : voilà encore un ménage tranquille et heureux. — Joseph est dissipé, mais Pierre et François sont des enfants obéissants. — Anne et Louise joueraient du matin jusqu'au soir. — Le chien aboie et mon petit frère Benoît crie dans son berceau. — Saint Mathieu a quitté la terre comme un homme fort courageux.

11. — Korv an den (ar penn, ar goug), *le corps de l'homme (la tête, le cou).*

askorn, m. pl. eskern, *os.*
barv, m., *barbe.*
beg, m., *bouche.*
chouk ar c'hil, m , *nuque.*
bleven, f. pl. bleo, m. (1), *cheveu.*
dant, m. pl. dent, *dent.*
— kil-dant, m., *molaire.*
dremm, f pl. o, *visage.*
fri, m. pl. o, *nez.*
geno, m. pl. oio, *bouche.*
goug, m. pl. o, *cou.*
gronch, m. pl o, *menton.*
gwad, m., *sang.*
gwazien, f. pl. zio, *veine.*
gweuz, f. pl. diweuz, *lèvre.*
javed, f. pl. o, *mâchoire.*
jod, f. pl. o, *joue.*

kig, m., *chair, viande.*
— kig-dent, m., *gencive.*
klopen, f. pl nno, *crâne.*
korv, m. pl. o, *corps.*
korzaillen, f. pl. nno, *gosier.*
krogen-benn, *crâne.*
kroc'hen, f., *peau.*
lagad, f. pl. daoulagad, m., *œil.*
lapen (fam.) f., *lèvre.*
malven, f. pl. nno, *paupière, cil.*
mel penn, m., *cerveau.*
penn, f. pl. o, *tête.*
— pennad bleo, m., *chevelure.*
skouarn, f. pl. diskouarn, *oreille.*
tal, m. pl. io, *front.*
teod, m. pl. o, *langue.*

AUTRES MOTS

akwit, *agile, adroit.*
dihun, *éveillé.*
eün, *droit.*
frizet, *frisé.*
glas, *bleu, vert.*
goue, *sauvage.*
gwenn, *blanc.*
koant, *joli.*
melen, *jaune.*
ront, *rond.*
ront en hir, *ovale.*
ru, *rouge.*
teo, *épais.*
tost da, *proche de.*

—

châkat, *mâcher.*
digoueout, *arriver.*

dougen, *porter.*
fregan, *déchirer.*
frikan, *écraser.*
klevet, *entendre.*
lemel, *ôter.*
lonkan, *avaler.*
meuli, *louer.*
ober (p. roet), *faire.*
serviji, *servir.*
tanva, *goûter.*

—

alies, *souvent.*
war eun dro, *ensemble.*
breman, *maintenant*
hepken, *seulement.*
eun nebeud ⎫
eun tammig ⎭ *un peu.*

(1) Tous les collectifs sont masculins pluriels (omis dans la 1re édition de la Gram., n° 44 a).

Genre dans les noms de choses.

Gram., n°s 44-45.

VERSION

Korv an den a zo grèt a eskern, a gig, a wad hag a wazio.
— Ar C'hrouer an neus roet d'an den eun teod hepken, mes
diou lagad ha diou skouarn. — Jann he deus eur verc'hig
koant : daoulagad glas ha dihun en he fenn, bleo melen ha
malvenno du, eun dremm ront en hir, he zal gwenn evel an
erc'h, an diweuz hag ar c'hig dent ru evel ar gwad, he diou
jod, penn he gronch hag he diskouarn ru-roz, eur goug hir
eun tammig, eur c'horvig skanv hag akwit. — Krogen ar
penn a zoug ar bleo hag a vir ar mel penn. — Ar gozni hag
ar velkoni a digoue war eun dro. — C'hwi a gomzo er govizion eus an touadello. — Koulz ar vederez a digoueo prestik.
— Setu eur gannabeg vrao. — Eur beg, eur begad, eur begadig.

THÈME

Les yeux servent à voir, les oreilles à entendre, la langue à
parler et à goûter, le nez à sentir, les dents à mordre, à couper,
à déchirer, les mâchoires à mâcher, et le gosier à avaler. — Le
nez doit être blanc et droit, la bouche rapprochée du nez, les
dents blanches comme neige. — Les sauvages (1) ont la (une)
peau noire, les (des) lèvres épaisses, la chevelure (des cheveux)
courte et frisée. — Voici une bonne boisson. — Vous trouverez de
la viande à la boucherie. — J'avais donné une grande écuellée
à l'enfant. — Vous avez un couteau pour enlever la pourriture. —
Nous pouvons louer dans la vie de saint Joseph la patience (2), la
douceur, la bonté envers le prochain, la virginité (3). — Le soleil
répand à la fois la lumière et la chaleur. — Vous avez bien
fait d'écraser (en écrasant) la méchante fourmi (4). — Un trou, un
petit trou, plein le trou. — Une grande bouchée, une bonne petite
bouchée. — Un grand étang, plein un grand étang.

(1) Les gens sauvages. — (2) **Pasianted**, f. — (3) **Gwerc'hded**, f. —
(4) **Merienen**, f.

Pluriels internes.

12. Gram., n⁰ˢ 47-49.

VERSION

C'hwi a gav mat ma gwastel. — Ar venec'h a gerz alies 'n eur lenn. — An noz a disken war an douar : an deñved a gemer hent o c'hraou. Ar c'hezeg o deus hern neve. — Eskel ar ier a zo berr. — An deñved hag ar gevr a grap war ar c'herreg uhel. — An douar a oa gwak, hag an eler o deus troc'het anean hep poan. — An ezen o deus eur penn kalet, mes ni a c'hall o flemman hag i a gerz neuze mad awalc'h. — Drein houarn a flemm ar c'hrec'hen. — Ar restel o deus dent lemm. — Al lern o deus debret eskern an deñved.

THÈME

Les renards ont ruiné le pays en mangeant les poules. — Les vagues de la mer hurlent sur les rochers. — Les chevaux marchent et les enfants, assis sur leur dos, les conduisent avec des licous. — Nous prions les saints et ils nous écoutent. — Les moines étaient nombreux dans notre pays. — Les cornes des chèvres sont longues et recourbées. — J'ai acheté de belles et bonnes planches : je puis faire de jolis escabeaux. — Les pieds des moutons ont foulé l'herbe.

Pluriels en I.

13. Gram., n°s 50-52.

VERSION

Bouc'hili ponner a zo en ti, ha kontelio lemm war an dòl.
— Me am eus prenet hirie meilli ha brizili. — Al listri dre
dan a gerz buhan, al listri dre lien a zo koant. — C'hwi a
gavo mat ma c'higi ha ma folizi. — Izili an den kreñv o deus
eskern a bouez. — An irvi a vo glas hep dale. — Da waï ha
da houidi a zo drouk. — Ni a c'honeo arc'hant gant hon
gwerzidi hag hon c'hiri-nean.

THÈME

Les dents des loups sont aiguisées. — Les maquereaux ont
des arêtes piquantes. — Les perdrix sont cachées dans la vallée.
— Leurs maris sont riches : ils ont de jolis chevaux et de jolies
voitures. — Des homards seront trouvés sous les rochers. — Le
pays est ruiné par les renards et par les loups : les renards
étranglent les poules et les loups étranglent les moutons grands
et petits. — Les moines sont aujourd'hui de pauvres gens dans
notre pays.

14. — Korv an den (an izili), *le corps humain (les membres).*

avu, m., *foie, partie dure des poumons.*
biz, m. pl. bizied, *doigt.*
 — biz meud, meud, m. *pouce.*
 — eil biz, biz iod, *index.*
 — biz kreiz, *medius.*
 — pevaret biz, biz ar bizo, *annulaire.*
 — biz bihan, *petit doigt.*
bouellen, f., *boyau.*
 — bouello, m. pl., *intestins.*
brec'h, f. pl. divrec'h, *bras.*
chouk, m., *bas de la nuque.*
dorn, m. pl. daouarn, *main.*
ezel, m., *membre.*
gar, f. pl. diouhar, *jambe.*
glin, m. pl. daoulin, *genou.*
goalen gein, f., *épine dorsale.*

ilin, m., *coude.*
ivin, m., *ongle.*
kalon, f., *cœur.*
kazel, f., *aisselle.*
kein, m , *dos.*
kosten, f., *côte.*
kov, m., *ventre.*
kov-gar, m., *mollet.*
kroazel, f., *hanche.*
meud-troad, *orteil.*
morzed, f., *cuisse.*
poull ar galon, m., *estomac.*
seul, m., *talon.*
skevent, m., *poumons.*
skoa, f. pl., diskoa, *épaule.*
troad, m. pl., treid, *pied.*

AUTRES MOTS

lemm, *tranchant.*
ret, *nécessaire.*

 —

asten (rad.), *étendre.*
azean, *s'asseoir.*
bec'hian, *charger, oppressé.*
boutan, *pousser.*
c'hwitellat, *siffler.*
displegan, *déployer.*
distagan, *détacher.*
dislonkan, *vomir.*
gragal, *caqueter.*

hadneveaat, *renouveler.*
kamman, *boiter.*
kustumi, *habituer.*
mirout, *garder.*
pilat, *battre.*
reseo (resev) (rad.), *recevoir.*
richanan, *caqueter (oiseaux).*

 —

da gentan, *d'abord.*
dindan, *sous.*
dre, *par.*
goude, *après.*

Pluriels en O et en IO.

Gram., n°s 54-60

VERSION

Me a lako prestik ma dorn war ho chouk, ma c'hamarad. — Gar an den a zo grêt a bevar dra : ar vorzed, ar c'hlin, ar c'hov-gar, an troad. — E galon a oa bec'hiet : dislonkan a zo bet ret d'ean. — Ar bec'h a vo ponner da gas, c'hwi hen lako war ho penn, war ho chouk, war ho skoa, dindan ho kazel : c'hwi a diskwizo meur a wech hag ac'h azeo war eur bern mein. — Tual an neus pilet Mikêl, boutet e ilin en poull e galon ha tôlet 'nean war an douar ; heñ c'hoaz, gant e zeul-troad, an neus pleget eur gosten d'ean ha, gant e zent, dis-taget eun tamm eus e veud. — Ni a c'houl kelo eus ho pro. — Jobig an neus kresket mat : heñ an neus dija dentigo gwenn ha lemm en e c'heno. — An tado, ar mammo hag ar mestro ive a dle da gentan heuill ar vertuio, ha goude kustumi o bugale ha tud o zi d'o heuill.

THÈME

La main a cinq doigts : le pouce, l'index, le médius, l'annulaire et l'auriculaire. — Il a eu un coup (de) pierre dans le (1) talon et il boite maintenant. — Le cœur envoie d'abord le sang aux pou-mons pour le renouveler ; il l'envoie ensuite aux membres par les artères. — En tombant du haut d'un rocher, Yves s'est brisé l'épine (2) dorsale. — L'enfant resta étendu sur le (3) ventre. — Le foie et les intestins se trouvent sous le cœur. — Les coqs chantent, les poules caquettent, les merles sifflent, les brebis bêlent, les chevaux hennissent. — Les bannières restent dans les églises : elles seront déployées bientôt dans les rues. — Vous garderez les dimanches et les fêtes. — En été (4), les jours sont longs et les nuits courtes. — Mathieu portait ses livres sous le bras (5). — Vous mettrez vos bas. — Les lits sont faits.

(1) Dans son. — (2) A brisé sou. — (3) Sur son. — (4) **D'an hanv.** — (5) Sous son aisselle.

15. — Ar skiancho, ar vue, *les sens, la vie.*

alan, f., *haleine.*
bale, m., *promenade.*
blaz, m., *saveur.*
c'hoarz, m., *rire.*
c'hoarz-ki, *ricanement.*
c'houez, m , *odeur.*
c'houesa, m., *odorat.*
c'hwezour, m., *sueur.*
daero, m. pl., *larmes.*
flêr, m., *mauvaise odeur.*
gir, m , *mot.*
glaouren, f., *salive.*
herr, m., *élan, vitesse.*
gweled, m., *vue (sens).*
hirvoud, m , *gémissement.*
hun, m., *somme, m.*
kerzed, m., *démarche.*

kleved, m., *ouïe.*
komz, f., *parole.*
kousked, m., *sommeil.*
krach, m., *salive.*
lamm, m., *chute.*
lans, m., *élan.*
mouez, f., *voix.*
mous-c'hoarz, m., *sourire.*
saill, m., *saut.*
sell, m., *regard.*
skiant, m., *sens, raison.*
skopaden, f., *crachat.*
skrign, m., *grincement.*
tanva, m., *goût (sens).*
tôl, m., *coup.*
touch, m., *toucher (sens).*

AUTRES MOTS

bouzar, *sourd.*
c'hwek, *agréable, suave.*
dalc'het, *tenu, embarrassé.*
dall, *aveugle.*
fentus, *plaisant.*
flêrius, *puant.*
gwalleürus, *malheureux.*
luch, *louche.*
mac'hagnet, *estropié.*
mut, *muet.*
raouiet, *enroué.*
skwiz, *fatigué.*

—

ambroug (rad.), *conduire.*
barbotat, *marmoter.*
c'hoarzin, *rire.*
digas (rad.), *apporter.*
dont, donet (part. deut), *venir.*
dont endro, *revenir.*

finval, *remuer.*
gouelan, *pleurer.*
krachat, *cracher (avec effort).*
mont (p. êt), *aller.*
mont endro, *s'en aller.*
pidi (p. pedet), *prier.*
saillan, *sauter.*
skopan, *cracher avec effort.*
skrignal, *grincer.*
sonjal en..., *penser à...*
son (rad.), *sonner.*
tennan, *tirer, attirer.*
teurel (p. tôlet), *jeter.*
torchan, *essuyer.*
tufan, *cracher (sans effort).*

—

an de warlerc'h, *le lendemain.*
epad, *pendant.*

Pluriels en **ED, IEN, IER.**

Gram., n⁰ˢ 61-63.

VERSION

Santez Anna he deus roet alies ar c'hleved d'ar re vouzar, ar gomz d'ar re vut, ar gweled d'ar re dall, ar c'herzed d'ar re vac'hagnet. — Ar c'housked a zo bet roet d'an den evit kemer epad an noz an nerz kollet epad an de. — Ar vugale o devoa c'hoant da vont d'ober eur bale. I ac'h eas endro gant herr hag en em lakas da gerzet 'vel an avel ; i a zaille, a huche, a skrigne. I a gemere meur a wech o lans hag a grape war lein an dosen ; i a ziskwize neuze eun heurad evit tennan o alan ha torchan ar c'hwezour. I a gouee hep skuill daero ; i a c'hoarze zoken war o lammo. I a deuas endro skwiz bras hag en em dôlas war gweleo. I a viñve hag a varbote dre o hun gant eur mousc'hoarz, o sonjal en o devez. — Ar vesaerien a gan 'n eur diwall o loened. Koulskoude an noz a dosta ; prestik ar c'hleier a zono hag an deñved a vo digaset endro ; ar c'hrevier, goullou epad an de, a vo c'hoaz karget betek an de warlerc'h.

THÈME

Les cinq sens sont la vue, l'ouïe, le goût, l'odorat et le toucher. — Nous voyons les nuages et nous entendons le vent. — Le pauvre homme a une voix enrouée ; il est embarrassé dans sa parole, il lance de la salive pour dire un mot ; avec son haleine infecte, son regard (1) louche, ses gémissements et ses ricanements, Gilles est très plaisant et malheureux. — Une mauvaise odeur éloigne les gens, un parfum suave les attire. — Mes sœurs et mes cousines sont allées (à) conduire les dames. — Les laboureurs, voisins et journaliers, serviteurs et servantes, étaient venus avec leur faux, leur faucille, leur fourche, tous leurs outils. — Les Bretons sont de bons chrétiens et de bons Français. — Tous les bourgeois étaient marchands. — Les pauvres, avec leur bâton à la (2) main, leur sac sur le (3) dos, marchent en priant : ils connaissent toutes les maisons. — Les saints et les saintes du ciel prient tous les jours pour les pauvres pécheurs. — Les coqs chantent, les poissons sont muets.

(1) Ses regards. — (2) dans leur. — (3) sur leur.

16. — Ar c'hleñvejo hag ar maro, *les maladies et la mort.*

Anko, m., *Mort (personnifiée).*
anoued, m., *refroidissement.*
arched, m., *cercueil.*
aroue, m., *refroidissement fiévreux.*
be, m., *tombe.*
bered, m., *cimetière.*
berio, m. pl., *points de côté, douleurs aiguës d'entrailles.*
biskoul, m., *panaris.*
bosen, f., *peste.*
brec'h, f., *verole.*
breinadur, m., *pourriture, pus.*
daroueden, f. pl. daroued, m., *dartre.*
droug, m., *mal, douleur.*
— droug dent, *mal de dents.*
— droug kov, *colique.*
— droug koste, *pleurésie.*
gor, m., *abcès.*
gouli, m,, *plaie.*

gwentr, m., *rhumatisme aigu.*
iec'hed, m., *santé.*
klanvour, m., *malade.*
klogoren, f., *ampoule.*
kleñved, m., *maladie.*
— kleñved-sec'h, m. *phtisie.*
koenv, m., *enflure.*
krign-beo, m., *cancer.*
louzaouen, f., *herbe médicinale.*
louzaou, louzo, m. pl. *remèdes.*
maro, m., *mort.*
marv-skaon, f., *tréteaux funèbres.*
pas, m., *toux.*
— pas-iud, *coqueluche.*
red-kov, m., *diarrhée.*
ronkel, f., *râle.*
ruel, f., *rougeole.*
sivern, m., *rhume de cerveau.*
terzien, f., *fièvre.*

AUTRES MOTS

cuzus, *affreux.*
prest, *prêt.*
stagus, *contagieux.*

—

chilaou (rad.), *écouter.*
damanti, *se plaindre.*
dihuni, *se réveiller, éveiller.*
disken (rad.), *descendre.*
dont er mêz, *sortir, venir dehors.*
krenan, *trembler.*
kreui, *crever.*

lakat da (infin.), *faire (infin.).*
mont er mêz, *sortir, aller dehors.*
pasaat, *tousser.*
pikan, *piquer.*
serri, *amasser, recueillir, clore.*
stankan, *boucher, obstruer.*
stlejan, *traîner.*
touch (rad.), *toucher.*

—

a dammigo, *peu à peu.*

Pluriels en E, en IZ et IDI. — Autres pluriels. Singulatifs. — Duels. — Gram., nᵒˢ 64-67.

Étudier la leçon nᵒ 16 de la *Petite Syntaxe.*

VERSION

Ar vosen a zo eur c'hleñved stagus. — Ni a dle sonjal er maro ha krenan. — An anko a zo bepret war hon zeulio, ha gant an anko, eur vanden gleñvejo euzus, prest d'hon diskar ha d'hon stlejan war ar varv-skaon. Ar berio, ar ruel hag ar pas-iud a gas kalz a vugale d'ar vered; an droug-koste, an derzien, ar vrec'h hag ar red-kov a skrap bemde ar glanvourien, bihan ha bras. Ni a wel keñvejo-all o lac'han an dud a dammigo, evel ar c'hoeñv, ar c'hrign-beo, ar gwentr, ar c'hleñved-sec'h. An droug-dent, ar goro, ar viskoul, hep lemel ar vue, a lak an dud da glemm ha da zamanti, ha meur a wej da c'houlen ar maro. Bue an den a zo leun a zrougo. — Eur c'hi a harz hag a lak al laeron da bellât : eur beleg a dle bean 'vel eur c'hi warlerc'h an dud fall : beleien gwan a zo 'vel chas mut. — An diouhar hag an treid, an divrec'h hag an daouarn a zo servijerien didrouz ha sentus. — D'ho iec'hed ! — Me am eus dastumet eul louzaouen, louzaouenno.

THÈME

Mon frère à pris froid la semaine passée; maintenant il a un (le) rhume de cerveau et vous l'entendez tousser et cracher continuellement. — L'abcès a crevé; vous voyez le pus sortir : bientôt vous serez guéri. — Vous piquerez votre ampoule : vous verrez l'eau sortir et vous guérirez. — Le malade sentait la mort approcher, mais le râle obstruait sa gorge et arrêtait sa parole. — Yvonne était comme endormie sur le lit funèbre : elle est descendue sans s'éveiller dans son cercueil; elle dort encore maintenant dans sa tombe. — L'homme a cinq sens : il entend et écoute avec ses oreilles, il voit et regarde avec ses yeux, il sent avec ses narines, goûte avec sa langue et touche avec ses doigts. — Les rois, comme les autres hommes, courbent leurs genoux devant le Créateur. Les étoiles, les éclairs, les nuages, la gelée et la rosée obéissent à sa voix. — Les côtes sont comme des cercles autour des poumons, et les veines comme des ruisseaux dans (1) le corps. — Mes chiens gardent les chevaux, les bœufs, les vaches, les porcs et les moutons. — De bons remèdes guérissent les dartres. — L'eau de source a bonne saveur. — J'ai une plaie à la (2) jambe, et une dartre sur le (3) bras. — Ménage tes sabots, car les sabots sont chers.

(1) **Ebarz.** — (2) Dans ma. — (3) Mon.

17. — **Bevans an den**, *la nourriture de l'homme*.

banvez, m., *banquet*.
bevans, m., *nourriture*.
bloneg, m., *graisse de porc*.
boued, m., *nourriture*.
chervat, f., *bonne chère*.
c'hoant dibri, m., *appétit*.
fest, m., *festin*.
frazen, f., *fraise de veau*.
friko, m , *festin*.
gwadegen, f., *boudin*.
gwalc'h, m , *satiété* (soûl, subst.).
hadveren, f. *goûter*.
iun, m., *jeûne*
kernez, f., *famine*.
kig bivin, m., *viande de bœuf*.
kig sal, m., *viande de porc, lard*.
kloge, f., *louche*.
koan, f., *souper*.

lard dous, m., *saindoux*.
lein, m., *déjeuner*.
loa, f., *cuiller*.
lounezen, f., *rognon*.
meren, mern, f., *dîner*.
naon, m., *faim*.
paste, m., *pâté*.
plad, m., *plat*.
pred, m., *repas*.
skudel, skul, f., *écuelle*.
skudellad, skulad, f., *écuellée*.
soub, m., *soupe*.
souben, f., *bouillon*.
    —   **gig**, *bouillon gras*.
    —   **lez**, *soupe au lait*.
    —   **vijel**, *bouillon maigre*.
stripo, m., *tripes*.

AUTRES MOTS

bennak (après un substantif), *quelques*.
bervet, *bouilli*
danjerus, *dangereux*.
kontant (1), *content*.
kri, kri beo, *cru, tout cru*.
lard, *gras*.
leiz a..., *plein de...*
leun, *plein*
marv gant..., *mort de...*
rost, *rôti*.
treut, *maigre*.

—

dijeri, *digérer*.
dispenn (rad.), *défaire, digérer*.

evan, *boire*.
hastan, *se hâter*.
krigi e (p. **kroget**), *saisir, mordre à*.
ôzan, *préparer*.
pidi (p. **pedet**), *prier*.
poac'hat, *cuire*.
plijout, *plaire*.
reizan, *régler*.
stambouc'han, *gonfler, dégouter*.
trempan, *tremper*.

—

a-beurz, *de la part de*.
abret, *de belle heure*.
ahendall, *d'ailleurs*.

---

(1) *Je suis content* se dit mieux : **stad a zo ennon**.

Comparatifs [1] et superlatifs. — Diminutif et exclamatif. — Gram., n°s 69-70.

Etudier la leçon n° 17 de la *Petite syntaxe*.

VERSION

Ar veren ôzet, de an eured, d'an dud pedet, a zo hanvet, e meur a vro, fest, banvez pe friko. — Ni a zo deut hep evan : dinerz meurbet ha maro gant an naon, ni a grogfe breman gant plijadur en eun tamm boued bennak. — C'hwi a vo reizet mat en ho prejo : dibri re a zo danjerus ha vil. C'hwi a ziwallo da hastan re 'n eur zibri ha da lonkan re war eun dro, pe c'hwi a chomo stambouc'het. — Dibri ar c'hig kri-beo pe hep bean poaz mat ha lonkan ar zouben tom-skôt a zo fall fall evit ar iec'hed. — Evit eur galon dinerz, ar fallan bevans a zo kig sal. Ar c'hig sal a zo boued ponner ha diês da zijeri. — Eur paour a vefe kontant da gaout evit e veren souben vloneg, hag evit e goan souben lêz pe zouben vijel. — Ni hon do ni souben gig leiz hon skudel, kig bevin leiz ar plad, ha warlerc'h eun dra bennak all c'hoaz, eur frazen pe stripo. — Pebez loa vras ! — Ma loa a zo brazik, hini ma mignon bihanik.

THÈME

La viande bouillie est bonne, la viande rôtie est meilleure. — Nous prenons quatre repas tous les jours, le déjeuner, le dîner, le goûter et le souper. — Mon grand-père a tué un cochon : nous aurons des boudins, du pâté, des tripes et des morceaux de rognon. — La soupe maigre me plaît mieux que la soupe grasse : la graisse irrite (brûle) l'estomac. — Une grande famine survint dans le pays : alors nous eûmes grand'faim ; maintenant nous avons quelquefois de l'appétit. — Le souper est plus court que le dîner et plus long que le déjeuner. — Après le repas l'homme est plus fort et plus courageux. — La louche sert à tremper la soupe, la cuiller sert à la manger. — Les boudins sont pour les malades une très mauvaise nourriture, plus mauvaise que la viande grasse. — Le festin du pauvre est une écuellée de soupe. Pour le petit garçon une chose est aussi bonne qu'une autre. — Les riches peuvent manger leur soûl et même faire bonne chère. — Le bouillon est tout à fait chaud. — Ma sœur a préparé un plat avec du saindoux. — Le jeûne est quelquefois commandé par les médecins. — Que ton valet est gras ! Que ta servante est maigre !

[1] Y compris le comparatif d'égalité.

18. — Bevans an den (kendalc'h), *la nourriture de l'homme* (suite).

alumen, f., *omelette.*
amann, m., *beurre.*
bara, m., *pain.*
boulc'h, m., *entamure.*
bruzunen, f. pl. bruzun, m.,
  miette.
eoul, m., *huile.*
fars, m., *far.*
gwastel, f., *gâteau*
gwinegr, m., *vinaigre.*
holen, m., *sel.*
iod, m., *bouillie à l'eau.*
kôd, m., *bouillie au lait.*
kontel, f., *couteau.*

— laonen, f., *lame (de couteau).*
krampoezen, krampoen, f. pl.
  krampoez, m., *crêpe.*
kreunen, f. kreun, m , *croûte.*
kwign, m., *petite tourte.*
mel, m., *miel.*
milvig, m., *mie de pain.*
pebr, m , *poivre.*
saladen, f., *salade.*
stokadur, m., *baisure de pain.*
sukr, m., *sucre.*
tôl, f., *table.*
torz, f., *tourte.*
toubier, f , *nappe.*

AUTRES MOTS

fresk, *frais.*
milzin, *délicat dans le boire et le*
  manger.
lontek, *goulu.*
naonek, *affamé.*

———

delc'hen da (p. dalc'het), *conti-*
  nuer à.
diskrigi (p. diskroget), *se dé-*
  prendre.
dousât, *adoucir, s'adoucir.*
espern (rad.), *épargner.*

kas (rad.) 'kwit, *renvoyer.*
koanian, *souper.*
lakat gant, *ajouter à.*
louedi, *moisir.*
magan, *nourrir.*
mernian, *dîner.*
mont (p. êt) 'kwit, *s'en aller.*
prienti, *préparer (cuisine).*
renkout, *devoir, être obligé.*

———

kalz, *beaucoup.*
e-kwit, *dehors (avec mouvem.).*

Adjectifs numéraux, cardinaux et ordinaux.

Gram., nᵒˢ 71-73.

Etudier la leçon nᵒ 18 de la *Petite Syntaxe*.

VERSION

Ian a oa eur pôtr milzin. Heñ a chome hep dibri eun de, epad ar pred. Ian an devoa gwelet ar valez o prienti eun tamm fars, hag ar fars, evel ar wastel, a blij d'an ôtro. Koulskoude e dad a zalc'he da vernian. Prestik ar valez a zigas ar fars war an dôl, hag ar mestr a lavar : « Merc'h kêz, ni hon deus debret hon gwalc'h ; c'hwi a zigaso amann hepken, ha c'hwi a viro ar fars betek koan. » Setu ar platad fars kaset kwit, ha Ianig ret d'ean (1) krigi en e damm bara. — Ma mamm he deus kemeret evit ar zun diou dorz vara gwenn ha taer dorz vara segal. — Al lonteg an deus debret unek krampoen hep diskrigi : setu an daouzekvet en e c'heno. — Me am eus kavet bruzun bara war da doubier. — Ar boulc'h a blij d'ar vugale. — Kemer bara hag amann (2).

THÈME

Pour faire une (de la) bonne salade, vous mettrez beaucoup de sel et d'huile, et vous ménagerez le poivre et le vinaigre. Le vinaigre sert à fondre le sel et l'huile à tempérer le vinaigre. — Olivier trouve le pain noir meilleur que le pain blanc, la baisure du pain aussi bonne que la croûte, la croûte aussi bonne que la mie, le pain moisi aussi bon que le pain frais. Olivier est facile à nourrir. — Le petit Jean aimait (3) les omelettes, il aimait aussi le pain blanc avec du miel. — Mes dents sont tombées, je suis obligé de (4) manger de la bouillie à l'eau et de la bouillie au lait. — Vous ajoutez 147 à 364 : vous aurez 511. — 60 hommes et 90 femmes : 150. — 3 fois 33 : 99. — Il y a 365 jours (5) dans un an, 30 ou 31 jours dans un mois ; février a seulement 28 jours, quelquefois 29. — Voilà le 253ᵉ jour de l'année. — 44. — 53. — 115. — 722ᵉ. — 830ᵉ. — 93ᵉ. — 1077.

(1) Obligé de. — (2) On prononce souvent **bara 'g amann** et même **bar' amann**. — (3) trouvait bonnes. — (4) **ret eo d'in**. — (5) 365 jours sont

19. — An evaj, *la boisson.*

bannac'h, m., *goutte (à boire).*
bariken, f., *barrique.*
    — kog, m., *canule.*
    — alc'houe, f., *clef.*
bolen, f., *bol.*
boutaill, f., *bouteille.*
briken, f., *pichet.*
chopin, m., *chopine.*
evaj, m., *boisson.*
gweren, f., *verre.*
gwin, m., *vin.*
gwin ardant, m., *eau-de-vie.*
kaouled, m , *caillebotte.*

kafe, m., *café.*
kelorn, f., *seau.*
koaven, m., *crême.*
lêz, m , *lait.*
    — dour-lêz, m , *petit-lait.*
lêz kaouled, m., *lait caillé.*
lêz ribot, m., *lait baratté, babeurre.*
lêztro, m., *lait tourné (par présure).*
lonkaden, f., *gorgée.*
sec'hed, m , *soif.*
taken, f., *goutte.*
tas, m., *tasse.*
tonel, f., *fût.*

AUTRES MOTS

dinoaz, *inoffensif.*
dister, *faible, de peu de valeur.*
gwas, *pire, plus mauvais.*
iac'h, *bien portant.*
iac'hus, *sain.*

—

ampoezoni, *empoisonner.*
beran, *dégoutter.*
birvi (p. bervet), *bouillir.*
diskargan, *verser (à boire).*
evan, *boire.*

mewi, *enivrer.*
poufan, *se vanter.*
respont (rad.), *répondre.*
terri (p. torret), *étancher (la soif).*

—

bras, *beaucoup (grandement).*
da vihanan, *au moins.*
d'an hanv, *en été.*
d'ar gouanv, *en hiver.*
kent, *auparavant.*

Autres adjectifs numéraux.

Gram., n° 74.

VERSION

Ar gwin, gant an amzer, a zo deuet da vean dousoc'h ha c'hwekoc'h. — War eun dôl dister eun den a gav da zibri boued dinoaz ha iac'hus ; ar re binvik, gant taso arc'hant, a lonk alies evaj treitour hag ampoezonet. — Ar vugale a gav mat bras al lêz tro hag al lêz ribot. — D'an hanv al laboure-rien a dor o zec'hed gant gwipad. — Ervoan, en e amzer, an deus evet re a jistr hag a win ardant ; breman Ervoan a renk evan lêz evel eur bugel. Heñ a lavare eun de, evit poufan : « Me zo kreñvoc'h evit an oll bôtred eus ar vro : me a evje ugent chopinad. » Mes Jobig a respontas « Ar variken a zo c'hoaz kreñvoc'h : hi a gemer daou c'hant tregont boutaillad. » — Taer gwej tri : naw. — Taer gwej seiz : unan war-nugent. — Taer stereden. — Kant peder loa ha daou-ugent. — Ma breur a zo breman eun hanter kreñvoc'h evit kent ; me hen gwel peb eiz miz. — Setu eun dek bolen bennak,

THÈME

Les pauvres étanchent leur soif avec l'eau (1) claire de la fontaine ; les riches ont du cidre, du vin, du café : ils devraient au moins songer aux pauvres. — Le lait doux est bon, le lait caillé aussi ; mais, pour être sains, ils doivent être bouillis. — Vincent est très faible ; un verre de cidre suffit pour l'enivrer. Vous verserez à Vincent une goutte seulement, une gorgée. — Tout à l'heure nous mettrons la barrique en perce (2) ; vous apporterez les pots, les pichets, les seaux : nos gens boiront leur soûl. — Le vin rouge est meilleur que le vin blanc avec le rôti. — La crème est meilleure que l'eau-de-vie dans le café. — Quatre fois 3 : 12. — Quatre fois 4 : 16. — Quatre fois 6 : 24. — Quatre fois 20 : 80. — Cinq fois 25 : 125. — Cinq fois 70 : 350. — Voici une trentaine de gâteaux.

(1) De l'eau. — (2) Nous mettrons la canule dans la barrique.

20. — Dillad pôtr, *vêlements d'homme.*

botez, f. pl. botoio, boteier, *chaussure.*
botez koat, f., *sabot.*
botinen, f., *bottine.*
bragezen, f. | pl. brageier, *pan-*
brago, m. | *talon, culotte.*
chupen, f., *veste, paletot.*
kravaten, f., *cravate.*
dillad, m., *habits.*
gamachen, f., *guêtre.*
gloan, m., *laine.*
godel, f., *poche.*
gouriz, m., *ceinture.*
gwiskamant, m., *vêtement.*
habit, m., *habit.*
heuzo, m. pl., *bottes.*
ialc'h, f., *bourse.*
jileten, jilten, f., *gilet.*
koiller, m., *col.*
kreiz, m., *chemise* (en général).
lien, m , *toile.*

lienaj, m., *linge.*
loêr, f. pl. loêro (lêro), lêreier, *bas.*
 — ere loêr, m., *jarretière.*
manch, m., *manche.*
mantel, f., *manteau.*
mouchouer, m., *mouchoir.*
 — goug, m., *cravate, cache-nez.*
penn - baz, m. pl. penno - baz, *bâton à bout renflé.*
porpan, m., *paletot.*
pleten, f., *paille tressée.*
roched, m., *chemise d'homme.*
sae, sê, f. pl. sêio, *robe.*
skoulm, m., *nœud.*
 — red, *nœud coulant.*
tôk, m., *chapeau.*
 -- gloan, *chapeau de feutre.*
 — plouz, *chapeau de paille.*
voulous, m., *velours.*
voulousen, f., *ruban de velours.*

AUTRES MOTS

dereat, *convenable.*
enk, *étroit.*
êzet, *commode.*
ledan, *large.*
mat, mat, *excellent.*
moan, *mince.*
stenn, tenn, *tendu.*
striz, *étroit, serré.*

dresan, *réparer.*
foetan, *fouetter.*
glebian, *mouiller.*
gwriat, *coudre.*
peseliat, *rapiécer.*
sevel (p. savet), *lever, relever.*
skoulman, *nouer.*
stagan, *fixer.*

---

ankouaat, *oublier.*
berraat, *écourter.*
boutoni, *boutonner.*
diwall (rad.), *prendre garde.*

a dreuz hag a hed, *en long et en large.*
enep, *contre.*
etre, *entre.*

Pronoms personnels (1ʳᵉ et 2ᵉ série).

Gram., nᵒˢ 75-77.

VERSION

D'ar bevien, kroc'hen o zreid a servij da voto lêr. — An dillad gwenn a zo freskoc'h d'an hanv evit ar re du, ha tomoc'h d'ar gouanv. — Matilin an neus kemeret e chupen neve, e dôk plouz hag e benn-baz, ha setu 'nean êt kwit. Mes Matilin an neus ankouaet lakat e ialc'h en e c'hodel : Matilin an nevo sec'hed. — Ar mantello, ar mouchouero-goug a zo mat d'eun dra hepken, da zerri riw. Al lien a zo gwelloc'h evit ar gloan d'ober rochedo hag ive brageier. — Achuet ho pletenno, gwriet anê, ha, war ho tôk plouz neve, laket eur voulousen du. — Ho kouriz a goueo : skoulmet-han war ho tigroazel. — Ho mouchouer a oa freget : setu 'nean dreset. Diwallet breman d'hen fregan. — Deuet d'am c'hlask. — Me 'm oa kollet ma zôk : Pêr an neus han kavet. — Diwall da vastari da zillad, pe me az foeto.

THÈME

Mettez des guêtres de toile en été et des bas de laine en hiver. — Les culottes larges et courtes de nos pères étaient plus belles à voir et à porter que nos pantalons serrés. — Etienne a relevé et fixé autour de son chapeau les deux extrémités de son ruban de velours : sa belle-sœur est morte. — Vous serez mouillé : jetez un manteau sur vos épaules. — Les souliers élevés sont appelés bottines ; plus élevés encore, les souliers sont des bottes. — Le chapeau est excellent contre le froid et contre la chaleur, mais souvent il fait (1) suer la tête et tomber les cheveux. — Entre le gilet et le pantalon, une ceinture de laine est très convenable et commode. — Mon col est difficile à boutonner. — Vous mettrez encore une pièce dans mon manteau rapiécé. — Tu me hais, moi je t'aime, je t'aimerai toujours. — Votre pantalon est encore sale, je l'avais pourtant bien lavé. — Ton gilet était déchiré, mais ta mère l'a cousu. — Tu avais perdu ta bourse, la voici.

(1) Il met... à.

21. — Dillad plac'h, *vêtements de femme.*

barlen, f., *giron.*
bavetten, f., *bavette, piécette.*
bizo, m., *bague, anneau.*
broust, m., *brosse.*
broz, f., *jupe.*
— **broz dindan**, *jupon.*
davancher, m., *tablier.*
druillo, m., *loques.*
hiviz, f., *chemise de femme.*
jobelinen, f., *coiffure d'été.*
kapot, m., *capot (coiffure large pour deuil).*
korven, f., *corset.*
koeff, f, *coiffe.*

kempen, m., *parure.*
krib, f., *peigne.*
las, m., *lacet.*
lec'hed, m., *lé.*
maneg, m., *gant.*
mantel, f., *manteau de deuil.*
mezelour, m , *miroir.*
mezer, m., *drap.*
mod, m., *mode.*
roben, f., *robe de femme.*
sei, m., *soie.*
seien, f., *ruban de soie.*
soavon, m., *savon.*
spillen, f. pl. **spillo**, *épingle.*

AUTRES MOTS

digempen, *sans ordre.*
diskabel, *sans coiffure.*
disneu, *messéant.*
druillennek, *en loques.*

brodan, *broder.*
broustan, *brosser.*
diskoulman, *dénouer.*
kribat, *peigner.*

Pronoms personnels (3ᵉ série).

Gram., nº 78.

VERSION

Al lêrcier, ar c'hreizo gloan a dle bean soubet en dour klouar ; pouezet warne hep o gwaskan, evit o lakat da ziveran. — Ar grib war an dôl ha dour soavon er skudel, epad an de, a zo vil da welet en eun ti ; vil ive eur jobelinen a-dreuz, eur vavetten goueet, laso e-pign hag ereo loêr a-stlej, eur vroz druillennek hag eun davancher freget dalc'het gant spillo. — Merc'hed ar vro a zoug pemp pe c'hwec'h broz dindan. — Ar rouanez Izabel a viras eun hiviz war he c'horv epad seiz miz : rak se ar zeienno melen-gwenn a zo hanvet Izabel. — Deut ganin da brenan mezer. — Ho taouarn a zo mastaret : laket manego warne. — Me 'm eus brodet eur c'hoeff evidoc'h, ma c'homêr, ha me hen kaso d'ac'h arc'hoaz. — Ho kapot a zo a-dreuz : boutet eur spillen ennan. — C'hwi ho po sonj ac'hanon : me ive am mo sonj ac'hanoc'h

THÈME

Mettez un tablier blanc pour plier le linge. — Lavez dans l'eau froide une robe de laine : frottez-la avec de bon savon, et sans la tordre, étendez-la pour la faire (1) sécher. — Tous les jours lavez votre figure et votre cou, peignez vos cheveux et brossez vos habits. — Prenez cinq lés de drap pour faire une jupe. — La parure et la mode ont perdu grand nombre de jeunes filles. — Trois épingles suffisent pour la coiffe, deux pour la bavette du tablier : vous aurez toujours vos cinq épingles. — Catherine a peur du chien ; moi aussi j'en ai peur. — Mon fils était perdu. Le voilà maintenant avec nous : apportez-lui une robe blanche, donnez-lui un anneau d'or. — Tu es aussi grand que moi, mais je suis plus fort que toi. — Restez près de moi, devant moi. — Je suis petit auprès de lui. — Je me souviendrai d'eux. — Voilà une table et un miroir dessus, avec une bague.

(1) La mettre à sécher.

22. — **An ti,** *la maison.*

chiminal, m., *cheminée.*
dor, f., *porte.*
doubl, m., *plancher.*
estaj, m., *étage.*
huel, m., *suie.*
kambr, f. pl. **kambcho,** *chambre.*
kastel, m., *château.*
kao, m. pl. **kavio,** *cave.*
kegin, f., *cuisine.*
kibr, m. pl. **bio,** *chevron.*
koadaj, m., *charpente.*
leur an ti, f., *aire de la maison.*
lojeris, lojeïs, m. pl., *bâtiments.*
   — **pez lojeris,** m , *bâtiments.*
lukan, m., *lucarne.*
miñs, f., *escalier.*
moger, f., *muraille.*
moraill, m., *verrou.*
palez, m., *palais.*

pazen, f., *marche d'escalier.*
perc'hen, m., *propriétaire.*
peul, m , *pieu.*
pez-lein, m., *faîtage.*
prenestr, f., *fenêtre.*
skeul, f., *échelle.*
   — **baz-skeul,** m , *échelon.*
solier, m., *grenier.*
sparl, m., *barre de porte, levier.*
speuren, f., *cloison.*
ti, m., *maison.*
teolen, f , *tuile.*
toen, f., *toit.*
   — **toen mein glas,** f., *toit en ardoises.*
   — **toen zoul,** f., *toit en chaume.*
treust, m., *poutre.*
treujo, m. pl., *seuil.*

AUTRES MOTS

ampl, *ample, spacieux.*
digompes, *non uni.*
disto, *sans toit.*
mogedus, *fumeux.*
neve, *nouveau.*

morailli, *verrouiller.*
pad (rad.), *durer.*
raan, *enduire de chaux.*
skuban, *balayer.*
sparlan, *barrer.*

—

golo (rad.), *couvrir.*
hadober, *refaire.*
heskennat, *scier.*

elec'h, *à la place de.*
gwelloc'h, *mieux.*
kazi, *presque.*

Récapitulation sur les pronoms personnels

Gram., nos 75-78.

Etudier la leçon n° 22 de la *Petite Syntaxe.*

VERSION

Hon zi a zo eur palez, pe da vihanan eur c'hastel. Lojeris bras a zo ennan : tri estaj hep komz eus ar zolier, hag eur c'hao dindan ar gegin. Kambcho ampl gant eur chiminal e pep kambr, prenecho uhel, mogerio ha speurenno raet. An doubl, an treustio, pazenno ar viñz a zo grêt evit pad da vir-viken. An doen a zo en mein glas gant lukanio enni ; dindani, ar c'hoadaj ar c'hrenvan. Kibio heskennet, ha, war ar pez lein, teolenno ru eus eur penn d'ar penn all. Deut d'am gwelet, hep kaout aon da gaout an nor sparlet pe voraillet. — Ar pôtr bihan a zo êt er chiminal evit hen ramonat : e labour a vo diês bras, rak an huel a zo teo enni.

THÈME

Semblable à moi, à toi, à lui, à eux. — Demandez-lui une échelle. — Attachez le cheval au pieu. — Il tremblait de peur sur le dernier échelon. — Il a été écrasé par une poutre et il est resté dessous. — J'ai pitié de vous et de lui. — Tu m'obéiras, viens avec moi, ou je me fàcherai contre toi. — Les toits en chaume étaient autrefois plus nombreux que les toits en ardoise : les propriétaires des maisons les défont souvent aujourd'hui et mettent des ardoises à la place du chaume. Ils gagnent à faire (en faisant) cela ; car les couvertures en chaume sont coûteuses à réparer. Mais les familles peuvent trouver ces couvertures meilleures ; car elles les défendent mieux contre le froid en hiver et contre la chaleur en été. Je te conseille néanmoins de couvrir tes maisons neuves avec de l'ardoise. — L'aire de la maison est presque défaite : nous la voulons refaire.

23. — An annezo, *les meubles.*

annez, m., *meuble.*
arc'h, f., *coffre.*
armel, f., *armoire.*
arrebeuri, m. pl., *meubles.*
ballin, f., *couverture en fil.*
bank, f., *banc.*
benveg, m., *outil.*
besel, m., *vase, pièce de vaisselle.*
boest, f., *boîte.*
golc'had, f., *couette.*
goulaouen, f., *chandelle.*
gwele, m , *lit.*
horloj, m., *horloge.*
kador, f., *chaise.*
   — kador vrec'hek, *fauteuil.*
kantoul-c'houlou, f., *chandelle.*
kantouler, m., *chandelier.*
koufr, m., *coffre.*
krogen, f., *serrure.*

lansen, f., *étagère.*
listri, m. pl., *vaisselle.*
lestrier, m., *dressoir.*
linsel, f., *linceul.*
penn-olier, olier-penn, m., *oreiller.*
post-gwele, m., *colonne de lit.*
pres, m., *armoire.*
ridos, m., *rideau.*
skaon, f., *escabeau.*
stalav, m., *battant d'armoire.*
tabros, m., *tabouret.*
tapis, m., *couverture en laine.*
tireden, f., *tiroir.*
toagen, f., *taie d'oreiller.*
tôlen, f., *tableau.*
treuspleg, m., *traversin.*
veselier, m., *vaisselier.*

AUTRES MOTS

alc'houean, *fermer à clef.*
diboultran, *épousseter.*
diverglan, divelgan, *dérouiller.*

koaran, *cirer.*
merglan, melgan, *rouiller.*
son (rad.), *sonner.*

Adjectifs et pronoms possessifs.

Gram., nᵒˢ 79-80.

Etudier la leçon nᵒ 25 de la *Petite Syntaxe.*

VERSION

Fransez, c'hwi ho po sonj d'ober ma gwele. C'hwi a lako ennan linselio fresk hag eun tapis all. C'hwi a lako eun doagen wenn war ar penn-olier, a vinvo ervat ar c'holc'had, hag an treuspleg, a ziboultro ar c'hoad gwele, an dôl, an tôlenno, an horloj hag an oll annezo. Diwallet da deurel ar c'hadorio ha da ruzal re ar gador vrec'hek. Diwallet ive da dostât ar goulou d'ar ridoso : lezet ar c'hantouler war an dôl. C'hwi a lako ma dillad war ar lansen 'barz an armel, ha ma manego en direden. C'hwi a zerro ar stalavio hag a alc'houeo anê, hag a lako an alc'houe en e lec'h. Chwi a glev, Fransez?

THÈME

Votre coffre est plus profond que le mien. — Mon armoire est plus grande que la vôtre. — Ton banc est plus bas que le mien. — Mon escabeau est plus commode que le tien. — Mes tables sont cirées comme les leurs. — Ma sœur met plus de vaisselle sur son étagère que toi sur la tienne. — Mes colonnes de lit sont pourries. Et les vôtres ? — Comptez sur vos doigts. — Notre servante a épousseté les meubles, mais elle a laissé le chandelier sur la table. La vôtre, en montant sur un escabeau, a mis les linceuls dans l'armoire. — Nous avons acheté quatre chaises et deux tableaux, sans compter deux lits. — Les outils sont dans la boîte. Mais ils sont rouillés. Vous les prendrez et les dérouillerez. — J'ai entendu l'horloge sonner six heures : le repas sera servi bientôt.

24. — **Ar gegin,** *la cuisine.*

armo boued, *ustensile de cuisine.*
bas, m., *pâte pour crêpes.*
baz-iod, m., *bâton à bouillie.*
ber, m., *broche.*
brinso, m. pl., *brindilles.*
drezen-bod, f , *crémaillère.*
glaou, m , *charbon.*
    — **glaou douar,** m , *houille.*
goloen, f., *couvercle.*
gouad-tan, f., *flambée.*
huel, m., *suie.*
intanour, m., *entonnoir.*
kev, m., *tronc.*
kegin, f., *cuisine.*
keuneud, m., *bois à brûler.*
koad. m., *bois.*
kôter, f., *chaudron.*
kramailler, m., *crémaillère.*
ludu, m., *cendre.*
lutigen, goulaouen lutig, f. pl.

lutig, goulou lutig, *chandelle de résine.*
marc'h krampoez, m., *clayon pour crêpes.*
moged, m., *fumée.*
oaled, f., *foyer.*
pal-dan, f., *pelle à feu.*
pel, f., *jatte.*
pilig, f., *poêle, bassin.*
pod-houarn. m., *marmite.*
ribot, m , *baratte.*
rozel, f., *raclette.*
sil, m., *passoire.*
sklisen, f., *palette.*
skolpaden, f. pl., **skolpad,** *copeau.*
skubelen, f., *balai.*
tan, m., *feu.*
toaz, m., *pâte.*
trebe, m., *trépied.*

AUTRES MOTS

boul-boaz, *mal cuit (pain).*
mistr, *propre.*
plen, *uni, égal.*
poaz, *cuit.*
teval, *terne.*

    —

alumi, *allumer.*
c'hwean, *souffler, se boursoufler.*
    — **war,** *attiser.*
c'hwezan, *suer.*
krazan, *griller.*

lardan, *graisser.*
ledan, *étendre.*
moulan, *façonner.*
ôzan, *préparer.*
poac'hat, *cuire.*
purat. *fourbir.*
ramonat, *ramonner.*
skôtan, *échauder.*
skuill (råd.), *répandre.*
torchan, *essuyer.*

Adjectifs et pronoms démonstratifs et interrogatifs. Pronoms relatifs. — Gram., n°s 81-84.

Etudier la leçon n° 24 de la *Petite syntaxe*.

VERSION

Disket, merc'hed, derc'hel nett eun ti. Puret alies ho piligo arem : ar c'houevr merglet pe teval hepken a zo fall bras evit ar iec'hed. Gwalc'het ar pod houarn gant ludu ha gant eun dornad plouz. Skôtet ervat al listri kegin ; torchet 'nê ha laket 'nê en o lec'h. Disket ive ober krampouez. Alumet diou c'houad tan war an oaled : laket daou drebe, diou bilig. Dalc'het plen an tan gant brinso dindan ar bilig kentan, gant koad faoutet dindan an eil ; c'hwi a c'hweo meur a wech war an tan, a lako eur skolpaden... hag a c'hwezo. Lardet ho pilig, skuillet warni eur glogead bas sklêr. Kenkent, gant ho rozel, ledet ar grampoen. Setu hi moulet breman ; savet hi gant ho sklisen, ha chanjet tu d'ei war ar bilig all. C'hwi he chanjo c'hoaz a du eur wej evit he lakat da grazan ha da c'hwean ; hi a vo poaz mat neuze ; c'hwi a skrapo 'nei buhan hag a dôlo 'nei war an marc'h-krampoez.

THÈME

Tenez cet entonnoir. — Apportez-moi cette pelle à feu. — La fumée qui s'élève du foyer a mis de la suie à (1) la crémaillère. — Grand-père, au coin du feu, parlait du vieux temps aux enfants ; ceux-ci l'écoutaient avec toutes leurs oreilles, leurs yeux, leur bouche. — Faites ce qui est bon à faire. — Faites ce que j'ai dit. — La servante que nous avions (2) l'année dernière frappait les chiens avec le bâton à bouillie ; celle que nous avons (3) maintenant se sert du balai. — Une chandelle de résine est assez bonne pour la cuisine. — Qu'avez-vous fait du couvercle ? Je l'ai mis sur la marmite. — Prenez une bûche au bûcher et mettez-la au feu. — Qui est-ce qui a ramoné la cheminée ? — Que voyez-vous ? Une maison. Quelle maison ? Celle de mon grand-père. — La fumée du charbon de terre est plus noire que celle du bois. — Voici deux chandelles : laquelle est à vous ?

(1) *à*, **ouz**. — (2) *la servante que nous avions*, **ar vatez hon doa**. — (3) **an hini hon deus**.

25. — **Al leur-gêr,** *la place du village.*

bali, m., *allée, venue.*
bardel, f., *margelle.*
bern, m., *amas.*
chaden, f , *chaîne.*
forn, f., *four.*
glazen, f., *pelouse.*
gwaskel, f., *pressoir.*
karti, m., *hangar.*
koc'h saout, m , *bouse.*
korden, f., *corde.*
kraou, m., *étable.*
leur, f., *aire à battre.*
  — **leur-gêr,** f., *place de village.*
liorz, f., *courtil.*

louer, f., *auge.*
  — **louer doaz,** f , *pétrin.*
marchosi, m., *écurie.*
marko, m. pl., *marc.*
maout - presouer, m., *sommier de pressoir.*
mouden, f., *motte de marc.*
penton, m., *cuve.*
porz, m., *cour.*
presouer, m., *pressoir.*
puns, m., *puits.*
sparl, m., *levier.*
torchen, f., *motte de marc.*
traouill, m., *treuil.*

AUTRES MOTS

dru, *gras.*

  —

diruillal, *dérouler.*
dispartian (en em), *se séparer.*
gouveout, *savoir.*
gwigourat, *grincer.*

koac'han, *se lasser.*
jachan, *tirer avec effort.*
leunian, *remplir.*
stardan, *presser.*
strakal, *éclater.*
strimpan, *jaillir.*

Pronoms indéfinis.

Gram., n° 85.

Etudier la leçon n° 25 de la *Petite Syntaxe.*

VERSION

Setu an dorchen er presouer. Lezel-hi eun heurvez da ziveran ha da goac'han. Ar jistr kentan en em zispartio heñ e-unan diouz ar marko hag a vo kalz druoc'h evit ar jistr all. Prestik goude, gant eur sparl ponner, c'hwi a stardo an dorchen : ar waskel a strako hag ar jistr 'n eur virvi a strimpo hag a leunio buhan ar penton bihan laket etal ar maout presouer. — Ar vali-man ho kaso betek al leur-gêr ; c'hwi a gavo er porz eur c'harti da lakat ho kar ; c'hwi a stago hoc'h aneval er marchosi hag a denno plouz eus ar bern da deurel en e rastel. — Pellaet ar bern teil hag ar c'hoc'h saout diouz ho tor ; dour ho puns a vo sklêroc'h ha iac'husoc'h da evan. — Pep tra a zo mat evidoc'h-c'hwi. — Rentet da beb unan ar pez a zo dleet d'ean. — Eun de bennak c'hwi a c'houveo an dra-ze. — An oll a gar ar vugale didrous. — An eil hag egile anê a zo maro. — Eur re a zo deut, ar re-all a zo chomet.

THÈME

J'entends le treuil grincer : le seau descend dans le puits, en déroulant et en tirant la corde. Mais la corde aura son tour, et bientôt le seau rempli d'eau sera tiré en pendant jusqu'à la margelle. — Attachez vos vaches à l'étable avec des cordes : les chaînes sont plus durables, mais elles sont pesantes. — Une cour devant la maison avec une pelouse verte est jolie à voir ; un courtil est utile et avantageux. — Devant votre four, bâtissez un hangar ; vous y mettrez vos charrettes sans parler de l'auge ou du pétrin. — Chacun dit ce qu'il avait appris sur cela. — Ce cidre est bon, l'autre était meilleur. — Un enfant sage est aimé de tous. — L'un parlait toujours, l'autre tenait sa bouche close. — Dites-nous quelque conte, grand-père. — Quiconque passera sera mordu par le chien. — Envoyez quelqu'une de vos servantes vers mon frère.

III. — ANIMAUX ET VÉGÉTAUX

26. — **Al loened eus an ti,** *les animaux domestiques.*

annouer, f., *génisse.*
azen, f., *âne.*
boc'h, m., *bouc.*
bronn, f., *mamelle.*
buoc'h, f , *vache.*
danvad, m , *mouton* (en général).
danvadez, f., *brebis.*
ebeul, m., *poulain.*
ejen, m., *bœuf.*
gavr, f , *chèvre.*
gwiz, f , *truie.*
houc'h, m., *verrat.*
kaz, m., *chat.*
kazeg, f. pl. **kezegenned**, *ju-ment.*
kezeg, m pl., *chevaux* (en général).
ki, m., *chien.*

kole, m., *taureau.*
korn, m., *corne.*
kreo, m., *toison.*
loen, m , *animal.*
loue, m , *veau.*
maout, m., *bélier.*
marc'h, m., *cheval.*
menn, m , *chevreau.*
moc'h, m. pl., *cochons.*
moue, m., *crinière.*
mul, m., *mulet.*
oan, m., *agneau.*
penn-moc'h, m., *cochon.*
porc'hel, m., *cochon.*
saoud, m. pl., *vaches* (en général).
targaz, m., *matou.*
tez, m., *pis.*

AUTRES MOTS

aheurtet, *entêté.*
aonik, *peureux.*
baill, *tacheté de blanc au front.*
briz, *tacheté.*
digabestr, *sans licou.*
dic'hrêt *indisposé.*
dilost, *sans queue.*
dishual, *sans entraves.*
disi, *sans défaut.*
dispont, *sans peur.*
eveziek, *attentif, soigneux.*

fin, *fin, rusé.*
gleb brein, *tout mouillé.*
hardi, *hardi.*
ker, *cher.*
spontik, *ombrageux.*

displijout, *déplaire.*
kas (rad.), *mener.*
miaoual, *miauler.*
peuri, *paître.*

Le Verbe : particules verbales. — Conjugaison personnelle de BEAN : formes ordinaires, formes d'habitude.

Gram., n⁰ˢ 86-90.

Etudier la leçon n° 26 de la *Petite Syntaxe*.

VERSION

An den-ze an nevoa eur gazeg, eun ebeul, eur vuoc'h hag eur loue. — Iaouank ê c'hoarz ar c'hole, mes drouk ê deja. — Lard e oa hon fenn-moc'h : mad e oa da lac'han. — Fin fin eo chas ar mesaer-man : int a vesa e ezen hag e vuled. — Ar marc'h a zo dishual ha digabestr, mes dous ê : bez dispont. — Ho loened a bêo anoc'h, unan gant e greo glân, eun all gant e gig, ar re-all gant o lêz. — Gleb brein e oa moue ar marc'h gant ar c'hwezour. — Silaouet an targaz o viaoual war ar voger : mad ê da lakat ouz ar ber. — Prest on, digaset ma marc'h baill d'in. — Bemde e ve distag ar marc'h. — Distag eo ar marc'h hirie. — Dichrêt e ven bep blâ d'ar c'houlz-man. — Ma buoc'h ac'h ê bras he zez ha hir he bronno. — Ar c'hezeg a zo ker ar blâ-man : me a werzo ma c'hazeg hag a breno eun azen.

THÈME

Mathieu avait une brebis, un mouton, un agneau et un porc. — L'âne est entêté. — Nos vaches sont malades. — Nous sommes malades. — Les porcs étaient très chers. — Soyons soigneux et laborieux. — Regardez ce bouc, cette chèvre et ce chevreau : ils sont très heureux dans cette lande. — La génisse est jolie ; ses cornes sont très longues. — Vous étiez coupables. — Les porcs sont sales. — Ce cheval sera peureux. — Les vaches étaient sans défaut. — J'ai été malade. — Les bêtes sans défauts sont bien vendues. — Ces deux frères-ci sont comme chien et chat. — Les chevaux ombrageux me déplaisent. — Un poulain sans licou et sans entraves est difficile à mener. — Nous voyons souvent les chevaux, les vaches et les moutons paître ensemble.

27. — Al loened goue, *les animaux sauvages.*

blei, m., *loup.*
chase, m., *chasse.*
fured, m., *furet.*
gad, f., *lièvre.*
go, m., *taupe.*
gwiber, m., *écureuil.*
heiez, f , *biche.*
houc'h goue, m., *sanglier.*
iourc'h, m , *chevreuil.*
kaerel, f., *belette.*
kanval, m., *chameau.*
karv, m., *cerf.*

ki-dour, m., *loutre.*
konifl, m., *lapin.*
kraban, m., *griffe.*
leon, m., *lion.*
logoden, f., *souris.*
louarn, m , *renard.*
louz, m., *blaireau.*
martr, m., *martre.*
olifant, m., *éléphant.*
raz, m., *rat.*
skilf, m , *griffe, défense (dent).*

AUTRES MOTS

fuloret, *furieux.*

—

chadenni, *enchaîner.*
dilostan, *enlever la queue.*
furchal, *fouiller.*
gwadan, *saigner.*
gwall-gas, *malmener.*
kignat, *écorcher.*
krignat, *grignoter.*
lartaat, *engraisser.*

e, *que (après certains verbes).*
er gêr, *à la maison.*
er mêz, *dehors.*
ma, *que.*
mar, *si.*
ne, na. *ne.*
ne... ket, *ne... pas.*
pa, pe, *quand, lorsque.*
penevit, *sans, n'était.*

Le verbe BEAN : formes d'actualité.

Gram., n° 91.

Etudier la leçon n° 27 de la *Petite Syntaxe*.

VERSION

Ar c'had, ar c'honifl, ar martr hag al louz o deus aon eus ar chas. — Javedo ar blei ha re al louarn a zo grêt evit dibri kig. — Ar leon a lac'h kirvi, iourc'hed, ha kanvaled zoken gant e grabano. — An houc'h goue a furch an douar gant e fri hag en em zifenn gant e skilfo. — Skanv evel eur gwiber ha ponner evel eun olifant. — Pèlec'h eman an deñved ? emaint er mêz o voueta. — Dislotet ê al louarn ha chadennet ar blei. — N'eman ket ar raz en e doull. Pele'ch eman 'ta ? O vale. — N'eo ket c'hoaz digor ar chase. Pa ve digor ar c'hase, e ve gwall-gaset ar gedon hag ar c'honifled. — N'eo ket kignet an heiezed.

THÈME

Le loup n'est pas loin. — Quand j'étais jeune, j'étais gai : les gens âgés ne sont pas joyeux. — Sans le chat, la maison serait pleine de souris. — Le furet est dans le terrier, bientôt les lapins seront dehors. — Le blaireau, la loutre et la belette ne sont pas des animaux utiles. — Les taupes ne sont pas aveugles. — Le loup n'est pas loin de la maison. — Lorsque l'écureuil est sur son arbre, les enfants ne peuvent pas l'attraper. — Restez loin du sanglier quand il est furieux. — Le lapin est dans le trou : mettez votre chien à y fouiller, et il attrapera sans peine le petit animal. — Le temps n'est pas beau ces jours-ci. — Nos voisins ne sont pas à la maison la moitié du temps : presque toujours ils sont en train de se promener.

28. — An evned eus an ti, *les oiseaux domestiques.*

askel, f., *aile.*
beg, m., *bec.*
evn, m., *oiseau.*
gwa, f., *oie.*
houad, m., *canard.*
iar, f., *poule.*
— iar-Spagn, f., *dinde.*
kawed, f., *cage.*
klujar, f., *perdrix.*
   — klujar-Spagn, f., *pintade.*
kog, m., *coq.*
— kog-Spagn, m., *dindon.*
koubl, koublad, m., *couple.*
koulm, f., *pigeon.*
   — mamm-goulm, f , *femelle de pigeon.*

koulmdi, m., *colombier.*
kriben, f., *crête.*
las, m., *lacs.*
nez, m., *nid.*
neziad, m., *nichée.*
nij, m., *vol.*
pañ, m., *paon.*
perroked, m., *perroquet.*
pigos, m., *bec.*
pluen, f , *plume.*
polez, f., *poulette.*
ponsin, m., *poussin.*
u, m., *œuf.*
— kloren-u, f. pl. klor-uo, *coque d'œuf.*

AUTRES MOTS

darnijal, *voleter.*
doï, *pondre.*
dibluan, *déplumer.*
diskrapan, *gratter la terre.*
grougousat, *roucouler.*
gori, *couver.*
nijal, *voler.*

pigosal, *becqueter.*
sklokan, *glousser.*

———

a-wejo, *parfois.*
e-pign (ouz), *en pendant (à).*
pell-zo, *depuis longtemps.*

Le verbe **BEAN** : autre forme de la conjugaison personnelle (1). — Gram., n°s 92-94.

Etudier la leçon n° 28 de la *Petite Syntaxe*.

VERSION

Setu an evned hon deus en ti : eur c'hog gant e griben rutan, daouzek iar pe bolez, triwac'h ponsin bihan, eur c'hog-spagn hag eur iar-spagn, eur c'houblad pañed, eiz gwa ha tri pe bevar houad. — Eman ar c'houlmed war an doen etal ar c'houlmdi : me o c'hlev o c'hrougousat. — An evned elec'h ble o deus plu, elec'h eur geno eur pigos, daou droad hepken evit kerzet, mes ive diou askel evit nijal en êr. — D'am zad ê ar ier-man. — D'in me ec'h int. — Ar bagad houidi-man a zo d'ê. — D'imp-ni e voint'mar goc'h kontant. — Da biou eo an uo-man ? — An uo-man n'int ket d'in-me. — N'eus ket uo en nez ? — Nann. — Neuze me 'gred ec'h int bet kemeret gant ar pôtr bihan. — War ar c'hlud e zo dek iar : mes nan eus hini ebet eus ar c'higi warnan. — Pelec'h emaint 'ta ? — Oh ! emichans emaint er porz o pigosal. — Pebez nejad uo ! bean a zo daouzek u ebarz. — Diwallet oute, pe e voint debret gant ar gaerel. — Klanv e ver ? — Ne ver ket. — Er porz e zo bep sort ier. — E oar o vont ? — Ia. — Gwelloc'h eo miret an uo. — Ar c'hog ac'h eo ru e griben.

THÈME

Dans un coin de la cour se trouvent les oiseaux domestiques : le coq, la poule et les poulets, les oies, les canards, les dindons et les pintades. — Ecoutez le coq chanter, les poules glousser ou caqueter, les pigeons roucouler et le perroquet sur son perchoir parler comme un homme. — Dans la cage sont les autres oiseaux.

Un jour notre jeune garçon dresse un lacs glissant assujetti par une marchette ; les oiseaux descendent sur l'appât pour satisfaire leur faim ; ils sont pris et restent suspendus. — La poule est dans (2) son nid, couvant ses œufs : bientôt la maison sera pleine de poussins. — C'est une femelle de pigeon. — C'est vous qui cherchiez des nids. — Cet oiseau est à moi. — C'est à nous. — Ce sera pour eux. — Cette cage n'est pas à moi. — Dites-moi où sont les poulettes. — Elles sont occupées à gratter la terre dans la cour, près de la maison. — Et les canards ? — Ils sont perdus depuis hier : sans doute ils ont été volés. — Il n'y a pas de plumes sur les ailes de vos poules. — Si, mais elles ne sont pas serrées. — A-t-on été sage ? — Non. — N'a-t-on pas été sage ? — Si.

---

(1) Les formes de la conjugaison personnelle sont déjà connues pour avoir été souvent employées dans les exercices. — (2) Sur.

29. — An evned goue, *les oiseaux sauvages.*

alanig-kov-ru, m., *rouge-gorge.*
alc'houeder, m., *alouette.*
beuf, m., *bouvreuil.*
bran, f., *corbeau.*
drask, m., *grive.*
dred, m., *étourneau.*
eñveder, m., *alouette.*
estig, m., *rossignol.*
— estig baill, m , *rossignol de muraille.*
gwenelien, f. pl i el ied, *hirondelle.*
houperig, m., *huppe.*
kannaper, m , *rouge-gorge.*
kannerezig-dour, f., *bergeronnette.*
kaouen, f., *chouette, hibou.*
kazeg-koat, f., *pivert.*
kegin, f., *geai.*
keveleg, m., *bécasse.*

kioc'h, f., *bécassine.*
klujar, f., *perdrix.*
koaill, f., *caille.*
kolven, f., *moineau.*
koukoug, f., *coucou.*
kudon, m , *ramier.*
laouenan, m., *roitelet.*
marc'harid-goug-hir, f., *héron.*
melegan, m , *verdier.*
milvid, m., *mauvis.*
moualc'h, f., *merle.*
pabor, m., *rouge-gorge.*
pichiglaou, m., *mésange.*
pik, f., *pie.*
pinson, m., *pinson.*
rujoden, m., *rouge-gorge.*
skoul, m., *buse.*
sparfel, m., *épervier.*
turzunel, f., *tourterelle.*

AUTRES MOTS

dañ, *apprivoisé.*
dantek, *denté, qui a de grosses dents.*
krom, *recourbé.*
moan, *grêle.*
tanav, *mince.*

dañaat, *apprivoiser.*
kludan, *percher.*
nejan (nezian), *nicher.*

—

eun nebeud, *un peu.*
war an de, *de jour.*

Verbe auxiliaire **AM EUS.**

Gram., n° 96.

Etudier la leçon n° 29 de la *Petite Syntaxe.*

VERSION

Ar gwenelied o deus eur begplat, krom er penn ha ledan.
— An estig, al laouenan, ar rujoden, ar gannerezig-dour,
hag an houperik o deus bego eün, moan ha tanav. — Beg an
alc'houeder, ar plichiglaou, ar melegan, ar golven hag ive
hini ar vran, ar gegin hag ar bik a zo ront, berr ha lemm ;
hini ar voualc'h, an drask hag an milvid a zo dantek. — Ar
c'hoailled, ar c'hlujeri, an durzuneled a zo hanval eun nebeud
ouz ar ier hag ouz ar c'houlmed. — Ar goukoug a zo kar d'ar
gazek-koad ha d'ar perroked. — Marc'harid-gouk-hir hag ar
c'heveleg, gant o bego hir, o gougo hir, o diouhar hir, a zo
êzet da dishanvelout diouz ar re-all. — Ar skoul hag ar
sparfel, evned hag o deuz bego krom ha skilfo krom, a chase
war an de ; ar gaouen a chase d'an noz. — Bean an neus eur
gioc'h da werzan : c'hwi a c'halfe he c'hât evit netra. — Eun
estig am eus klevet o kanan. — Bean a vije alies tud en e di.

THÈME

Joseph disait à Brigitte : « J'ai en cage un merle et une tourterelle ; ils sont apprivoisés, je les prends avec les mains et ils
perchent sur mes doigts. » Brigitte répondait : « Moi j'aime l'hirondelle et l'alouette. J'ai pitié des oiseaux en cage, en voyant la
grive s'envoler de son nid, en entendant la voix du pinson ou du
mauvis, même celle du corbeau. J'aime tous les oiseaux, le
moineau comme le rossignol, le hibou comme le rouge-gorge,
mais seulement quand ils sont hors de cage. » — J'ai un geai, je
veux avoir une perdrix. — Je n'avais pas de chat (1), mais j'avais
un hibou. — Quand tu auras un bouvreuil, tu le garderas pour
moi. — Hier tu as eu des souliers. — Il n'a jamais eu autant de
force. — Les pauvres orphelins n'avaient ni père ni mère. —
Quand le ramier est en train de chanter, j'ai du plaisir. — Chaque
année il y a un nid de rossignol de muraille dans ce trou-ci.

(1) Aucun chat.

30. — **Ar pesked,** *les poissons.*

aoureden, f., *dorade.*
bigorn, m., *bigorneau.*
beked, m , *brochet.*
brezel, m., *maquereau.*
dluzen, f., *truite.*
dren, m., *arête de poisson.*
dreineg, m., *bar.*
eog, m., *saumon.*
fritaden, f., *friture.*
gaor-vor, f., *chevrette.*
garlizen, f., *sole.*
gogez, m., *grondin.*
grwac'h, f., *vieille.*
istren, f., *huître.*
kemener-mor, m., *langouste.*
krogen, f. pl. kregin }
krogillen, f. } *coquille.*

krank, m., *cancre.*
lenveg, louaneg, m., *lieu.*
legestr, m , *homard.*
lizen, f., *plie.*
locheden, f., *goujon.*
meil, m., *mulet.*
meill-ru, m., *rouget.*
mesklen, f., *moule.*
morgaden, f., *seiche.*
pesk, m., *poisson.*
pleisen, f., *plie.*
sardrinen, f., *sardine.*
silien, f., *anguille.*
   — **silien-vor,** f., *congre.*
skanten, f., *écaille.*
touillen, f., *rousselle.*
tregaz, m., *pieuvre.*

AUTRES MOTS

dam-wak, *molasse.*
gludennek, *visqueux.*
lêzek, *laité.*
sal, *salé.*

—

fritan, *frire.*
neuial, *nager.*

pesketa, *pêcher.*
tennan da, *ressembler à.*

—

buhan, *vite.*
mar, ma, *si.*
herve, *selon.*

Verbe auxiliaire OBER.

Gram., n° 97.

Etudier la leçon n° 50 de la *Petite Syntaxe*.

VERSION

An eog a vev en dour sal hag en dour dous. — Adalek miz gwengolo betek miz mê, hon de istr da zibri. — Tennan a ra ar legestr d'ar c'hemener-mor, mes heman a zo bihanoc'h ha ruart. — Pa vemp e tal ar mor, e tapomp bemde geor-mor ha kranked : stad a ve ennomp o kavout bigorned, meskl ha kregin. — Ar zilien he deus eur c'hroc'hen teo, ha skant munut diês da zishanvelout diouz eur c'hroc'hen. — An tregaz a zo eul loen dam-wak ha gludennek, hag an neus eiz brec'h en dro d'e benn ; ar vorgaden a zo bihanoc'h : hi he deus dek brec'h war he fenn hag eun hanter krogillen hanvet meur a wech skouarn morgad. — Kig ar beked a zo mat bras, hini an dluzen a zo c'hoaz gwell. — Pesketa a ran bep iaou, evit kaout pesked 'benn ar gwener. — Tapout a refet eun nebeud silio hag e kasfet anê d'in : bean 'po hoc'h lod anê, p'am mo grêt o fritan.

THÈME

Si j'étais auprès de la rivière, je prendrais des truites et des anguilles. — Les mulets sont un peu secs : parlez-moi de la sole et du lieu. — Le bar, le grondin et la dorade sont des poissons de mer délicats. — La vieille n'est pas très bonne, mais elle est belle à voir, jaune, bleue, verte. — Au printemps, les maquereaux sont gras, laités et bons. — Si vous avez un congre à souper, vous prendrez garde aux arêtes. — Si j'avais des sardines, je serais bien content. — Préparez le rouget sans le vider, comme la bécasse. — Je remue l'eau pour effrayer les poissons : ils sont bien timides. — Tu viderais l'étang, si tu avais de l'aide. — Tu ne feras pas une friture de poisson aujourd'hui ? — Si. — Les homards ne sont pas toujours bons à manger. — Les maquereaux me plaisent plus que les vieilles. — Quelle belle truite j'ai prise !

31. — **An amprevaned,** *les insectes, les reptiles, les vers, etc.*

aer, f., *couleuvre.*
amprevan, m., *insecte, reptile.*
astu, m., *vermine.*
buoc'hig Doue, f., *coccinelle.*
buzugen, f., *vers de terre.*
c'hwennen, f., *puce.*
c'hwil, m., *insecte ailé.*
 — **c'hwil-derv,** m., *hanneton.*
flemm, m., *aiguillon.*
fubuen, f., *moucheron.*
gavr-lann, f., *sauterelle.*
glazard, m., *lézard.*
glesker, m., *grenouille de haies.*
gwenanen, f., *abeille.*
gwespeden, f., *guêpe.*
kevniden, f., *araignée.*
 — **gwiad-kevnid,** m., *toile d'araignée.*
karlosken, f., *perce-oreille.*
kelaouen, f., *sangsue.*

kelienen, f., *mouche.*
koar, m., *cire.*
laouen, f., *pou.*
 — **laouen douar,** f., *cloporte.*
luseden, f., *punaise.*
melveden, f., *limace.*
merienen, f., *fourmi.*
pillerez, f., *frelon.*
preñv, m., *ver.*
 — **preñv-sei,** *ver à soie.*
ran, m., *grenouille de mare.*
safronen, f., *bourdon.*
sardonen, f., *frelon.*
tabonen, f., *taon.*
saillerez, f., *sauterelle.*
sourd, m., *salamandre.*
tarlasken, f. }
teureugen, f. } *tique.*
touseg, m., *crapaud.*

AUTRES MOTS

bunumus, *venimeux.*
dister, *chétif.*
heugus, *répugnant.*

———

anduri, *supporter.*
bresken (rad.), *courir (en parlant des vaches).*
displijout, *déplaire.*
distrujan, *détruire.*
estan, *récolter.*
flemman, *piquer.*

gouzanv (rad.), *supporter.*
hadan, *semer.*
kaletaat, *durcir.*
kovesaat, *confesser.*
kravignat, *gratter.*
paouez (rad.), *cesser.*
skourjean, *fouetter.*
stlejal, *traîner.*
streboti, *broncher.*

———

na... nemet, *ne... que.*

Verbe actif **KAROUT**, *AIMER.*

Gram., n° 98.

VERSION

Pan ê bihan ar gleskered, ec'h int hanval ouz ar pesked.
— Ar gevniden he doa grêt he nez ouz ma frenestr, he deus
tapet kelien, gwenan ha gwesped. — Ar wenanen hag ar
peñv-sei a zo loenedigo talvoudus : goulennet mel ha koar
gant unan, seienno ha dillad kaer gant egile. — Lac'het an
aered, mes miret an touseged : int a zebro ar preñved hag ar
melved. — Lac'het ar c'hwil-derv, mes miret ar vuoc'hig-
Doue : c'hwi ho po nebeutoc'h a astu en ho liorz. — Ar glazard a blij d'in-me ; heug am eus ouz ar zourd. — An dabonen
a laka ar zaout da vresken. — Eur c'havr-lann a glaskan. —
Paouezet da gravignat ho penn : pa 'po laou, ne gravignet
ket muioc'h. — Ar gristenien fall na govesaont nemet eur
wej ar blâ. — Mar labouret bemde, e kaletao ho taouarn. —
An evned na hadont ket, na estont ket, ha kouskoude e
kavont o boued. — Mar bevet, c'hwi a welo.

THÈME

L'araignée tend des lacs pour prendre les mouches (1) : ces
lacs sont appelés toiles d'araignée. — Les abeilles ont du miel
pour leurs amis, un aiguillon pour leurs ennemis. Elles ne sont
pas aussi méchantes que les guêpes, et les guêpes sont moins
dangereuses que les frelons. — Les puces peuvent être suppor-
tées, mais rien ne me déplaît autant que les punaises. — Quand
vous aurez détruit toutes ces grosses mouches, vous n'aurez pas
de vers dans votre viande. — Le chien n'a pas trouvé de (2) lièvre,
mais il a trouvé beaucoup de tiques. — Ces moucherons ne vivent
qu'un jour : avant la nuit ils seront morts ; l'homme est semblable
au moucheron. — Si vous avez trop de sang, mettez des sangsues.
— Si vous parlez, je vous fouetterai. — Quand le cheval a bronché,
j'ai eu peur. — Les grenouilles sautent, les crapauds se traînent
sur leur ventre. — Je vous cherche. — C'est vous que je cherche.
— Si vous continuez à parler, je ne dirai rien. — Souvent je pleure.

(1) Des mouches. — (2) N'a trouvé aucun.

32. — **Ar gwe hag ar plant,** *les arbres et les arbustes.*

barr, m., *branche.*
balan, m., *genêt.*
beoen (1), f., *bouleau.*
boueden, f., *moelle des végétaux.*
broust (Goelo), m., *lierre.*
brug, m., *bruyère.*
buns, m., *buis.*
delien, f. pl. **delio,** *feuille.*
deliaven, f. pl. **deliav,** *feuille.*
derven, f., *chêne.*
drezen, f., *ronce.*
evor, m., *bourdaine.*
finich, m , *faine.*
fôen, f., *hêtre.*
gwrien, f. pl. **gwrio,** *racine.*
gween, f., *arbre.*
gwernen, f., *aune.*
halegen, f., *saule.*
ilio, m., *lierre.*
ivinen, f., *if.*
kef, m., *souche.*

kloren, f., *cosse.*
koad, m., *bois.*
koad krenerez, m , *tremble.*
lann, m , *ajonc.*
lore, m., *laurier.*
mezen, f., *gland.*
onnen, f., *frêne.*
ozilen, f., *osier.*
plusken, f., *écorce.*
pizen moc'h, f., *gland.*
planten, f., *plante.*
puplien, f., *peuplier.*
pinen, f., *pin.*
roz-ki, m., *églantier.*
sap, m., *sève.*
sapinen, f., *sapin.*
skaoen, f., *sureau.*
skod, m , *souche.*
spernen, f., *épine.*
tillen, f., *orme.*

AUTRES MOTS

bodennek, *touffu.*
koadek, *boisé.*
treut, *maigre.*
— **uhel,** *haut, de haute futaie.*

———

boutan, *pousser.*
disklosan, *détacher (une branche).*
displantan, *déplanter.*
diwrienni, *déraciner.*
divarran, *émonder.*
glasaat, *verdir.*
gwrienni, *s'enraciner.*
koata, *chercher du bois.*

koataat, *boiser, garnir d'une char-*
pente.
kridi, *oser, croire.*
kregi e, *saisir (froid).*
plantan, *planter.*

———

en dro da, *autour de.*
en tu, *du côté de.*
hed ha hed gant, *le long de.*
kement, *tant, autant.*
kement all, *autant.*
setu perak, *voilà pourquoi.*

———

(1) On dit aussi : **eur ween veo,** *un bouleau.* Le nom générique *bouleau*
se dit **beo, koad beo.** — Il en est de même pour tous les arbres.

Verbe **KAROUT** (suite).

Gram., n° 98.

Etudier la leçon n° 32 de la *Petite Syntaxe*.

VERSION

Eur ween a zav he barro evit displegan he delio en êr hag a grog gant he gwrio en douar evit tennan he magadurez : ar zap a grap hed ha hed gant ar voueden, hag a zisken goude etre ar blusken evit magan ar c'hoad hag ar gwrio. — En ho lannek sec'h ha treut plantet da gentan pin ha sapin : ho pugale a lako en o lec'h dero, beo ha fao : e-tal an dour eman lec'h an haleg, ar c'hoad krenerez hag an till gwenn. — Klasket mez dindan an derven ha finich dindan ar faoen. — Ar gwern hag an haleg en em blij en douaro gleb : plantet e vent alies hed ha hed gant ar gwajo hag ar sterio. — Gallout a reomp laret kement all eus ar pupli. — Er vro-man n'eus ket kement a we hag en ho hini. — En tu ar c'hreiste ec'h ê goloet ar barouz (paroisse) a goad.

THÈME

Vous savez que le pin et l'if sont toujours verts. — Je croyais que nous trouverions des églantiers dans la forêt. — Je veux que vous semiez du côté du couchant des arbres de haute futaie, parce qu'ils brisent le vent. — Mon père a voulu que nous missions du buis et du laurier autour de la maison. — Il nous disait que la bruyère, le houx et la bourdaine prospèrent sous les grands arbres, qu'il nous garderait aussi comme des plantes délicates et que nous grandirions heureux dans sa maison. — Je n'ose pas planter des sapins ni des ormes autour de mon champ : ces arbres nuisent beaucoup à la terre labourée (**douar labour**). — Combien de chênes avez-vous émondés ce matin ? — Trois seulement : le froid me saisissait les mains. — Je crois que le bois verdira de belle heure cette année.

33. — **Ar gwe freuz hag ar freuz,** *les arbres fruitiers et les fruits.*

aval, m., *pomme.*
avalen, f., *pommier.*
babuen, f., *cerise, cerisier.*
bleuñen, f., *fleur.*
figezen, f., *figue, figuier.*
freuzen, f., *fruit.*
gwinieg, f., *vignoble.*
gwinien, f., *vigne.*
gwregonen, f., *prune, prunier sauvage.*
imboud, m., *greffe.*
kastillezen, f., *cassis* (fruit et arbre).
kraouen, f., *noix, noyer.*
   — **kelvez,** *noisette.*

kerezen, f., *cerise, cerisier.*
kistinen, f, *châtaigne, châtaignier.*
liorz, m , *jardin, verger.*
mouaren, f , *mûre.*
min, m., *noyau.*
pechezen, f., *pêche, pêcher.*
peren, f., *poire, poirier.*
prunen, f., *prune, prunier.*
rezinen, f., *raisin, vigne.*
sivien, f., *fraise.*
spec'haden, f., *groseille à maquereau.*
spluzen, f., *pépin.*
vendem, f., *vendange.*

N. B. — Plusieurs des noms féminins en en de la liste précédente désignent à la fois le *fruit* et *l'arbre* qui le porte.

Consulter pour leur emploi *Gram.* n° 65, rem. I.

AUTRES MOTS

abret, *précoce.*
dare, *mûr.*
dru, *gras* (bien fumé).
iac'h, *sain.*
put, *sauvage* (en parlant des fruits).

   —

dareï, *mûrir.*
dastum (rad.), *cueillir.*
dibab (rad.), *choisir.*
gortoz (rad.), *attendre.*
gwaskan, *fouler.*
hejal, *secouer.*

imboudi, *greffer.*
karout, *aimer à, vouloir* (au conditionnel).
konfizan, *confise.*
rostan, *rôtir.*
serri, *ramasser.*
terri (p. **torret**), *briser.*
tresplantan, *transplanter.*

   —

mesk e mesk, *pêle-mêle.*
pelec'h ? *où ?*

Verbe **KAROUT** (suite).

Gram., n° 98.

Etudier le n° 33 de la *Petite Syntaxe.*

VERSION

Dibabet ar re wellañ euz ho freuz, dibabet ive ar spluz ar iac'han, ha goude, mesk e mesk, hadet mein kerez ha prun, spluz per hag avalo. — Ni hon deus gwe freuz en hon liorz : diou gerezen, eur bechezen, diou brunen, peder avalen, ha peder beren, eur figezen hag eur ween graou. — Eman ma breur o hejal ar c'histin ha me a zo ouz o serri. — Pelec'h eman ar vugale ? — Emaint o klask mouar ha gwregon. — E gwengolo eman koulz ar vendem : neuze e ve an oll dud o tastum rezin er winieg, pe o waskan anê hag oc'h ober gwin. Gortozet eur pennad (moment) hag ho po kistin : ec'h omp o rostan anê. — Me a garfe tanva sivi ho liorz. — Spluz an avalo dare a ve du. — Pelec'h eman ho kistinenno ?

THÈME

Les poires, les pommes, les prunes et les cerises demandent une terre grasse, une terre souvent remuée. — Lorsque le temps est beau, je me plais à travailler la terre, à planter des pruniers, des pêchers, des cerisiers, à greffer des poiriers ou des pommiers, à transplanter les fraisiers, les groseilliers. — Où est le domestique ? Il émonde les arbres et les nettoie. — Ma mère prépare des fruits confits avec des groseilles et des fraises. — Quand vous mangez des guignes, prenez garde d'avaler les noyaux. — Goûtez notre cidre. — Mets ta main dans ma main. — Donne-moi tes noix, je les briserai avec le marteau et tu les mangeras. — Si vous mangez trop de figues, vous resterez malades. — Cherchez des greffes pour vos pommiers : si vous ne les greffez pas, vous n'aurez que des fruits sauvages. — Nous mangeons avec plaisir des fruits précoces. — Où se trouvent vos figues ?

34. — **An edo, ar c'hanab,** *les céréales, le chanvre.*

bern, m., *tas, meule.*
leur, f., *aire à battre.*
leuriad, f., *airée.*
ed, m., *blé.*
 — **du,** m., *blé noir.*
dramm, f., *javelle.*
ere, m., *lien.*
est, m., *moisson, récolte.*
feusken, f., *gerbe.*
greun, m., *grain.*
gwiniz, m., *froment.*
had, m., *semence.*
hei, m., *orge.*

itu, m., *blé noir.*
kanab, m., *chanvre.*
kerc'h, m., *avoine.*
liam, m., *lien.*
lin, m , *lin.*
park, m., *champ.*
pell, m., *balle.*
plouz, m., *paille.*
segal, m., *seigle.*
 — **winiz,** m., *méteil.*
soul, m., *chaume.*
toc'haden, f., *épi.*

N. B. — Si l'on veut désigner un grain d'une céréale quelconque, un brin de paille ou de balle, on ajoutera le suffixe **en** au nom générique qui est, en réalité, un pluriel collectif : **eun eden,** *un grain de blé ;* **eur blouzen,** *un brin de paille.* — On dira au pluriel individualisé : **edenno, plouzenno.**

AUTRES MOTS

bernian, *entasser.*
dic'hreunian, *égrener.*
diwan (rad.), *germer.*
dornan, *battre.*
dougen, *porter, produire.*
dramman, *rester en javelle.*
endramm, *mettre en javelle.*
erean, *lier.*
gwentan, *vanner.*
hadan, *semer.*
karout, *aimer, vouloir.*
ledan, *étendre.*

malan, *moudre.*
medi, *moissonner.*
ôgan, *rouir.*
sevel, *lever* (v. neutre).
rêvi, *geler.*
tennan, *tirer, arracher.*
 —
d'ar fin, *enfin.*
dioustu ma, *aussitôt que.*
start, *ferme.*
tôl ha tôl, *à tout moment.*

Verbes passifs.

Gram., n° 99.

Etudier la leçon n° 34 de la *Petite Syntaxe*.

VERSION

An ed a oa bet hadet en ho park an neus diwanet mat.
Savet mat an neus ive : setu 'nean dare ha mat da vedi. —
Er vro-man ne laker ket kalz itu, rak risklet e ver da welet
'nean o rêvi. — Pa ve troc'het ar c'herc'h, e lezer anean da
zramman eur pennadig, evit ma vo gallet hen dornan gwelloc'h ha distagan êzetoc'h ar pell diouz ar plouz. — Poent bras
ê d'ar chanab bean tennet. Goude e vo dic'hreuniet ha laket
en dour evit ôgan. Ar greun a vo gwentet ha kaset d'ar solier.
— Pegoulz e vo tennet al lin du-ze ? — Du-man ec'h ê tennet
al lin aboe tri de so. Ni na blij ket d'imp gortoz re bell evit
hen tennan. — Koulskoude e vije gwelloc'h an had, mar bije
dareoc'h. — N'eus fors : ni a led hon lin war an douar dioustu
ma ve bet tennet, hag eno e tare ar greun 'pez a gar. — Ereet
mat ê bet ar feuskad ed 'vit ar bla, kalz gwelloc'h evit ar
blâio-all.

THÈME

Les céréales qu'on sème dans notre pays sont : le froment, le
seigle, l'orge et l'avoine. Le froment et le seigle sont semés en
automne ; ils germent, croissent et produisent des épis au printemps. Au mois de juillet ou d'août (1), lorsque les grains sont
mûrs, le froment et le seigle sont coupés, engerbés, transportés
et mis en meule dans l'aire. Bientôt on les bat, le grain est vanné,
moulu, et l'on mange enfin (un) pain bien gagné. L'orge et l'avoine,
avec leurs grains et leur paille, servent à nourrir les chevaux.
— Quand on voit des épis jaunes, on dit que le blé est mûr. —
Quand arrive le temps de la moisson, on travaille ferme ; quand
le blé est semé, on est content, on se repose. — Quand on a du
blé noir, on a des crêpes, on peut élever des poules, on a de la
paille à étendre sous les vaches à l'étable. — Les femmes éten-
dent l'airée et les hommes la battent. — Les javelles étendues
sur le chaume ressemblent à des hommes morts, abattus dans
une guerre.

(1) Au mois d'août.

35. — **Ar boued chatal hag al legumaj,** *les plantes fourragères et potagères.*

aval-douar, m., *pomme de terre.*
betrabezen, f., *betterave.*
boued-chatal, m., *nourriture des bestiaux.*
faven, f., *fève.*
foenn, m., *foin.*
— **tirien,** m , *foin artificiel.*
glazen, f , *pelouse.*
irvinen, f., *navet.*
harikoen, f., *haricot.*
ieoten, f., *herbe.*
jardin, m., *jardin.*
karotezen, f., *carotte.*
kôlen, f., *chou.*
— **bome,** f., *chou de pomme.*
kignen, m., *ail.*

lann, m., *ajonc.*
legumaj, m., *légumes.*
liorz, f., *courtil, jardin.*
melchon, m,. *trèfle.*
ognonen, f., *oignon.*
panezen, f., *panais.*
persil, m , *persil.*
pizen, f., *pois.*
potaj, m., *légumes.*
pouren, f., *poireau.*
saladen, f., *laitue en salade (de la).*
tin, m., *thym.*
tôk-touseg, m , *champignon.*
trinchen, m., *oseille.*
treujen, f., *trognon.*

AUTRES MOTS

flour, *fin, délicat, moelleux.*
kri, *cru.*
maro-mik, *raide-mort.*
poaz, *cuit.*

—

dieoni, *écumer.*
digloran, *écosser.*
moustran, *fouler.*
peillat, *peler.*

poac'hat, *cuire.*
stufan, *se piquer* (par l'humidité).

—

daved, *vers* (quelqu'un).
en eun tôl, *tout d'un coup.*
goustadik, *doucement.*
ken kent ha ma, *aussitôt que.*
rak, *car.*

Verbes passifs (suite) et verbes neutres.

Gram., n°s 99-100.

VERSION

An den paour a oa o tibri avalo douar hep kig na bara. — Kavet am eus bremazonn eur vaouez o tont gant kôl-pome, karotez, irvin ha legumaj all. — Ar legumaj n'int ket ken c'hwek ha ken magus hag ar c'hig : digloret e vent, pe beillet, ha poac'het ; ar zaladen koulskoude a ve debret kri gant eoul ha gwinegr. — Ar foenn a ve troc'het e miz even, pa ve dare. Lezet e ve eur pennad war ar prad ; goude e ve ledet ha troet. N'ankouaer ket bernian anean arôk noz : rag ar gliz a lemje digantan e vlaz mat hag e c'houez vat. Pa ve moustret er soliero pe berniet er-mêz, e ve mat lakat gantan daou pe dri dornad hôlen : evelse ne dom ket ha ne stuf ket. — Hirie hon deuz bet hariko hag ognon : arc'hoaz hon devo triñchen poaz hag uo kalet. — Ne welen netra : neuze ec'h on deut en ti.

THÈME

Pour faire une bonne soupe, mettez votre viande dans l'eau froide et salez. Quand l'écume monte, écumez et mettez des légumes : trois poireaux, trois carottes, un navet, un panais, un oignon, un peu d'ail, une feuille de laurier. N'oubliez pas le thym et le persil. Laisser bouillir doucement et se consommer pendant six heures. — Asseyons-nous sur le gazon et laissons les vaches paître. — Les vaches de notre pays ne sont pas difficiles à contenter : elles vivraient d'ajonc. Pourtant elles aiment bien aussi une nourriture plus délicate : de l'herbe, du trèfle, des betteraves, et même des choux et des navets. Ayez donc un courtil pour la nourriture des animaux et un jardin pour les légumes du ménage. — Je n'aime pas les champignons, mais je mangerais un trognon de chou. — Il vous avait vu de sa chambre : aussitôt il était descendu pour aller vers vous. Il était même sorti. Tout d'un coup, il est resté malade. Il est revenu, il est monté dans sa chambre, et quand il y est arrivé, il est tombé mort. — Quand j'ai vu le feu, je suis sorti.

36. — **Al louzo,** *les herbes.*

askôl, m., *chardon.*
boked, m., *bouquet.*
bosen, f., *cuscute.*
broenn, m , *jonc.*
burluen, f., *digitale.*
elestren, f., *glaïeul.*
elvezen, m., *ravenelle.*
gwevod, m., *chèvre-feuille.*
huelvar, m., *gui.*
jobarben, f., *joubarbe.*
kinvi, m., *lichen, mousse des arbres.*
linad, m., *ortie.*

louzaouen, f. pl. **louzo,** m , *herbe (plutôt mauvaise).*
malv (kôl), m., *mauve.*
niel, m., *nielle.*
piz-logod, m., *vesce sauvage.*
pobran, m., *renoncule.*
teal (kôl), m , *parelle.*
touskan, m., *mousse de terre.*
treuz-ieot, m., *chiendent.*
troadur, m., *persicaire.*
troel, m , *liseron.*
tro-heol, m., *camomille, tournesol.*
tule, m., *cotylet, ombilic.*

AUTRES MOTS

aketus, *diligent.*
c'hwero, *amer.*
fonnus, *abondant.*

—

c'houesa (rad.), *sentir (par odorat).*
kaletaat, *durcir.*
redek, *courir.*
skarzan, *vider, chasser.*

a-boan ma, *à peine si, que.*
adalek, *depuis.*
evit ma, *pour que.*
gwej a ve, *parfois.*
fenoz, *cette nuit.*
pell amzer, *longtemps.*

Infinitif et participe.

Gram., n°s 101-104.

Etudier la leçon n° 36 de la *Petite Syntaxe*.

VERSION

Eur vestrez aketus na lezo ket en he liorz treuz-ieot, troadur, tro-heol, elvezen, troel. — Al louzo a bare an den, hep goulen arc'hant digantan : ar burlu a dorr nerz ar gwad er gwazio ; an tro-heol a zigas nerz enne hag a skarz an derzien ; bokedo kôl malv a zo mat ouz ar paz ; dour diwar (1) an teal ha diwar al linad ive a dom diabarz ar c'horv ; jobarb pe pobran pilet a denn ar gwad d'ar c'hroc'hen. — Brao eo c'houesa ar bleuñ gwevod. — Labouret mat am eus : rakse ma daouarn o deus kaletaet. — Biskoaz n'am eus an gwellet o redek. — En eur vale dre ar c'hoad, am eus kavet huelvar ha kinvi.

THÈME

Le chardon blanc vient dans la terre la plus grasse. — Otez de vos pommiers gui, mousse et lichen : ils seront plus beaux et et plus forts. — Défendez vos prairies du chardon, des glaïeuls du jonc, votre trèfle de la cuscute, vos blés de la vesce et de la nielle. — Le chèvrefeuille est odoriférant (2) ; les petites cloches du cotylet ne sont pas vilaines. — Laissez les fenêtres ouvertes, pour que je puisse regarder dehors et voir les gens. — Nous avons chassé ce matin, hier nous avions pêché. Hier nous avons été longtemps à attendre les poissons. Aujourd'hui, dès que nous sommes arrivés, nous avons pu trouver des lièvres et des lapins. — La mauve est bonne pour guérir l'enflure. — Laissez bouillir la parelle pendant une demi-heure et vous aurez un breuvage amer, mais sain. — On fait des chaises avec du jonc et des glaïeuls. — La vesce sauvage abonde dans les terres de mes voisins.

(1) **dour diwar**, *une infusion de.* — (2) **a zo c'houez vat gantan.**

IV. — LES PROFESSIONS

37. — Al labour douar, *l'agriculture.*

aler, f., *charrue.*
benveg, m. pl. **benvio**, *outil.*
falc'h, f., *faux.*
falc'her, m., *faucheur.*
falz, f., *faucille.*
  — **kontel**, f., *étrèpe.*
forc'h, m., *fourche.*
karigel, f., *brouette.*
killoro, m. pl., *avant-train de charrue.*
labourer, m., *laboureur.*

laz, m., *flèche de charrue.*
mar, f., *« marre », houe large.*
meder, m., *moissonneur.*
oged, m., *herse.*
pal, f., *bêche, pelle.*
pigel, m., *pioche.*
rastel, f., *râteau.*
ruill, m., *rouleau.*
saout, m., *coultre.*
souc'h, m., *soc de charrue.*
tranch, m., *houe.*

AUTRES MOTS

avizet, *prudent.*
dall, *émoussé.*
diskwiz, *défatigué.*
dijilten, *sans gilet.*
c'hwez-tour, *mouillé de sueur.*
lemm, *tranchant.*

nettaat, *nettoyer.*
plegan, *plier.*
serviji (en em) eus, *se servir de.*
sonjal, *penser à (infin.).*
tec'hel, *s'enfuir.*
teneraat, *attendrir, s'attendrir.*

—

dastum (rad.), *rassembler, cueillir.*
dislaret, *rétracter, dédire.*
frotan, *frotter.*
hiraat, *allonger.*

kers, *dans le courant de.*
dalc'hmat, *continuellement.*
e-mesk, *parmi.*

Verbes réfléchis.

Gram., n° 105.

VERSION

Ret ê d'al labourer kât bep sort benvio : eur zouc'h, eur zaout eus ar re lemman, eul laz hir eus ar re galetan, eur c'hilloro houarnet mat : en eur gir eun aler. N'haller ket terri an douar hep eun oged dantet mat, nag hen stardan hep eur ruill ponner. En em gemeret ive evit kât en ho ti trancho, ferc'hier, palio, rastello hag eur garigel. — Dioustu m'eo savet an ed eus ar park, kers an diskar-amzer, ec'h ê mat trei an douar, evit ma tiwano al louzo fall, ha ma vefont distrujet gant ar gouanv. — Ar foenn a zo dare : rakse pep labourer, mar geo avizet mat, na dle mui sonjal nemet kemer e falc'h ha mont da falc'hat. — Sellet en e labour, dindan an heol devus, ar falc'her daoubleget, c'hwez-tour ha dijilten : redek a ra e falc'h 'mesk ar ieot evel eun aer.

THÈME

Nous nous servons de la marre pour enlever la surface de la terre, de l'étrèpe pour couper l'ajonc. — Vous avez été obligé de vous rétracter. — Les anciens se frottaient d'huile avant de lutter. — L'esprit se fortifie en étudiant. — Les ennemis n'osaient pas se montrer. — Nous nous étions enfuis pour nous rassembler en un autre endroit. — Le jour s'est allongé. — Un homme cruel se plaît (a du plaisir) à voir (1) pleurer ; son cœur ne s'émeut pas à voir (1) des larmes. — La semaine (se) passa sans aucun mal. — Les cerises se mangent, mais les noyaux se rejettent. — Les amis ne se contentent pas (2) de se rechercher et de se chérir : ils se respectent aussi. — L'enfant s'est cassé le (3) bras ; je croyais qu'il s'était tué. — Nous nous sommes apporté des cadeaux l'un à l'autre.

(1) En voyant. — (2) Ce n'est pas assez aux amis. — (3) A cassé son.

38. — **Ar mezo,** *la campagne.*

ant, m., *raie.*
bom, m., *bande de terre soulevée par la charrue.*
erv, f., *sillon.*
garz, m., *haie.* .
goulien, f., *lisière de champ.*
gouzel, m , *litière.*
gwinojen, f., *sentier.*
hent, m., *chemin.*
kê, m , *haie.*
kleuñ, m., *talus.*
kleud, f., *barrière.*

mereuri, f., *métairie, ferme.*
mezo, m. pl., *campagne.*
mouden, f., *motte.*
park, m., *champ.*
skalier, f , *échalier.*
skoasel, f , *ornière.*
spluzeg, f., *pépinière.*
tachen, f., *parcelle de terre, place.*
teil, m., *fumier.*
temz, m., *engrais.*
touflez, f., *douve.*

AUTRES MOTS

birvidik, *ardent.*
gwasket, *abrité.*
kleuz, *creux.*
klouar, *tiède.*

———

kargan, *combler.*
kleuzan, *creuser.*
klozan, *clore, terminer.*
komz (rad.) ouz, *parler à.*
melenaat, *jaunir.*
teilat, *fumer (pour le fumier).*

a-dost, *de près.*
a-dreuz da, *à travers.*
eus kichen, *d'auprès.*
a-viskoaz, *de tout temps.*
a-benn, *au bout de.*
buhan, *vite.*
de ha de, *de jour en jour.*
don, *profondément.*
epad ma, *pendant que.*
pa, pe, *puisque.*

MONT, *ALLER* ; DONT, *VENIR*.

Gram., nᵒˢ 106-107.

Etudier la leçon nᵒ 38 de la *Petite Syntaxe*.

VERSION

Klasket evit ho spluzeg eul lec'h gwasket ha klouar. Mar neus fons ho touar, kleuzet don an ancho. — An den iaouank birvidik, pac'h a da chaseal, a dreuz garz ha touflez, ha mene ha plenen : n'anav na park na hent, na gwinojen. — Ar gwiniz a c'houl teil ha temz mat. — Eur labourer aketus, memes e kreiz ar gouanv, hep kât kertri da zevel eus kichen eur c'houad tan, a droc'h lann, drez, balan war ar girzier evit ober gouzel hag asten e deil. — Ar c'hentan tra ac'h ester d'en hanv war ar mezo, ec'h ê, en hon bro-ni, foenn ar prajo. Epad ma ve ar foenn o sec'han er prajo, an edo, de ha de, a velena er parko.... Deut eo koulskoude kreiste : peb unan a lôsk neuze e falz war ar c'houlien hag ac'h a d'e veren.

THÈME

Allez par le chemin creux, ou montez par l'échalier dans le champ et suivez le sentier à travers les sillons jusqu'à la barrière : vous verrez le village. — Si vous voulez enclore votre champ, vous ferez un fossé, et, près du fossé, une haie du côté de votre champ. — Hier nous avons monté le tas de fumier : aujourd'hui nous allons le couvrir avec des mottes (de gazon). — Le soc coupe et rejette une bande de terre : alors les gens avec leurs houes viennent pour briser les mottes. — Les bœufs sont dans (1) le pâturage : allons maintenant dormir sur la lisière du champ. — Va combler ces ornières. — Ce chemin va à nos champs. — vous venez, venez vite. — Je m'en vais puisqu'il ne vient pas. — J'ai vu la métairie, j'ai parlé au fermier et je suis revenu. — Quelle belle parcelle de froment !

(1) Sur.

39. — **Ar c'hiri,** *les charrettes.*

ahel, m., *essieu.*
astel-kar, m., *corps d'une char-
relle.*
bas, m., *bât.*
bourlen, f., *collier.*
brid, m., *bride.*
chare, chareadeg, f., *charroi.*
chareter, chartour, m., *charretier.*
dibr, m., *selle.*
dosier, m., *dossière.*
empren, f., *rayon de roue.*
fouett, m., *fouet.*
goalen-gar, f., *pièce longitudinale
du fond.*
gwetur, *voiture.*

harnez, f., *harnais.*
ieo, m., *joug.*
kammad-kar, f, *jante.*
kar, m., *charrette.*
kelc'h, m., *cercle.*
lêren, f., *courroie.*
limon, m., *brancard.*
matez-kar, f., *chambrière.*
moell-kar, m., *moyeu.*
peul-kar, m., *pieu.*
reien, f, *claie latérale.*
rod, f., *roue.*
senklen, f., *sangle.*
skourje, m., *fouet.*
sternaj, m., *harnachement.*

AUTRES MOTS

alaouri, *dorer.*
bannan, *basculer en arrière.*
bloukan, *boucler.*
bransellat, *balancer, osciller.*
chare (rad.), *charroyer.*
flemman, *piquer.*
mont en, *entrer dans.*
mont dre zindan, *passer sous.*

stagan, *attacher, atteler.*
sternan, *harnacher.*
strakal, *faire claquer, craquer.*

—

da vihanan, *au moins.*
goude, *après.*
hanter, *à moitié.*

Le verbe GOUZOUT, *SAVOIR*.

Gram., n°s 108-110.

VERSION

N'ouzoc'h ket penòs ec'h ê grêt eur c'har ? — Gouzonn.
Setu aman : diou rod an neus, evel ma welet. Ma zellan
ervat, e kavan en dro d'ar rojo seiz pez koad hanter-bleget,
hanvet kammajo-karr, hag ouz pen kammad diou empren :
pevarzek empren eta e pep rod, plantet ebarz ar moell ha
dalc'het start gant eur c'helc'h houarn en dro d'ar gammajo.
An ahel ac'h a eus eur moell d'ar moell all, hag a zoug diou
walen goad hir. Eur penn eus ar goalenno-ze a ra ar limono ;
ar penn all a zervij da zelc'hen an astel-kar, gant ar reio
hag ar peulio. — Goût ouzoc'h stagan ar marc'h ouz ar wetur ?
— N'ouzonn ket me ; mes ma mevel a oar, ha strakal ar
skourje ive.

THÈME

Le char du roi était magnifique. Il était porté sur deux essieux :
ceux-ci entraient dans quatre roues étincelantes avec des moyeux,
des raies et des jantes dorées ; les cercles des roues étaient en
argent. — Demain nous avons un grand charroi : douze charre-
tiers avec des charrettes ferrées et trois chevaux au moins dans
chaque attelage. — Vos chevaux sont fatigués : détachez-les et
mettez les chambrières. — Autrefois les charrettes avaient un
limon : on y attelait des bœufs, un joug fixé sur leurs têtes par
une courroie. Aujourd'hui tout le travail se fait avec des chevaux :
on met sur leur dos une sellette et sur la sellette une bande de
cuir pour retenir les brancards ; une autre sangle, également
bouclée sur les limons, passe sous le ventre de la bête pour
empêcher la charrette de basculer. — Un cheval attelé à une
voiture doit avoir une bride. — Ma voiture est des plus jolies :
on ne saurait trouver de plus jolie.

40. — **Ar bago,** *les bateaux.*

avenel, m., *haveneau.*
bag, f., *bateau, barque.*
bagig, f., *canot.*
baren, f., *barre.*
boued, m., *appât.*
diadre, m., *derrière (poupe).*
diarôk, m., *avant (proue).*
dele, f., *vergue.*
eor, m., *ancre.*
fun, m., *cordage.*
gouel, f., *voile.*
gwernen, gwern, f., *mât.*
— gorn, f., *mât de beaupré.*
— vizen, f., *mât de misaine.*
higen, f., *hameçon.*

hernaj, m., *ferrures.*
kavel, m., *casier.*
krog, m., *croc.*
lestr, m., *vaisseau, navire.*
martolod, m., *matelot.*
pesketaer, m., *pêcheur.*
plom, m., *plomb.*
porz-mor, m., *port de mer.*
ravanel, f., *drague.*
roenv, f., *rame.*
roued, m., *filet.*
sparl, m., *levier.*
spoue, m., *éponge.*
staon, m., *étrave.*
stur, m., *gouvernail.*

AUTRES MOTS

blenian, *diriger.*
disken (rad.), *descendre, faire couler.*
douari, *débarquer.*
didui (en em), *se divertir.*
goeledi, *couler bas.*
klask (rad.), *chercher.*
krial, *crier.*

krougan, *pendre, suspendre.*
strizan, *rétrécir.*
tec'hel, *s'enfuir.*

—

a-gle, *à gauche.*
a-zeo, *à droite.*
birviken, *jamais.*
a-leiz, *beaucoup.*

Irrégularités diverses dans les verbes.

Gram., n° 111.

VERSION

Hon lestr, eme an Otro Joubioux, a nij war gein ar gwagenno, evel ar gweneli e kreiz an êr : e welio a zo evel
eskili. — Pa c'hwe an avel re greñv, n'haller ket blenian stur
al lestr 'vel ma kerer. Neuze ive, eme Gwillome,

> Ar stur a gri, a strak, ar funio a c'hwitel
> Ar wern vizen a gren, hag ar vag a vransel.

Ar geor-mor a zo peskedigo eus ar c'hwekan. Pa ve izel ar
mor, epad eun heur kent, epad diou heur goude, ec'h a ar
besketaerien en dour beteg o daoulin ha gant eun avenel e
tapont ar peskedigo. Bean o deus, evit tapout sili mor, eur
vaz gant eur c'hrog er penn. Al legistri a ve alies don don
dindan an dour : setu aze daou a zo neve dapet. Evit se o
o doa laket ar besketaerien ouz ar c'herreg kavelio ha boued
enne, pesket 'pe treo all. Chans o deus bet : rag al legestr a
zo eul loen fin. Meur a wej, goude bean debret ar boued, ec'h
a er mêz eus ar c'havel. — Neb an' neus c'hoant da besketa
istr, a dle stagan eur ravanel ouz diadre e vag. Goude e laka
homan da gerzet gant gwelio ha roenvio. Neuze an diren
houarn a rac'h goeled ar mor hag a dôl an istr er ravenel,
bras ha bihan.

THÈME

Le gouvernail, attaché par des ferrures à la poupe du navire,
est manié au moyen d'un long levier appelé barre. A l'autre
extrémité du navire, à la proue, le mât de beaupré est appuyé
sur l'étrave. Entre le mât de beaupré et le grand mât se trouve le
mât de misaine. Quand tous ces mâts, avec leurs vergues comme
des bras, tendent (1) leurs voiles au vent, quelle force, quel élan !
— Quand les matelots arrivent au port, ils se hâtent de descendre
dans un canot pour débarquer et se divertir. — L'hameçon est
attaché au bout de la ligne : un morceau de plomb le retient sous
l'eau, et un morceau de liège l'empêche de se perdre. — Pour
aller pêcher la sardine, on lève l'ancre avant le jour. Quand le
filet a été coulé, quelqu'un jette l'appât à droite et à gauche. Les
sardines montent. Tout d'un coup on les effraie, et, en cherchant
à fuir, elles vont dans le filet et restent suspendues.

(1) Donnent.

41. — Ar micherio evit ar boued, *les industries alimentaires.*

bleud, m., *farine.*
bouchon-forn, m., *écouvillon.*
boulanjer, m., *boulanger.*
brenn, m., *son.*
brutel, m , *blutoir.*
forniad, f., *fournée.*
fornier, m., *fournier.*
go, m., *fermentation.*
goell, m., *levain.*
hosteliri, f., *auberge.*
hostiz, m., *aubergiste.*
keginerez, f , *cuisinière.*
kern, f., *trémie.*
kiger, m., *boucher.*

kreur, m., *crible.*
micher, f , *métier.*
men-milin, m., *meule de moulin.*
men-forn, m , *bouchoir (de four).*
milin avel, f., *moulin à vent.*
milin dour, f., *moulin à eau.*
miliner, m , *meunier.*
rozel, f , *râteau uni.*
sac'h, m., *sac.*
skubelen, f., *balai.*
tamoez, m., *tamis.*
telten, f., *tente.*
toaz, m., *pâte.*

AUTRES MOTS

kornek, *cornu.*
meo, *ivre.*
plen, *uni, continu.*

—

bean poent, *être temps.*
bean ret, *être nécessaire.*
diazeï, *devenir rassis.*
diskargan, *décharger.*
dispartian, *séparer.*
fellout, *falloir.*
goï, *fermenter.*
gori, *chauffer (le four).*

kouchan (ar forniad), *enfourner.*
meran, *pétrir.*
meskan, *mêler.*
ôzan, *préparer,* spéc¹ *cribler.*
plijout da, gant, *plaire à.*
pozan, *prendre du repos.*
rozellat, *râteler.*

—

arôk, *avant de.*
adarre, *encore.*
a-regenno, *par rangées.*
petramant, *ou autrement (sinon).*

Verbes unipersonnels. — Gram., n° 112.

VERSION

Est charreet n'è ket c'hoaz bara da zibri. Gwentet hoc'h eus ho segal hag ho kwiniz gant ar vilin wenterez : mes ret e vo d'ac'h marteze o netât gant eur c'hreur arôk o c'has d'ar vilin. Pa ve arru ar zac'hado er vilin, e vent diskarget er gern. Eus ar gern e koue ar greun a neubeudigo etre an daou ven-milin, evit bean flastret, malet ha kaset, brenn ha bleud, beteg ar vrutel. Ar vrutel a zo eun tamoez ront a gerz gant ar vilin hag a zisparti ar bleud flour diouz ar brenn. Mes ar bleud n'ê ket c'hoaz bara. Pa fello d'ac'h poac'hat, e kemerfet ar goell hag hen lakfet e-kreiz ar bleud, d'an abarde, mar keret. An de warlerc'h e veskfet ar goell a neubeudigo gant bleud ha dour. Meran mat a refet en eur rusken pe en eur louer. Goude ze, lezet ar bleud da bozan, da doman ha da c'hoï diou pe daer heur, 'rôk ober an torzo. E-keit-se eur pôtr eus an ti an neus goret ar forn gant lann pe blincho. Pan ê skubet al leuren, eman ar c'houlz da gouchan ar forniad. Tôl a rêr an torzo war ar bal, ha lakat a rêr 'nê a regenno war leur ar forn : neuze e stoufer an toull gant eur men pe gant eun nor houarn. Emberr ho po bara fresk : koulskoude 'rôk dibri dioutan, hen lesfet da ziazeï.

THÈME

Il est onze heures : il est temps d'envoyer les tourtes au four. — Il faut bien enfourner (1), si vous ne voulez pas faire les pains cornus. — Quand vous êtes loin de votre maison, vous êtes obligé (2), si vous voulez manger, d'aller à l'auberge, quelquefois sous une tente. — Rien ne vaut la nourriture de ménage apprêtée par la cuisinière de la maison. Aucune cabaretière ne sait faire la soupe comme elle, aucun aubergiste n'a d'aussi bon cidre. — Meunier, boulanger, boucher, il ne serait pas facile de vivre sans les trois métiers. — Chaque meunier doit avoir, avec son moulin à eau sur la rivière, un moulin à vent sur la colline. Que l'étang alors vienne à tarir, cela importe peu (3), si le meunier trouve, pour travailler, un vent (4) doux et continu. — Jetez de la farine sur la tourte, avant d'enfourner, ou bien elle s'attachera à la pelle. Travaillez aussi avec le râteau et l'écouvillon, ou bien la fournée sera malpropre.

(1) Mettre la pâte au four. — (2) Il vous faut. — (3) Quand l'étang alors est tari, cela ne fait rien. — (4) Du vent.

42. — Ar micherio evit an dillad, *les industries du vêtement.*

bervaden, f., *petite lessive.*
besken, f., *dé à coudre.*
botoaer, m., *sabotier.*
breuz, f., *peigne à filasse.*
brochen, f., *aiguille à tricoter.*
gwennerez, f., *blanchisseuse.*
gwerzid, f., *fuseau.*
gwiaden, f., *pièce de toile.*
gwiader, m., *tisserand.*
kannerez, f., *lavandière.*
kegel, f., *grenouille.*
kemener, m., *tailleur.*
kereer, m., *cordonnier.*
kolvaz, f., *battoir.*
koue, m., *lessive.*

lêr, m., *cuir.*
liziu, m., *lessive* (liquide).
mechen, f., *mèche.*
minaoued, m., *alène.*
neud, m., *fil.*
neuden, f., *un fil.*
noade, f., *aiguille.*
paliv, f., *pécel (?),* (lame de bois pour adoucir le lin).
ranvel, f., *séran.*
sizaill, f., *ciseau.*
stern, f., *châssis. métier.*
stoup, m., *étoupe.*
tôker, m., *chapelier.*

AUTRES MOTS

fin, *fin.*
flour, *doux, uni.*

———

aveï, *préparer* (lin).
gwiskan, *vêtir.*

tillan, *teiller.*
toullan, *percer.*

———

a dammo, *par morceaux.*
pet ? *combien ?*

Verbes unipersonnels (suite).

Gram., n° 112.

VERSION

Me gav d'in e vo grêt ar c'houe du-man (chez moi) dirio.
Dont a rei kannerezed. Mar fell d'ac'h klevet kalz a gôjo,
n'ho po netra d'ober nemet mont e-tal ar stank. An teodo a
fiñvo eno kement hag ar golvajo. Leun e vo, sur mat, ar
penton (cuve) koue eus an dillad a vo bet kannet. Pell zo ne
oa bet grêt nemet bervadenno. Gwall boent eo redek ar c'houe.
Eur pez lien ive, néve digaset d'ar gêr gant ar gwiader, a zo
da wennan. Mes heman a vo arabad lakat el liziu. Tremenet
e vo dre an dour rik (pur) n'eus fors pe en eur puns, pe en
eur waz. Goude e vo astennet da zec'han, ha goude ar geme-
nerien a droc'ho ennan gant o zizaill danve (matière) kreizo,
linselio ha me oar petra c'hoaz? Bepred eo e vo grêt gantan
treo kaer: rak êt 'so d'ober 'nean lin fin ha flour, bet aveet er
gêr, mar plij ganac'h. Ma mamm ha ma c'hoarezed o deus
bet palivet, breuzet, ha neet anean. D'an noz dreist-oll e
rênt se epad ma vije ar bôtred o tillan kanab).

THÈME

L'aiguille, le dé à coudre, l'aiguille à tricoter, la quenouille et
le fuseau, voilà les outils d'une jeune fille. — Il y a dans ce quartier un tailleur et des lingères, un sabotier et un cordonnier; il
est venu un chapelier aussi : nous serons bien habillés. — Quand
il y a un bon cordonnier dans le pays, il y a moins de gens
boîteux. — Je crois qu'il y a un séran dans la grange : allez le
chercher. — Quand je suis allé chez le tisserand, il y avait une
toile sur le métier. — En cherchant à percer un morceau de cuir
avec son halène, le cordonnier a percé sa peau. — Avec la
mauvaise étoupe on faisait autrefois des mèches de chandelle :
il y a encore de l'étoupe, mais il n'y a plus de mèches faites
d'étoupe.

43. — Ar micherio evit an ti, *les industries du bâtiment.*

amenuzer, m., *menuisier.*
bouc'hal, f., *hache.*
daladur, f., *doloire, herminette.*
gevel, f., *grosses tenailles.*
go, m., *forgeron.*
govel, f., *forge.*
hesken, f., *scie.*
horz, f., *masse.*
ienn, m., *coin.*
kalvez, m., *charpentier.*
kizel, f., *ciseau à froid.*
krog-pank, m., *valet d'établi.*
lim, f , *lime.*
masoner, m., *maçon.*

megin, m , *soufflet de forge.*
morzol, m., *marteau.*
pank-amenuzer, f., *établi.*
planken, m., *planche.*
rabot, m , *rabot.*
skolpaden, m., *copeau.*
tach, m., *clou.*
taler, m., *tarière.*
toer, m., *couvreur.*
 — mein glas, m., — *en ardoises.*
 — plouz, m., — *en chaume.*
tufen, f., *douve de barrique, mer-*
rain.
turkez, f., *tenailles.*

AUTRES MOTS

benan, menan, *tailler* (la pierre).
tregerni, *retentir.*
dic'hrosan, *dégrossir.*
eünan, *aligner.*
hastan, *se hâter.*
kareï, *équarrir.*
raboti, *raboter.*
ruzian, ruan, *rougir.*

tronsan, *retrousser.*

—

a-bez, *entièrement.*
ken .. ma ou e, *si bien que.*
kenkouls ha, *aussi bien que.*
peb eil tôl, *en alternant les coups.*
pegement, *combien.*
ponner, *lourdement.*

Adverbes de lieu. — Gram., n°s 114-115.

VERSION

Mar fell d'ac'h sevel eun ti, e vo ret d'ac'h mont da gaout
tud a bep micher : masonerien, kilvien, amenuzerien, goien.
Ar masoner a zic'hros ar mein gant e horz, a ven anê gant e
gizel, a eūn anê gant e vorzol er c'hernio, er prenecho, e pep
lec'h. Ar c'halve, gant e vouc'hal, an neus karreet an treustio ;
hep dale ec'h arruo da lakat ar c'hoadaj. Goude e teu an
toer da c'holo an doen gant plouz pe gant mein glas ha, d'ar
fin, an amenuzer. War bank an amenuzer, eur varled a
dalc'h start ar planken, hag ar rabot, o vont hag o tont, a
zav en êr rubano koad : an tammo distaget gant ar vouc'hal
a zo skolpad. Mes lezomp an amenuzer da raboti ha da
heskennat, da voutan tacho pe ienno ebarz an doubl hag ar
speuren, ha demp da welet labour ar c'hoien.

> Lod gant meginio vras a zastum an avel
> Hag a c'hwe war ar glaou ken e splann ar c'hovel ;
> Re-all a zoub en dour 'n houarn ruet en tan,
> Ar vro oll a dregern gant an tolio kreñvan ;
> Int a zav pep eil tôl o morzolio d'ar lê
> Hag a sko pep eil tôl ponner war an anê ;
> Hag, o mancho tronset, re-all gant turkezio
> A dro hag a zistro 'n houarn ru d'an tôlio.

(D'après l'abbé Guillôme).

THÈME

Quand le forgeron a posé le fer sur l'enclume, il l'y maintient
avec ses grandes tenailles et indique avec son marteau où il faut
frapper. Les valets frappent alors de toutes leurs forces avec
leurs masses, si bien que le feu jaillit de tous côtés et vous force
à sauter dehors. — Le charpentier dans notre pays fait aussi les
barriques, les baquets, les roues (1) de charrettes ; il sait ployer
un merrain et tourner un moyeu ; il travaille avec l'herminette
et la tarière aussi bien qu'avec la hache. — Où est ma lime ? dit
le menuisier. Elle est là, sur l'établi, à gauche. — D'où venez-
vous, maçon, et où allez-vous ? Je viens de la forge et je passe
par ici pour aller où est mon travail. — Partout où vous irez, je
vous suivrai, en haut, en bas, partout.

(1) Des barriques, des baquets, des roues.

44. — Ar micherio all, *autres métiers.*

alc'hweer, m., *serrurier.*
apotiker, m., *pharmacien.*
bageer, m., *batelier.*
glaouaer, m., *charbonnier.*
hôlenner, m., *saunier.*
horlojer, m., *horloger.*
kivijer, m., *tanneur.*
klasker-boued, m., *mendiant.*
levrer, m., *libraire.*
liver, m., *peintre.*
louzo, m., *remède, onguent.*
medesin, m., *médecin.*
meginer, m., *peaussier.*

minter, m., *chaudronnier.*
mouler, m., *imprimeur.*
ôzer, m., *rebouteur.*
palastr, m., *emplâtre.*
piliger, m., *chaudronnier.*
piker-lêr, m , *bourrelier.*
pillaouaer, m., *chiffonnier.*
porzier, m , *portier.*
porteer, m., *porte-faix.*
remed, m , *remède.*
skrivanier, m., *écrivain.*
stener, m., *étameur.*
tacher, m., *cloutier.*

AUTRES MOTS

aprouvi, *approuver.*
biniman, *envenimer.*
blonsan, *meurtrier.*
lemman, *émoudre.*
gori, *s'ulcérer.*
kas ha digas, *porter et reporter.*
poanial, *peiner.*
ruillal, *rouler.*

skrivan, *écrire.*

—

a dal da, *en face de.*
e-leiz, *en quantité.*
na .. mui, na... ken, *ne... plus.*
pegouls ? *quand ?*
penôs ? *comment ?*

Adverbes de temps. — Gram., n° 116.

VERSION

. Laret d'an alchweer dont dioustu gant e venvio. — Birviken ne vefet skrivanier, ne zisket netra. — Mar fell d'ac'h livan ho proz, et da gavout eul liver a zo o chom a dal da di an tacher. — Er c'harter ac'h on o chom ennan, e zo tud a bep sort micher : boulanjerien, kigerien, masonerien, horlojerien, pilligerien, eur c'hivijer, eur meginer, eun apotiker hag eur medesin. — Ian a garje bean levrer, mes ret ê studian ha poanial pell amzer ; Ian a garje bean minter pe stener, mes ar morzol a ra droug d'e vrec'h, hag an tan a dev e vizied ; Ian a garje bean porteer, mes ar zeier a zo ponner da gas ha da zigas ; karout a raje Ian bean glaouaer, mes du eo ar glaou ; Ian a blijfe d'ean bean porzier, mes plijout a ra d'ean bale war ar mezo. Birviken ne vo Ian nemet eur pillaouaer pe eur c'hlasker-boued.

THÈME

Autrefois il y avait des sauniers qui venaient, avec un habit de toile et un grand chapeau, vendre du sel dans les maisons ; aujourd'hui on ne voit plus de sauniers dans le pays. — L'autre jour je suis allé chez le forgeron, et après avoir bien émoulu mon couteau, j'ai voulu aussitôt l'essayer ; mais je me suis coupé le doigt. Depuis, la plaie s'est envenimée et ulcérée : je suis obligé maintenant de courir chez (1) le pharmacien pour chercher de l'onguent. — Jeannot était continuellement grimpé dans le cerisier. Hier il y était encore. Je lui dis de prendre garde, car il faisait du vent. Tout à coup la branche se détache, et Jeannot tombe : je le vois rouler par terre. Maintenant son corps est meurtri, couvert d'emplâtres, sans parler de la fièvre : le médecin a laissé pour lui beaucoup de médicaments et de remèdes. Cette fois Jeannot est bien tranquille, mais trop tard. — Les imprimeurs gagnent encore quelque chose, mais les écrivains ne gagnent que (la) migraine (2). — Bientôt nous serons dans l'île : le batelier sait son métier.

. (1) **da di**. — (2) **nemet droug penn.**

45. — Ar c'honvers, *le commerce.*

arc'hant-paper, m., *billets de banque.*

.billet bank, m., *billet de banque.*

arrez, errez, m., *arrhes.*

disken, m., *baisse.*

dispign, m., *dépense.*

dle, m., *dette.*

donezon, f., *don, donation.*

foar, f., *foire.*

frêz, m , *frais.*

gonid, m., *gain.*

gwerz, f., *vente.*

  — dre embann, f., *vente à l'encan.*

interest, m., *intérêt.*

koll, m., *perte.*

koust, m., *dépense, frais.*

koc'hu, m., *halle.*

kresk, m., *hausse.*

leur-foar, f., *champ de foire.*

marc'had, m., *marché.*

marc'hadour, m., *marchand.*

marc'hadourez, f., *marchandise.*

marc'hallac'h, m., *place du marché.*

monei, m., *monnaie.*

muzul, m., *mesure.*

pari, m., *pari.*

pouez, f., *poids.*

pratik, m., *client.*

prenan, m., *achat.*

prest, m., *prêt.*

priz, f., *prix.*

rabat, m., *rabais.*

stal, f., *boutique.*

talvoudegez, f., *valeur.*

testamant, m., *testament.*

trok, m., *échange.*

AUTRES MOTS

izelan, *dernier (prix).*

marc'had mat, *bon marché.*

  —

amprest (rad.), *emprunter.*

chanj (rad.), *échanger.*

heuill (rad.), *suivre, se régler sur.*

implian, *employer.*

kemer en prest, *emprunter.*

rabati, *rabattre.*

trokan, *échanger.*

gwasan ma c'hall, *le plus mal qu'il peut.*

gwellan ma c'hall, *le mieux qu'il peut.*

e-koste, *à côté de.*

en eskemm da, *en échange de.*

met ma,

gant ma, } *pourvu que.*

betek ma,

dre ma, *parce que.*

Adverbes de cause, d'énonciation.

Gram., nº 117.

Etudier la leçon nº 45 de la *Petite Syntaxe*.

VERSION

Difennet ê, pa brester arc'hant, goulen re a interest. — Ar marc'hadour-ze an neus kalz a bratiko, dre ma kaver pep tra en e stal, ha marc'had mat. — Ni a dleje ober evel ar varc'hadourien, a skriv bemde ar gonid hag ar c'holl : dleout a rajemp pouezan ive bemnoz ar pez hon de grêt epad an de, mad ha fall. — Prenet ho peus hoc'h oll dreo ? Ia, hag êt ê ma oll arc'hant : ne chom 'n em ialc'h nemet eun nebeudig a vonei. — Eun den a zo pinvik awalc'h, pa 'n eus ket dle. — An tôlenno-ze a zo bet gwerzet dre embann, ha ker bras ec'h int bet prenet. — Kontant e vefec'h da chanj an arc'hant-paper-man ?

THÈME

Ces pauvres gens sont couverts de dettes (1), et celui qui leur a prêté n'a aucune pitié de ses débiteurs. — Avez-vous dit votre dernier prix ? — Il y a de la baisse au marché sur les pommes de terre. — Avez-vous gagné votre pari ? Non. — En échangeant une chose contre une autre j'ai toujours perdu. — Il faut payer pour toute chose, pour une donation, pour une vente, pour un testament, même pour mourir. — Avec beaucoup de dépenses et de frais, j'ai pu améliorer ma propriété. — N'avez-vous pas trouvé une bourse pleine de monnaie ? — N'y a-t-il plus de poisson (2) à la halle ? — Donnez-moi bonne mesure. — Voyez-vous beaucoup de gens sur la place du marché ? — Le marchand qui a acheté ma vache, m'a donné des arrhes. — Si vous avez fait toutes vos emplettes, allons-nous en de la foire. — Les choses vendues à l'encan ne sont pas ordinairement vendues bien cher. — Vous ne connaissez pas la valeur des choses. — Le prix de la marchandise se règle sur son poids.

(1) Dette. — (2) Poissons.

46. — **Ar pouezio hag ar muzulio**, *les poids et les mesures.*

LONGUEUR

leo, f., *lieue.*
kart-leo, m., *quart de lieue.*
goured, m , *brasse,* 1ᵐ 66.
goalen, f., *aune,* 1ᵐ 20.
troatad, m., *pied,* 0ᵐ 33.
palfad, m , *empan,* 0ᵐ 20.
meudad, m., *pouce,* 0ᵐ 027.
linen, f., *ligne,* 0ᵐ 002.

SURFACE

devez arat, m., } *journal*
kever douar, m., } (48 ares).
hanter-devez arat, m., *demi-journal.*
kart-arat, m , *quart de journal.*
korden douar, f , *corde,* 0/80 d'un journal.

VOLUME *(bois de chauffage)*

korden, f , *corde* { grande : 5 pieds sur 7. petite : 5 pieds sur 5.

CAPACITÉ *(mesures sèches)*

sac'had, m., *sac,* 1 hectol.
bouellad, m., *boisseau,* 12 lit. 50.

CAPACITÉ *(liquides)*

tonellad, f., *tonneau* (1), de 450 à 600 litres.
barikennad, f., *barrique,* 228 l.
podad, m., *pot,* 2 l.
boutaillad, f., *bouteille,* 1 l.
chopinad, m , *chopine,* 1/2 l.
gwerennad, f., *verre,* 1/4 l.

POIDS

miller, m., *1000 livres.*
kant, m., *100 livres.*
hanter-kant, m., *50 livres.*
kart, m., *25 livres.*
lur, m., *500 grammes.*
hanter-lur, m., *demi-livre.*
kartouron, m., *environ 100 gr.*

MONNAIES

skoued, m., *écu,* 3 fr.
lur, m., *livre,* 1 fr.
real, m., *réal,* 0 fr. 25.
gwenneg, m., *sou,* 0 fr. 05.
liard, m., *liard,* 1/4 de sou.
diner, m., *denier,* 1/3 de liard.

AUTRES MOTS

aroutet, *habile, versé dans.*
—
bean ret, *être nécessaire.*

divarkan, *démarquer, effacer.*
mankan, *manquer.*

(1) M. à m. : *le contenu d'un tonneau.*

La Préposition. — Gram., nᵒˢ 118-119.

Etudier la leçon nº 46 de la *Petite Syntaxe.*

VERSION

Laret d'in pegement a dalv tri lur ha tri gartouron eus eun dra a bevar real eur lur ? — Eur skoued ha pemzek kwenneg. — Ne larer ket « *eur skoued ha pemzek kwenneg* », mes « *pemzek real.* » — Mar get da c'houlen en eun hosteliri : « digaset d'in eur gwennegad jistr », e lakfet an dud da c'hwarzin war ho koust ha da laret : « Eur Gall bennak ê hennez ! » Eur pratik aroutet er vicher a lavar : « digaset d'in eur werennad pe eur chopinad jistr. » Pêan a refet muioc'h pe nebeutoc'h, herve ar blaveziad avalo. — Disadorn ec'h ê seitek real eun hanter-kant kerc'h. — Eur gorden goad n'he deus ket dre-oll ar memes ment. Endro da Wengamp (Guingamp) e zo diou c'horden : an hini vihan he deus pemp troatad a hed, kement all a uhelder, ha wardro daou droatad hanter a dreuz. An hini vras he deus daou droatad ouspenn a hed. — Digwener ec'h in da gas d'ac'h ho lur aman. E skeud-se e prenin, er stal a zo en ho kichen, dek pe daouzek goalennad vezer.

THÈME

J'ai acheté une couple de poulets 1 fr. 35 ; ma voisine avait acheté les siens au pays 2 fr. 25 ; j'ai gagné, en allant au marché, 0 fr. 90. — L'hectolitre de blé pèse 78 kilos ; l'hectolitre de seigle et l'hectolitre de blé noir 76 kilos ; l'hectolitre d'avoine 50 kilos. — Jeudi dernier le blé se vendait 17 fr. l'hectolitre ; le seigle et le blé noir 10 fr. ; l'avoine 9 fr. ; l'avoine n'est pas à bon marché. — Mathurin a offert un quart de seigle à saint Yves, Vincent un boisseau de blé à saint Gildas. — J'ai besoin de raccommoder deux robes : donnez-moi, s'il vous plaît, une aune de drap. Mon garçon a besoin d'un pantalon : il faudra avoir huit empans d'étoffe bleue. — Ce beurre pèse trois livres, cent grammes.

47. — Ar skol, *l'école.*

barz, m., *poète.*
brezoneg, m., *breton.*
dever, m., *devoir.*
diskadurez, f., *instruction.*
feillen, f., *feuille.*
galleg, m., *français.*
giriadur, m., *dictionnaire.*
gwerz, f., *poésie, chant.*
gwerzen, f., *vers.*
karten, f., *carte.*
istor, f., *histoire.*
kentel, f , *leçon.*
krê, m., *craie.*
klas, f., *classe.*
levr, m., *livre.*
lizer, m., *lettre (épitre).*

lizeren, f., *lettre (caractère).*
linen, f., *ligne.*
mestr-skol, m., *maître d'école.*
pajen, f., *page.*
paper, m., *papier.*
paperen, f., *feuille de papier.*
pluen, f., *plume.*
roll, m., *liste, table des matières.*
skol, f., *école.*
skolaer, m., *écolier, maître d'école.*
skritouer, m., *écritoire.*
skritur, f., *écriture.*
studi, m., *étude.*
ti-skol, m., *maison d'école.*
tôlen, f., *tableau.*

AUTRES MOTS

abil, *savant.*
ankouaüs, *oublieux.*
dievez, *distrait.*
dieg, *paresseux.*
disket, *instruit.*
dizesk, *ignorant.*
gouiek, *savant.*
lôsk, *lâche.*
lezirek, *fainéant.*
speredet, *intelligent.*
studius, *studieux.*
skanv a benn, *dissipé.*

digoll (rad.), *dédommager, récom-*
  penser.
lakat em fenn, em sonj, *m'ap-*
  pliquer à, me donner à.
kompren, *comprendre.*
ober vad, *faire du bien.*
ober stad eus, *faire état de.*

———

a-bouez penn, *à tue-tête.*
divezat, *en retard.*
pe gentoc'h, *ou plutôt.*

La Conjonction. — Gram., n°s 120-121.

VERSION

Ar skolaerien a dle serri o bego, da gentan pa ve ar mestr
o komz, d'an eil, pa ne lavar netra. — Pan arruis er c'hlas,
e oa ar mestr-skol en e gador, eur skolaer a-dal d'ean o lenn,
ar re-all azeet oc'h ober o deverio. — Mamm goz Herri he
deus roet d'ean evit dero mat (étrennes), an de kentan ar blâ,
eur skritouer neve, eur vouestad plu hag eur levr alaouret.
— Ma faper-me a zo skanv ha tanô, da hini-te a zo teo ha
gwelloc'h. Peb unan a ra stad eus eur skolaer mat ha studius ;
peb unan a zispriz eur skolaer dieg ha lezirek. — Gwillo,
savet, pe gentoc'h, deut ouz an dôlen, kemeret krê ha skrivet.
— Pemp skolaer ha tregont a zo em c'hlas : silaou mat a
reont ha lakat o zonj da ziski. Koulskoude pôtr Matelin a zo
dievez, lôsk ha dizesk ; hini Visant, daoust d'ean da vean
speredet mat, a zo skanv a benn.

THÈME

Pourriez-vous me prêter une feuille de papier ? — Combien
coûte *Le livre du Laboureur* ? (1). Deux francs. Le livre est pourtant bien petit. Oui, mais où trouverez-vous des vers comme
ceux-ci, du breton comme celui-ci, un poète comme le Monsieur
qui a composé ces vers ? Vous rirez, vous pleurerez aussi en
lisant ses histoires. — Allons vite ; si nous arrivons en retard en
classe, nous serons réprimandés amèrement. Allons donc plus
vite. — J'ai été un an au tableau pour apprendre mes lettres, car
j'étais très léger et très oublieux. — Nous allons lire quelque
chose. Prenez, page 25, la troisième ligne : *La paresse est une
chose honteuse.* — Appliquez-vous à l'étude, mes enfants : vous
serez récompensés de votre travail. Je ne parle pas des prix,
mais, croyez-le bien (2), sur la terre, il n'y a rien qui soit plus
utile que l'instruction. — Je voudrais avoir un dictionnaire
français-breton. — Demain vous apprendrez la leçon qui parle
des bêtes sauvages : cherchez-là à (3) la table des matières. —
Quand les enfants sont partis, la maison d'école, vide, sans voix
et sans vie, est triste à voir : les tableaux soulevés par le vent
battent les murs. comme s'ils cherchaient des amis perdus.

(1) Il a pour auteur l'abbé Guillôme. — (2) Croyez bien. — (3) Dans.

48. — **Ar c'hoario hag an diduello,** *les jeux et les récréations.*

ballot, f., *balle.*
beilladeg, f., *veillée.*
biniou, m., *biniou.*
bombard, f., *bombarde.*
boul, f., *boule.*
bransigel, f., *escarpolette.*
butun { poultr, m., | *à priser.*
{ frizet, m., *tabac* { *à fumer.*
{ karot, m., | *à chiquer.*
c'hoari, m., *jeu.*
c'hoariel, f., *jouet.*
c'hwitel, m., } *sifflet.*
c'hwitelen, f., }
dans, m., *danse.*
diduel, f., *récréation.*
diren, f., *briquet.*

ebat, m., *ébat.*
karten, f., *carte.*
kazeg vezeven, f., *carrousel.*
kontaden, f., *conte.*
korn-butun, m., *pipe.*
korol, m., *danse.*
mell, f., *soule.*
pardon, m., *pardon.*
pif, m., *flûte.*
poupelinen, f, *poupée.*
safar, m., *tumulte.*
son, m., *son.*
son, f., *chanson.*
taboulin, f., *tambour.*
tennadeg, f., *tir.*
trajedien, f., *tragédie.*

AUTRES MOTS

brao, *joli, amusant.*
direzon, *déraisonnable.*
reiz, *droit.*
sklintin, *clair, argentin.*

—

bransellat, *balancer.*
butunat, *fumer.*
c'hoari (rad.), *jouer.*
dansal, *danser.*
didui (en em), *se récréer.*

gouren gant, *lutter contre.*
korronkan, *se baigner.*
taboulinan, *tambouriner.*

—

'vel m'eo dleet, *comme il faut.*
da c'hortoz, *en attendant.*
en-kuz, *en cachette.*
rôk pell, *avant longtemps.*
seul vui ma... seul vui, *plus...
plus.*

L'Interjection. — Gram., n° 122.

VERSION

An oll dud dastumet gant son ar biniou
Na zonjont 'met dansal, evan chopinado
'Met tremen an amzer ebarz en ebato....
An oll dud er pardon a gan a vouez uhel.
Ar pifo a respont : o zon reiz ha sklintin
A glever uheloc'h 'vit son an daboulin.

(D'après Guillôme).

Mes rôk pell ar bôtred a gemer o c'hernio
'Vit ober eur c'hornad ; hag, evit m'o do tan,
E skoont eûn diren en eur minig bihan.
An tan a zaill, a grog en pez a zo er voest,
Ha peb unan d'e dro he c'hemer en e zorn.....
'N eur veillan, ouz an tan, a bep tra e komzer,
Ha peb unan d'e dro a zigas e istor.
Mari d'ar re vihan laro eur gontaden,
Hag eur zon, mar kerer, a gano d'ar re vras.

(D'après M. Cadic).

THÈME

Asseyez-vous sur l'escarpolette, Marguerite, je vais vous balancer. — Les veillées, les danses et les cartes ont perdu, hélas ! bien des gens. — Les jeux et les divertissements ne sont pas mauvais, mais les hommes sont déraisonnables. — Ma mère a été au pardon et nous a apporté des jouets : à ma sœur une poupée, à mon petit frère un sifflet, à moi une flûte. Silence ! Ecoutez la flûte, je vais chanter quelque chose : « *Ici loin du bruit et du tumulte du monde...* » Bravo ! bravo ! — Quand il y a du cidre à un tir, prenez garde aux aubergistes, car ils tirent parfaitement... l'argent de votre poche. — Beaucoup de jeux anciens sont oubliés aujourd'hui : la soule, la tragédie, (et [c'est] tant pis !) Nous n'avons plus que les cartes, la flûte et les chevaux de bois. Je trouverais plus amusant de lutter contre quelqu'un sur le gazon ou d'aller me baigner à la rivière. Si personne ne vient lutter, prenons les boules et jouons. Je vais jouer : gare ! gare ! Aïe ! Vous m'avez fait mal.

V. — SOCIÉTÉ RELIGIEUSE ET CIVILE

49. — **Ar baradoz hag an ifern,** *le ciel et l'enfer.*

abostol, m., *apôtre.*
arc'hêl, m., *archange.*
avieler, m., *évangéliste.*
baradoz, m., *paradis.*
boudig, f., *fée.*
bugel-noz, m., *revenant, fantôme nocturne.*
diaoul, m., *démon.*
Doue, m., *Dieu.*
drouk-spered, m., *malin esprit.*
êl, m., *ange.*
gloar, m., *gloire.*
gwerc'hez, f., *vierge.*
Gwerc'hez Vari, f., *Vierge Marie.*
ifern, m., *enfer.*
itron, f., *dame, Notre-Dame.*
Jezus-Krist, m., *Jésus-Christ.*
keur, m., *chœur.*

kornandon, m., *nain, lutin.*
korrigan, f., *fée.*
limbo, m. pl., *limbes.*
lutun, m., *lutin.*
merzer, m., *martyr.*
patron, m., *patron.*
patriarch, m., *patriarche.*
profet, m., *prophète.*
purgator, m., *purgatoire.*
Salver, m., *Sauveur.*
sant, m., *saint.*
santelez, f., *sainteté.*
santez, f., *sainte.*
Spered-Santel, m., *Saint-Esprit.*
spontaill, m., *épouvantail, fantôme.*
Trinded, f., *Trinité.*

AUTRES MOTS

glan, *pur, saint.*
glorius, *glorieux.*
santel, *saint.*

—

diboanian, *délivrer.*
forbani, *exiler.*
hegan, heskinan, *agacer, importuner.*
hirvoudi, *gémir.*
hurusal, *frissonner.*
huanadi, *soupirer.*
menel (p. **manet**), *rester, s'attarder.*

milligan, *maudire.*
mont-arôk, *précéder, devancer.*
saveteï, *sauver.*
skouarneta (rad.), *souffleter.*
souezet (bean), *s'étonner.*
spontan, *épouvanter.*
tregasi, *importuner.*

—

en risk, *en danger.*
hep mar, hep arvar, *sans doute.*
hep par, *sans pareil, incomparable.*
a-lammo, *par chutes et rechutes.*

Récapitulation.

VERSION

An Ele en nav geur, ar zent, ar zentezed
Peb unan en e lec'h, dindan treid an Drinded,
Santez Anna, en Neñv azeet ken uhel,
A gan oll war eun dro gant o mouzio dousan :
Gloar d'an Tad, gloar d'ar Mab, ha gloar d'ar Spered-Glan.

An ebestel p'o doa gwelet unan o tostât oute 'n eur gerzet war ar mor, a chomas souezet : « Eur spontaill ê » eme-int. Mes Jezus a laras d'ê : « N'ho peet ket aon. Me ê. » — Pa oan bihan, ne fien ket c'hwitellat an noz, er mêz : ar bugel-noz an nije klevet anon hag a vije bet deit d'am c'he : piou a c'hallfe sonjal hep hurusal e kavo eur bugel-noz ? Pan eo manet eun den en hosteliri, p'eman c'hoaz war an hencho, wardro hanter-noz, diwallet ouz ar c'horriganed ; jachan a reint war e vrago, ha boutan a reint e dreid en toullo fank hag en touflezio. Kaer an nevo pidi an Otro Doue hag ar zent, e êl mat ha sant Mikêl arc'hêl, ar Werc'hez Vari ha santez Anna vinniget, a-lammo ec'h ei betek treuzo e di.

THÈME

Si vous voulez chasser le démon, veillez et priez. — J'étais malade : mon saint patron m'a guéri. — Exilé en ce monde, je ne sais que gémir et soupirer. Pourquoi suis-je toujours importuné par le malin esprit, souffleté et tourmenté par le démon, en danger de tomber en enfer ? Quand donc verrai-je le beau ciel de mon Dieu, et les saints, mes frères, qui m'ont précédé (1), les apôtres et les évangélistes, les martyrs, les docteurs et les vierges, au-dessus d'eux les anges et les archanges, au-dessus de ceux-ci la reine du ciel, la glorieuse Vierge Marie, et enfin, au milieu de la gloire et de la splendeur, le Père, le Fils et le Saint-Esprit, la Trinité incomparable, source de la sainteté ? — Près du purgatoire se trouvent les limbes des patriarches et des prophètes : ceux-ci étaient là attendant Notre-Seigneur (Sauveur) Jésus-Christ qui devait les délivrer : plus près de l'enfer se trouvent les limbes des enfants morts sans baptême (2). Ils ne voient pas Dieu et ne le verront jamais.

(1) Sont allés avant moi (Gr. n° 119 rem. II). — (2) Sans avoir été baptisés

50. — An Iliz, strollad ar gristenien, *l'Eglise, la société des chrétiens.*

abad, m., *abbé.*
arc'heskob, m., *archevêque.*
beleg, m., *prêtre.*
chaloni, m., *chanoine.*
eskob, m., *évêque.*
hugunod, m., *hérétique.*
iliz, f., *église.*
jezuit, m., *jésuite.*
kabusin, m., *capucin.*
kaner, m., *chantre.*
kardinal, m., *cardinal.*
katekiz, m., *catéchisme.*
katekizer, m., *catéchiste.*
kloareg, m., *clerc.*
kloc'haer, m., *sonneur de cloches.*
kloerdi, m., *séminaire.*

kolist, m., *choriste.*
kovezour, m., *confesseur.*
kristen, m., *chrétien.*
kristenez, f., *chrétienté.*
kure, m., *vicaire.*
leanez, f., *religieuse.*
manac'h, m., *moine.*
misioner, m., *missionnaire.*
ogroaouer, m., *organiste.*
pab, m., *pape.*
paian, m., *païen.*
perc'hirin, m., *pèlerin.*
person, m., *recteur.*
prezeger, m., *prédicateur.*
sakrist, m., *sacristain.*

AUTRES MOTS

divade, *infidèle, non baptisé.*
têr, *vif, irascible.*

———

absolvi, *absoudre.*
aheurti, *s'obstiner.*
belegi, *ordonner prêtre.*
glac'hari, *contrister, affliger.*
katekizan, *catéchiser.*
prezeg (rad.), *prêcher.*

sakramanti, *donner les derniers sacrements.*

———

a-bell, *de loin.*
eün, *droit.*
heligentan, *à qui le premier.*
herran m' hallont, *le plus qu'ils peuvent.*
tôl war dôl, *coup sur coup.*

Récapitulation.

VERSION

Hon Zalver Jezus-Krist, arôk sevel d'an neñv, an nevoa dibabet unan eus e ebestel evit bean, en e lec'h war an douar, penn an Iliz. An eskibien, laket divezatóc'h e lec'h en abostol-ze, a zo bet ive, an eil warlerc'h egile, penno kentan an Iliz. Hanvout a rêr anê *Pabed*, da laret ê *Tado* : rak, en gwirione, an oll gristenien a zo bugale d'hon Tad Santel ar Pab. An eskibien, laket e lec'h an ebestel all, a zo hanvet hepken eskibien pe arc'heskibien : senti a reont ouz ar Pab, hen sikour a reont da skignan ha da viret ar fe, ha labourat a ra peb unan anê en eul loden eus ar gristenez. N'hellont ket koulskoude arruout en kement lec'h a zo : rakse e lakont e pep korn douar personed, kureed ha beleien all evit badeï, ober katekiz, kovesaat ha sakramanti. Bean o deus c'hoaz an eskibien endro d'ê, evit rei dorn d'ê, beleien all hanvet cha-lonied : ar veleien hag an eskibien a zo endro d'ar Pab, evit gouarn gantan ar gristenez a-bez, a zo hanvet kardinaled. An oll dud war an douar n'int ket bugale d'an Iliz : bean zo hugunoded, ha na zentont ket ouz ar Pab ; bean zo paianed, ha n'anaveont ket c'hoaz hon Zalver Jezus-Krist.

THÈME

Les religieux et les religieuses quittent le pays : ils s'en vont, les jésuites, les capucins et les autres, loin de la maison où ils priaient Dieu. Ils sont bien affligés, le Pape aussi et tous les vrais chrétiens. Mais Jésus-Christ lui-même a été exilé. Et puis, ils deviendront missionnaires et prêcheront aux païens. — Samedi (ce) sera la fête de Notre-Dame de Bon-Secours (1) : il y aura trois évêques, un cardinal et un Père abbé. Chaque recteur amènera ses pèlerins. Ils entendront un organiste venu de loin, ils enten-dront aussi les écoliers du collège Notre-Dame, bons chantres aux jours (2) de fête. — Nous sommes très contents de nos prêtres. Notre recteur est un prédicateur hors de pair: Il est vrai qu'il est un peu vif : les choristes, les sonneurs de cloches et les sacristains sont obligés de marcher droit maintenant ; mais ce n'est pas trop tôt. Notre vicaire est un peu jeune : il était encore au séminaire l'année dernière ; il n'y a pas longtemps (qu') il a été ordonné. Les enfants disent que c'est (3) un savant catéchiste et un confes-seur très doux ; ils se plaisent beaucoup avec lui.

(1) **An Itron Varia Wir-Zikour.** — (2) **d'an deiou.** — (3) Qu'il est.

51. — An iliz, templ ar gristenien, *l'église, temple des chrétiens.*

bara-kan, m., *pain d'autel.*
bourk, m., *bourg.*
chapel, f., *chapelle.*
dor-dal, f., *portail.*
eskopti, m., *évêché.*
fons badeiant, m., *fonts baptis-
maux.*
iliz-parouz, f., *église paroissiale.*
iliz-vamm, f., *cathédrale.*
kador-brezeg, f., *chaire à prêcher.*
kador-govizion, f., *confessionnal.*
kef, m., *tronc.*
kloc'h, m., *cloche.*
kouent, f., *couvent.*
kroaz, f., *croix.*
limaj, m., *image.*

medalen, f., *médaille.*
ogro, m , *orgue.*
ôter, f., *autel.*
parouz, f., *paroisse.*
piller, m., *pilier.*
pilad, m., *cierge.*
pisin, m., *bénitier.*
porched, m., *porche.*
relego, m. pl., *reliques.*
sekreteri, f., *sacristie.*
skeuden, f., *statue, image.*
statu, f., *statue.*
tabernakl, m., *tabernacle.*
templ, m., *temple.*
tour, m., *tour.*

AUTRES MOTS

alaouret, *doré.*
kreñv, *vigoureux.*

———

daoulinan, *s'agenouiller.*
digemer (rad.), *recevoir, accueillir.*
evesaat ouz, *veiller sur.*
stoui, *se prosterner.*

ebarz, *à l'intérieur de.*
dec'h d'ar beure, *hier matin.*
en askont da, *à cause de.*
an de arôk, *la veille de. .*
ar peurvian, *le plus souvent.*
tro ha tro, tro-zro, *tout autour.*

Récapitulation.

VERSION

Komzomp eus a Zantez Anna, rak en eskopti Gwened a-
bez nan eus iliz ebet ken·kaer ha chapel Zantez-Anna, nag
an iliz-vamm, nag iliz-parouz ebet. An tour a ve gwelet a-
bell, ha warnan, savet uhel en êr, skeuden hon fatronez evel
pa vije oc'h evesât noz ha de hag o tiwall ar vro. An iliz-man
a zo savet e-tal ar seminer bihan (hanvet ar peurvuian ar
Gouent, rak ne oa eno gwejall nemet menec'h evit digemer
ar birc'hirined). Nan eus porched ebet dirak an nor-dal, met
eur viñs vein evit monet en iliz. Ne welfet fons-badeiant
ebet : n'eus ket parouz aman hag ar vugale a ve kaset da
vadeï d'ar bourk. Gwel a refet hepken eur pisin dour binniget
eus ar re gaeran. Pelloc'h, a-zeo, eman ôter Zantez Anna ;
a-us d'an ôter ha d'an tabernakl, skeuden alaouret an Itron ;
e-kichen an ôter ha, tro ha tro, tôlenno a ziskoe ar pez he
deus grêt evit he bugale. Kalz a dud a laka aze eur pilad da
devi, ar re all a dôl eur gwenneg bennak er c'hef hag ac'h a
da bokat d'ar relego. Hini 'bet n'ach a 'kwit hep prenan eul
limaj pe eur vedalen bennak, evit kas o lod d'ar re n'o deus
ket gwelet santez Anna.

THÈME

La veille du pardon de Sainte-Anne, les pèlerins arrivent de
toutes les paroisses du diocèse. Bientôt l'église est remplie, la
sacristie est pleine : j'ai vu des pèlerins entrer dans le chœur
parmi les prêtres ; j'ai vu des mères de famille avec leurs enfants
dans la chaire à prêcher. Quand l'orgue s'est tu, quand la cloche
sonne du haut de la tour, on voit sortir les croix et les bannières
portées par des pèlerins hardis et vigoureux. Avant les prêtres et
les évêques marchent les écoliers du petit séminaire, et après les
prêtres et les pèlerins ; tous chantent gloire à Dieu et à Notre-
Dame sainte Anne. Pendant la nuit, la chapelle reste ouverte et
autour des confessionnaux il y a des pèlerins qui veulent se
confesser : le lendemain on verra beaucoup d'hommes et de
femmes venir s'agenouiller à la sainte table et s'en aller heureux,
après avoir reçu dans leur cœur le corps et le sang de Notre-
Seigneur Jésus-Christ.

52. — An ofiso hag al lido, *les offices et les cérémonies.*

absolven, f., *absolution.*
aviel, m., *évangile.*
badeiant, f., *baptême.*
embann, m , *publication.*
gouspero, m. pl., *vêpres.*
hosti, m , *hostie.*
kan, m., *chant.*
kantik, m , *cantique.*
  — diskan, m., *refrain.*
  — poz, m., *couplet.*
  — ton, m., *air.*
kest, f., *quête.*
kovizion, f., *confession.*
lid, m., *cérémonie.*
mision, f., *mission.*
nouen, f., *extrême-onction.*
ofis, m., *office.*

oleo sakr, m., *saintes huiles.*
oferen, f., *messe.*
oferen bred, f , *grand'messe.*
oferen veure, f., *messe matinale.*
pater, f., *prière.*
peden, f., *prière.*
prezegen, f., *prédication.*
prozision, m., *procession.*
prof, m., *offrande.*
Sakramant an Oter, m., *Eucharistie.*
sakrifis, m., *sacrifice.*
rozêr, m., *rosaire.*
  — degen, f., *dizaine de rosaire.*
servij, f., *service.*
urz, m., *ordre.*

AUTRES MOTS

gwir, *vrai.*
sakr, *sacré.*

—

adori, *adorer.*
badeï, *baptiser.*
chanj (rad.), *changer.*
implian, *employer.*
komunian, *communier.*
konfirman, *confirmer.*
konsakri, *consacrer.*

laret, *dire, réciter.*
kovesaat, *se confesser.*
noui, *donner l'extrême-onction à.*
oferenni, ofernian, *dire la messe.*
serviji, *servir.*

—

a vern, *en foule.*
a vihanik, *dès l'enfance.*
kentoc'h evit, *plutôt que.*
ouz troad, *au pied.*

Récapitulation.

VERSION

El d'an oferen-bred kentoc'h evit d'an oferen veure, mar gellet, ha heuillet-hi evel eur gwir gristen. Sonjet ec'h eo an oferen sakrifis ar groaz hadneveaet bemde e pep korn eus ar bed. Pa ve ar beleg ouz troad an ôter o laret *« Me govez ouz Doue »*, goulennet c'hwi ive digant Doue ma pardono d'ac'h ho pec'hejo, ha goude laret eur pennad pater bennak evit adori anean wardro gant ar beleg. Ha pa ver o lenn pe o kanan an aviel, an dud a zav evel ma saver evit enori eun ôtro : rak, pa glever an aviel, ec'h ê Jezus-Krist a zo o komz. Warlerc'h an aviel, e ve hanvet ar profo, an embanno, ar re a zo maro epad ar zun, ar zervijo evit ar zun da zont. Dleout a ret monet d'ho parouz evit klevet an oll dreo-man, hag ive, pa ve grêt ar gest, evit lakat eur gwenneg bennak er plad : Doue d'ho pêo ! Warlerc'h ar brezegen ha warlerc'h *Me gred en Doue*, e komans ar zakrifis. Pan eus laret ar beleg *An dra-man a zo ma c'horv... An dra-man a zo ma gwad...*, ar bara hag ar gwin a deu da vean korv 'ha gwad hon Zalver Jezus-Krist : n'ê ket ken bara-kan a zo war an ôter, mes Jezus-Krist e-unan : pleget ho penn hag adoret an hosti.

THÈME

On emploie les saintes huiles pour baptiser, pour confirmer, pour donner la prêtrise et l'extrême-onction. Mais ce n'est pas la même huile qui sert pour toutes ces choses. Les mains du prêtre sont consacrées avec l'huile du baptême, et l'évêque est sacré avec celle qui servit autrefois pour le confirmer. Pour l'extrême-onction, on se sert de l'huile des infirmes. — Aujourd'hui, après les vêpres, il y a eu procession. Nous avons chanté un cantique à la sainte Vierge sur l'air de sainte Anne. Le recteur et le vicaire disaient le couplet, et tous, grands et petits, chantaient le refrain : jamais je n'ai entendu un chant si beau depuis la dernière mission. — Nous nous sommes confessés ce matin, nous avons reçu l'absolution et nous avons communié. Maintenant, pour bien achever la journée nous allons dire le rosaire. Quand nous aurons récité cinq dizaines, les enfants pourront aller s'amuser. Mais nous, nous dirons les quinze dizaines d'un bout à l'autre. Le dimanche est à Dieu.

53. — Ar gouelio, *les fêtes.*

avent, m., *avent.*
chandelour, m., *Purification.*
daouzek-deio, m , *quatre-temps.*
de pemde, m., *jour ouvrier.*
gouel Iann, m., *la Saint-Jean.*
gouel ar Werc'hez, m , *fête de la Vierge.*
    — gwengolo, *Nativité de la sainte Vierge.*
    — miz meurz, *Annonciation de la sainte Vierge.*
    — miz kerdu, *Immaculée-Conception de la sainte Vierge.*
gouel Mikêl, m., *la Saint-Michel.*
gouel ar Rouane, m., *la fête des Rois*
gouel sant Pêr, m., *la Saint-Pierre.*
gouel santez Anna, m., *la Sainte-Anne.*
gouel an Oll Zent, m., *la Toussaint.*
gouel an Anaon, m., *la fête des Morts.*

gwener ar Groaz, m., *le Vendredi-Saint.*
Iaou amblid, m., *le Jeudi-Saint.*
Iaou an Asansion, m., *l'Ascension.*
iun, m., *jeune.*
koareiz, m , *carême.*
malarje, m., *carnaval.*
merc'her { armeur, m. al ludu, m. } *mercredi des Cendres.*
Nedeleg, m., *Noël.*
Pentekost, m., *Pentecôte.*
Pask, m., *Pâques.*
sadorn Fask, m., *samedi-saint.*
sul, m , *dimanche.*
sul ar Rozêran, m., *la fête du saint Rosaire.*
sul ar Beuz, m., *Dimanche des Rameaux.*
sul ar Zakramant, m., *solennité de la Fête-Dieu.*
sul Fask, m., *dimanche de Pâques.*
sun zantel, f., *semaine sainte.*
vijel, m., *vigile, abstinence.*

AUTRES MOTS

orijinel, *originel.*
pemdeiek, *quotidien.*

—

digas (rad.) sonj da, *faire souvenir.*
disklerian, *déclarer.*
gwestlan, *vouer, consacrer.*
kalonekaat, *encourager, prendre courage.*
kaout (p. bet), *avoir, obtenir.*
konsevi, *concevoir.*
krusifian, *crucifier.*

prepari, *préparer.*
saludi, *saluer.*
santifian, *sanctifier.*

—

war e gil, *à la renverse (sur son dos).*
a-bez, *entièrement.*
a-ziavez, *de dehors.*
da vat, *sérieusement.*
en despet da, *en dépit de.*
dec'h d'an noz, *hier au soir.*
gwasoc'h-gwas, *de pis en pis.*

Récapitulation.

VERSION

Gouelio an Iliz a zo evel eul levr bepret digor evit diski d'imp bue ar Werc'hez ha bue hon Zalver Jezus-Krist. Gouel ar Werc'hez miz kerdu a lar d'imp ec'h ê bet konsevet ar Werc'hez hep ar pec'hed orijinel, glân a-bez, ha divlamm dirak Doue. Gouel ar Werc'hez gwengolo, nao miz goude, a zigas sonj d'imp eus de kaer he ginidigez. Gouel ar Werc'hez miz meurz a zo kaeroc'h c'hoaz : an de-se e teuas an Arc'hêl da zaludi Mari, ha da zisklerian d'ei e vije bet Mamm da Zoue. Nao miz goude, de an Nedeleg, Mab Doue, Doue ha den, a zo kousket en eul louerig, en eul lec'hig dister, en eur c'hraou. Da ouel ar Rouane e teu rouane ar bed-man da stoui dirak Roue an neñv hag an douar. Da ouel ar Chandelour, daou-ugent de goude, Jezus-Krist a zo douget d'an Templ ha gwestlet da Zoue evit hon fec'hejo. Ar zun zantel a ra d'imp sonjal da vat en deio divezan an neus tremenet hon Zalver war an douar. Sul ar beuz e oa bet digemeret evel eur roue gant an dud. D'ar iaou amblid, e laras an oferen gentan hag e roas, evit ar wej kentan, e gorv hag e wad d'an den. Da wener ar Groaz ec'h ê krusifiet Mab Doue. Da zadorn Fask eman er be. Da sul-Fask e sav Jezus e-mêz eus ar be, leun a vue, 'n despet d'e enebourien. Da Iaou an Asansion e sav d'an neñv, leun a c'hloar, dirak an ebestel, ha da zul ar Pentekost e kas d'ar re-man ar Spered-Santel evit o c'halonekât ha hadneveât ar bed.

THÈME

L'Avent prépare les chrétiens au grand jour de Noël. — Le Carême commence avec le mercredi des Cendres pour nous préparer à Pâques ; mais beaucoup de gens connaissent mieux le mardi gras que le mercredi des Cendres. — Les Quatre-Temps sont quatre semaines de l'année sanctifiées par trois jours de jeûne et d'abstinence pour obtenir de Dieu de saints prêtres. — Les fêtes les plus honorées parmi nous, après celles que nous avons nommées, sont les fêtes de saint Jean, de saint Pierre et de sainte Anne, la Toussaint et la fête des Morts : n'oublions pas la Fête-Dieu et la fête du saint Rosaire. — Dieu a donné aux chrétiens les jours ouvriers et a gardé pour lui les dimanches et les fêtes.

54. — Broio ha kêrio, *pays et villes.*

arvoriz, m , *habitants de la côte.*
Bourdel, *Bordeaux.*
Breiz, f., *Bretagne.*
Breiz-Izel, f., *Basse-Bretagne.*
Breizad, pl. ziz, *Breton.*
Bretoned, m., *Bretons.*
Bro-Dreger, Treger, f., *le pays*
  Tréguier.
Bro-C'hall, f., *France.*
Bro-Zôz, f., *Angleterre.*
Dol, *Dol.*
Fransez, m. pl. **Fransizien,**
  Français.
Gall, Gallo, m. pl. **Galloed,**
  Français.
Goelo, *Goelo.*
Gwened, *Vannes.*
Gwengamp, *Guingamp.*
hent-houarn, m., *chemin de fer.*

hospital, m., *hôpital.*
Kastellin, *Châteaulin.*
Kastel-Pôl, *Saint-Pol-de-Léon.*
Kemper, *Quimper.*
kêr, f., *ville.*
Kerneo, f., *Cornouaille.*
Landreger, *Tréguier.*
leur-gêr, f., *place.*
mêri, m., *mairie.*
Montroulez, *Morlaix.*
Naoned, *Nantes.*
Normandi, f., *Normandie.*
Pariz, *Paris.*
Roahon, *Rennes.*
Sant-Brieg, *Saint-Brieuc.*
Sant-Malo, *Saint-Malo.*
Sôz, m. pl. **Sôzon,** *Anglais.*
Spagn, *Espagne.*
ti-kêr, *hôtel de ville.*

AUTRES MOTS

brudet, *renommé.*
dantellezet, *dentelé.*
dizolo, *découvert.*
kaer, *beau.*
souezet bras, *tout surpris.*
striz, *étroit.*

    —

distrei (p. **distroet**), *revenir.*

gwallgas (rad.), *persécuter, mal-*
  traiter.
mougan, *étouffer.*

    —

daoust ma, *quoique.*
gwas a ze, *tant pis.*
fors a zo ? *qu'importe ?*

Récapitulation.

VERSION

Stank e oa gwejall an dud ac'h ê d'ober tro Breiz, evit
pidi war beio an eskibien gentan eus hon bro, en Gwened,
en Kemper, en Kastel-Pôl, en Landreger, en Sant-Brieg, en
Sant-Malo hag en Dol. Ne oa ket c'hoaz hencho houarn
hag ar belerined ac'h ê war droad, dre eun hent grêt evite
hag a dremene dre ar seiz kêr-ze. — Breman zo kant vlâ, ar
veleien hag ar venec'h, gwallgaset en Bro-C'hall, a dec'has
eur re da Vro-Zôz, ar re all d'ar Spagn. — Tud iaouank,
chomet war ar mêzo ! Mougan a refet er c'hêrio-ze : n'eus ket
avel iac'h er ruio ; ar leurio-kêr dizolo na dalveont ket an
hencho don hag ar parko ; dre aman, pan êr da zimei, e plij
muioc'h d'an nen lakat e hano e mêri ar bourk evit en eun
ti-kêr ; mar get da Bariz, e varvfet rôk pell en hospital. —
N'heller ket komz eus a Vreiz pe eus ar Vretoned, hep komz
eus a Naoned, a Roahon, a Zant-Malo. Tud Naoned, Roahon
ha Sant-Malo a zo Bretoned, daoust m'emaint en Bro-C'hall,
ha ni a zo Fransizien, kenkoulz hag i, daoust mac'h omp en
Breiz-Izel.

THÈME

Il n'y a pas longtemps, j'ai fait un tour en basse Bretagne avec
un de mes amis. Nous avons vu à Quimper la cathédrale si belle,
renommée dans le monde entier. Nous ne fîmes qu'apercevoir du
train Châteaulin sur une rivière entre deux collines. Saint-Pol est
la meilleure ville du pays : je n'oublierai jamais la tour dentelée,
ni l'hôtellerie du Cheval-Blanc, ni les braves gens de Saint-Pol.
Nous n'eûmes pas le temps d'aller jusqu'à Guingamp ni jusqu'à
Tréguier : il fallait prendre le train pour Morlaix et revenir à la
maison. — Les habitants de la côte disent du bien de la côte ;
mais n'importe, le Trieux voit bien des choses qui ne sont pas
connues près de la mer : de coquettes collines et des bois profonds, des champs fertiles et de vertes prairies où chantent les
bergers. — Si vous voulez trouver de bon cidre, allez en Normandie ;
de bon vin, allez à Bordeaux ; des hommes de cœur, venez en
basse Bretagne. — Celui qui vient de Paris et qui arrive à Rennes
est tout surpris de voir les gens marcher à leur aise. — A Vannes
il y a encore des rues étroites, et de vieilles maisons curieuses à
voir.

55. — Eskopti Sant-Brieg, *évêché de Saint-Brieuc.*

Ar Roc'h, *La Roche-Derrien.*
Benec'h, *Belle-Isle-en-Terre.*
Bear, *Bégard.*
Boulvriag, *Bourbriac.*
Briad, *Bréhat.*
Gwengamp, *Guingamp.*
Iôdi (ar), *Le Jaudi.*
Kaouenneg, *Caouennec.*
Kintin, *Quintin.*
Lanvezeg, *Lanvézéac.*
Laonon, *Lanvollon.*
Lanrodeg, *Lanrodec.*
Laruen, *Lanrivain.*
Leff (al), *Le Leff.*
Menebre, *Ménébré.*
Panverid, *Pommerit-le-Vicomte.*
Pempoull, *Paimpol.*

Perroz-Gwirek, *Perros-Guirec.*
Peurid ar Roc'h, *Pommerit-Jaudy.*
Peurid-Kintin, *Pommerit-Quintin.*
Plagad, *Plouagat.*
Plêraneg, *Ploubazlanec.*
Pleuveur-Bodou, *Pleumeur-Bodou.*
Plouagor, *Ploumagour.*
Plouvouskan, *Plougrescant.*
Pontreo, *Pontrieux.*
Priêl, *Plouguiel.*
Sklerder (ar), *La Clarté.*
Treo (an), *Le Trieux.*
Treoger (an), *Les Triagos.*

AUTRES MOTS

stag (bean) ouz, *se rattacher à.*
—

e-koste, *du côté de.*
nag a... ! *combien de... !*

Récapitulation.

VERSION

Wardro miz gwengolo e teu marc'hadourien ognon eus a goste Sant-Brieg da werzan ognon en argoad : dont a reont ketek Gwengamp ha Benec'h ; alies ec'h arruont tost da Bontreo. — En Plouagor, en Laruen hag en Planiel e ve komzet brezoneg : en Laonon hag en Lanrodeg ive, mes wardro gant ar galleg. — En Briad e zo eun tour-tan uhel : gwelet ve o lugerni goude kuz-heol eus bourk Plêraneg ; tour-tan an Treoger a zo uheloc'h c'hoaz. — Ar gouent vrasan eus eskopti St-Brieg en em gav en parouz Bear, eur leo eus tosen Menebre. — Ster an Treo ha ster al Leff a disparti Bro-Oelo eus Bro-Dreger. — Bean zo en eskopti diou barouz hanvet Peurid : unan e-kichen ar Roc'h hag eben en kerne uhel, a rêr anei Peurid-Kintin. An hano ze, mes d'ean eul liou-all, a doug c'hoaz parouz Panverid-ar-Beskont, a zo tost da Wengamp. — Etre Pleuveur-Bodou ha Perroz e weler, tost d'an ôd, reier bras, darn anê mat da vean brallet : en Tregastel emaint, tost da Zantez-Anna, pe en Perroz-Gwirek, tost d'ar Sklerder.

THÈME

L'église de Plougrescant et les cloches de Plouguiel sont des plus belles. — Que de bateaux il y a à Paimpol ! — Les pèlerins de Notre-Dame de Bon-Secours (Vrai-Secours), quand ils vont à Guingamp, aiment à monter dans la tour plate ; là ils peuvent sonner les cloches et de là ils découvrent beaucoup de tours d'église : ils voient aussi une autre tour, la tour de Coat-Liou, et près d'elle la tour dentelée de l'église de Bourbriac. — Il y a dans le diocèse une paroisse qui a deux communes : c'est Caouennec, à laquelle se rattache Lanvézéac. — Dans la moitié de l'évêché de Saint-Brieuc on parle breton : dans l'autre moitié on parle français. — Il y a un canton (kanton) où la chef-lieu (paroisse-mère) est français et les autres paroisses bretonnes : c'est le canton de Plouagat.

56. — **Ar gouarnamant,** *le gouvernement.*

ajoent, m., *adjoint.*
departamant, m., *département.*
depute, m., *député.*
gouarner, m , *gouverneur.*
gouarnamant, m., *gouvernement.*
gwirio, m. pl., *droits.*
ingaill, m., *répartition des impôts.*
kambr an deputed, f., *chambre
   des députés.*
kanton, m , *canton.*
karg, f., *charge.*
komiser, m., *commissaire.*
konsailler, m , *conseiller.*
lezen, f., *loi.*
maltouter, m., *agent du fisc.*
ministr, m., *ministre.*
mouez, f., *voix, suffrage.*

noblans, f., *noblesse.*
pobl, m., *peuple.*
prefet, m , *préfet.*
presidant, m., *président.*
prins, m., *prince.*
republik, f., *république.*
resever, m., *receveur, percepteur.*
rouanez, f., *reine.*
rouantelez, f., *royaume.*
roue, m., *roi.*
sekretour, m., *secrétaire.*
senedour, m., *sénateur.*
sklav, m., *esclave.*
sujed, m., *sujet.*
taillo, m. pl. *impôts.*
tron, m., *trône.*

AUTRES MOTS

botan, *voter.*
gwapaat, *railler.*
insulti, *insulter.*
lipat, *lécher.*

merkan, *marquer.*

—

a-blad, *à plat.*
e harz ouz, *à l'appui de.*
velkent, *tout de même.*

Récapitulation.

VERSION

Eun eskob a lare kement-man da Louiz pevarzek, roue Frans : « Azeet oc'h war an tron, mes an tron-ze n'ê ket d'ac'h. Doue an neus prestet anean d'ac'h evit gouarn ar rouantelez en e lec'h herve e lezen zantel. Beet drouk ouz ar re fall, beet mat ha karanteüs e keñver ar re-all oll : ho sujidi n'int ket sklaved d'ac'h, mes ho preudeur hag ho pugale. » — Louiz daouzek a oa bet hanvet *Tad ar bobl*, abalamour ma tifenne an dud paour ouz ar valtouterien hag ouz an duchentil en karg. Eur wej an noa klevet laret e oa bet insultet ha gwallgaset eur labourer douar gant eun den eus an noblans. Raktal e skriv da heman dont d'e veren. Pa oa arru an ôtro, e oa bet laket dirakan eur pred kaer ha c'hwek, mes tamm bara ebet. Goude e lare d'ar roue : « Mat e oa an treo ha brao da welet, mes velkent n'eus ket meren hep bara. » — « Na bara, eme ar roue, hep labourerien. Et c'hoaz d'o gwapât ha d'o gwaskan ! C'hwi ho po treo all marteze da lipat, mes bara n'ho po ket. »

THÈME

La république est le gouvernement du peuple. D'abord le peuple nomme les députés pour donner des lois au pays tout entier. Le peuple nomme aussi comme autrefois des conseillers pour s'occuper de la commune. Les conseillers nomment le maire : celui-ci est le premier magistrat de (1) la commune ; il choisit lui-même son secrétaire. Le maire, avec son adjoint et cinq autres habitants, a charge de faire la répartition des impôts, de fixer pour chacun les impôts à payer. Les conseillers dans chaque commune choisissent trois ou quatre hommes, qui vont à la ville principale de chaque département pour nommer les sénateurs. La chambre des députés fait les lois, la chambre des sénateurs les approuve ou les rejette. Les deux chambres n ('en) font plus qu'une seule, quand il faut nommer un président. Le président de la république choisit les ministres, et ceux-ci tous les hommes en charge, les gouverneurs dans les grandes villes, et les préfets dans les départements, même les percepteurs dans chaque canton et les commissaires.

(1) Est le maître dans.

57. — Ar arme, *l'armée.*

arme, f., *armée.*
bouled, f., *boulet.*
brezel, m., *guerre.*
brezeller, m., *guerrier.*
dezerter, m., *déserteur.*
emgann, m., *combat.*
enebour, m., *ennemi.*
fuzuill, f., *fusil.*
gward, m. *garde.*
jeneral, m., *général.*
kann, f., *lutte, querelle.*
kanol, m., *canon.*
kabiten, m., *capitaine.*
kleve, kleze, m., *glaive, épée.*
komandant, m., *commandant.*
konje, m., *congé.*

konsaill a revizion, m., *conseil de révision.*
lac'hadeg, f., *tuerie, massacre.*
ofiser, m., *officier.*
peuc'h, f., *paix.*
poultr, m., *poudre.*
rejimant, m., *régiment.*
serjant, m., *sergent.*
soudard, m., *soldat.*
soudard war droad, m., *fantassin.*
soudard war varc'h, m., *cavalier.*
tenn, m., *coup de fusil, de canon.*
tennadeg, f., *série de coups.*
treitour,) m., *traître.*
trubard,)

AUTRES MOTS

euzus, *horrible.*
konnaret, *furieux.*
spontus, *effrayant.*

—

boutan er mêz, *mettre dehors, repousser.*
brezeli, *guerroyer.*
gwastan, *piller.*
c'hoari gant, *jouer avec, manier.*
ober, *faire, exercer (métier), monter (garde).*

spontan, *effrayer.*
trei kein, *tourner le dos, fuir.*

—

adre, *en arrière.*
arsa ! *eh bien !*
bevet ! *vive !*
da virviken, *à jamais ! vive !*
e pred ar maro, *à l'article de la mort.*

Récapitulation.

VERSION

Pa ve diskleriet ar brezel, neuze e kerz ar zoudarded evit difenn ar vro. Prest int da vervel kentoc'h evit trei kein. Ha koulskoude n'eus netra ken euzus hag an emgann. Pac'h êr da vrezeli, ar re hardian zoken a gren rôk an dennadeg. An tenno kanol, an tôlio fuzuill, ar boulejo a gouc e-mesk an dud, hag a spont da gentan brezellerien ha kezeg. Mes prestik an drouz hag ar poultr o deus mêvet anê oll. Ar zoudarded na dalc'hont mui en o lec'h : konnaret int o welet o c'honsorted o kouean en o c'hichen, lac'het gant tenno an enebourien. Neuze pep komandant, pep kabiten, pep serjant a lavar d'e dud : « Arsa ! pôtred, demp warne. » Kenkent ar bôtred a denn o c'hlezeier hag en em dôl war an enebourien. Neuze e sav eul lac'hadeg : ar gwad a red a boullado ; ne glever mui na kanol, na fuzuill, netra nemet mouez spontus an dud treuzet gant ar c'hleze o kouean hag o vervel.

THÈME

Bientôt arrive le conseil de révision, et tu iras au régiment, mon ami ; tu seras soldat de la France. C'est toi qui défendras le pays, si la guerre est déclarée. On mettra entre tes mains une épée et un fusil, et ton sergent t'apprendra à t'en servir. Pourquoi cela ? Est-ce pour tuer seulement et pour piller ? Non, mais pour arrêter les ennemis, pour les repousser, pour les vaincre et les forcer à demander la paix. En un mot l'on prépare la guerre pour conserver la paix ou pour l'obtenir : c'est pour cela que tu seras soldat. Exerce donc ton métier de bon cœur : apprends à obéir et à souffrir. Le sergent obéit au capitaine, le capitaine au commandant, le commandant au général ; toi, obéis à ton sergent. Et quand tu courras par les landes, pauvre fantassin, en été sous la chaleur du soleil, songe au pays. Quand tu monteras la garde en hiver sans bouger, songe aux ennemis. A la guerre qui donc voudrait être traître ou déserteur ? Eh bien ! celui qui n'aime pas le métier pendant son service, celui qui n'obéit pas aux officiers, celui-ci est déjà dans le cœur un déserteur et un traître. Avant tout, vive la France !

58. — Ar justis, *la justice.*

amand, m., *amende.*
avokad, m., *avocat.*
avoue, m., *avoué.*
barn, m., *jugement.*
barner, m., *juge.*
boureo, m., *bourreau.*
chafod, m., *échafaud.*
frejo, m., *frais.*
enklask, m., *enquête.*
galeo, m. pl., *galères, travaux forcés.*
haillon, m., *vaurien.*
hucher, m., *huissier.*
invantoar, m., *inventaire.*
jandarm, m., *gendarme.*
juj a beuc'h, m., *juge de paix.*
jujamant, m., *jugement.*
juri, m., *jury.*

justis, f., *justice.*
kroug, f., *potence.*
laer, m., *voleur.*
laeronsi, m., *vol.*
lakepod, m., *vaurien.*
lez-varn, m., *tribunal.*
muntrer, m., *meurtrier.*
noter, m., *notaire.*
prizon, f., *prison.*
prokulor, m., *procureur.*
prosez, m., *procès.*
siel, m, *sceau.*
tamall, m., *accusation.*
test, m., *témoin.*
testeni, m., *témoignage.*
torfet, m., *forfait, crime.*
torfetour, m., *criminel.*
tourmant, m., *tourment, torture.*

AUTRES MOTS

displijus, *désagréable.*
nec'het, *inquiet.*

———

barn (rad.), *juger.*
breinan, *pourrir.*
dizamman, *décharger.*
dizouc'han, *aboutir.*
diskuill (rad.), *dénoncer.*
hunvreal, *rêver.*
istiman, *estimer, priser.*
kondaoni, *condamner.*
laerez (p. laeret), *voler.*
mac'hagni, *estropier, mutiler.*
mêvi (en em vêvi), *enivrer (s').*

nac'h (rad.), *nier.*
sellet (p. sellet) ouz, *regarder (au sens propre).*
semplan, *s'évanouir.*
testi, *témoigner.*
tourmanti, *torturer.*
tamall (rad.), *accuser, reprocher.*
teurel (p. tôlet) ar bec'h war, *rendre responsable.*

———

arôk, kent, *auparavant.*
nemet ha, *à moins que.*
diwarbenn, *sur, au sujet de.*
pas, *pas.*

Récapitulation.

VERSION

Jilez, pa oa bihan, e lec'h monet d'ar skol, a chome da
laerez avalo. Deut da vean bras, e teuas da vean eul laer bras.
Lies e vije ar jandarmed oc'h ober enklask war e lerc'h, lies
e teue an hucher da gas paper d'ean evit mont da di ar juj a
beuc'h, ha dalc'hmat e vije kondaonet da bêan an amand
hag ar frejo. Al laeronsi na lake ket Jilez da vean pinvikoc'h
evit arôk, nag e brosezo da vean furoc'h. Er c'hontrel, eus
a laer e teuas da vean muntrer. Eur wreg goz a oa bet
lac'het en he zi hag hec'h arc'hant laeret. An oll a dôlas ar
bec'h war Jilez ; testiou awalc'h a zavas enep d'ean ha ne oa
ket bet diês d'ar Justis kaout merko eus e dorfet. Er prizon
Jilez n'helle ket kousket hep hunvreal e oa dija war ar
chafod etre daouarn ar boureo, hag ec'h ê ar gontel hir da
gouean war e c'houg : neuze e tihune spontet. Dirak al lez-
varn ne grede ket sellet nag ouz an testio nag ouz ar juri,
nag ouz ar varnerien. Kazi semplan a reas, pa glevas ar
prokulor o c'houlen ma vije dibennet. E avokad koulskoude
hen difennas gant kement a nerz, ma teuas d'ar juri eun
tamm true ouz an haillon. Diwar o c'homz, ne oa ket bet
kondaonet d'ar maro, mes d'ar galeo hed e vue. Sellet, bugale,
pelec'h e c'heller dizouc'han, pa chomer da laerez avalo e
lec'h monet d'ar skol.

THÈME

L'orphelin se souvient du juge de paix qui vint après la mort
de son père mettre les scellés sur les armoires de la maison ; il
se souvient du notaire qui arriva huit jours après pour les lever,
pour faire l'inventaire et pour priser les meubles comme s'ils
avaient été à vendre ; il se souvient du procès fait à sa mère et
des messieurs de la ville, avoués et avocats, qui prirent l'argent
et perdirent le procès ; il se souviendra toujours du tribunal si
froid et du jugement qui le mit hors de la maison de son père. —
Autrefois on pendait les malfaiteurs, et leur corps restait suspendu
au gibet, jusqu'à ce qu'il fût décomposé ; parfois les criminels
étaient torturés, mutilés, brûlés. Aujourd'hui le cœur des hommes
est plus humain. Pour punir le crime, il n'y a que la mort sans
torture, et pas bien souvent la mort, mais seulement les travaux
forcés, l'exil et la prison.

VI. — L'AME ET SES FACULTÉS

59. — Spered ha bolante, *intelligence et volonté.*

aket, m., *soin.*
anaoudegez, f., *connaissance.*
arvar, m., *doute.*
ali, m., *avis.*
bolante, f., *volonté.*
c'hoant, m., *désir.*
c'hoantaden, f., *caprice.*
dalledigez, f., *aveuglement.*
diskred, m., *soupçon.*
diotaj, f., *niaiserie.*
difians, f., *défiance.*
envor, m., *mémoire.*
evez, m., *vigilance.*
fantazi, f., *imagination.*
follente, f., *folie.*
gaou, m. pl. **gevier**,
goulen, f., *demande.*
gourc'hemen, m., *commande-ment.*

gwirione, f., *vérité.*
gouiziegez, f , *science.*
hunvre, m., *rêve.*
ine, f., *âme.*
ioul (peu usité), f., *volonté* (acte).
koun, m., *souvenir.*
konsians, f., *conscience.*
kreden, f., *croyance.*
mennoz, m., *pensée, idée.*
ôtre, m., *permission.*
ple (teurel), *attention (faire).*
rêzon, f., *raison.*
sans vat, m., *bon sens.*
skiant, m., *bon sens.*
sonj, m., *pensée, souvenir.*
souez, m., *étonnement.*
soursi, m., *soin.*
spered, m., *esprit, intelligence.*

AUTRES MOTS

diavis, *téméraire.*
pis, *minutieux.*
plijus, *agréable.*
ranjet mat, *bien rangé, bien élevé.*
spontik, *ombrageux.*

—

dereout, *convenir.*
diskridi (war), *soupçonner.*
distennan, *détendre.*
dresan, *corriger.*
fallout, fellout, (v. unipers.), *fal-loir, vouloir.*
goulen (avec nég.), *vouloir (ne pas).*

kaout c'hoant da, c'hoantaat, *désirer, envier.*
kroui, *créer.*
sonjal ervat, *réfléchir.*

—

aboe, *depuis.*
a dost, *de près.*
a grenn, *absolument.*
diouz, *d'après.*
ervat, *bien.*
eur wej an amzer, *de temps en temps.*
ha pa, *même quand.*

Récapitulation.

VERSION

Eur follente ec'h ê evit an den hag eun dalledigez hep he far lakat e benn a-bez gant treo ar bed-man. — Eur c'habiten bras a lare, pa oa deut da vean koz : « An Otro Doue an neus teurveet rei amzer d'in da zonjal em ine. » — Ret mat ê distennan meur a wej eur wareg, ha ret ê eur wej an amzer rei diskwiz d'ar spered gant eur bourd bennak. — Diouz an teod e c'hell eur medesin gwelet petra a zo er galon, ha diouz ar c'homjo e c'heller goût petra a zo en konsians eun den. — N'ê ket an tôlio fouet, mes ar skiant a dres ar vugale. — Ar gevier a zere ouz an dud a netra, hag ar wirione ouz bugale savet mat. — Ar sklerijen a gas kwit an devalijen, hag ar ouiziegez an diotaj. — Er c'hatekiz e kavfet an tu d'anaout ho relijion. — Lakomp hon oll zoursi da zellet a-dost ouz bue hon Zalver Jezus-Krist. — Laket hoc'h aket da chilaou ervat ar prezegenno. — An hini en em gav paour ha bihan er bed-man, hennez a zo bras en gwirione dirak Doue. — Kent mont da govesât, grêt eun enklask pis eus ho pec'hejo.

THÈME

L'imagination et le bon sens ne vont pas souvent ensemble. — L'esprit est comme les yeux de l'âme, et la volonté comme ses bras. — Les animaux ont de la mémoire comme les hommes, mais l'homme seul a du sens et de la raison. — Réfléchissez avant de parler. — Si vous voulez entrer dans la vie éternelle, observez mes commandements, dit Notre-Seigneur. — L'esprit travaille, même quand le corps est endormi : qui de nous n'a pas fait des rêves plaisants ou terribles ? — Pour se convertir, il faut une volonté ferme ; de même pour avoir la vraie foi, une croyance ferme est absolument nécessaire. — Sans soin et sans vigilance, vous ne pouvez que vous perdre entièrement. — Les pensées téméraires, les soupçons sont défendus par la loi de Dieu : faites attention à ce que je dis et croyez toujours que les autres sont meilleurs que vous. — Dieu vous a créé sans votre consentement, mais il ne vous sauvera pas sans votre volonté.

(1) Mettre toute son affection à. — (2) Ce qu'il y a.

60. — Ar vertuio, *les vertus.*

aluzen, f., *aumône.*
anaoudegez vat, f , *reconnais-*
  naissance.
buezegez, f , *conduite.*
dellid, m., *mérite.*
dever, m., *devoir.*
dlead, m., *devoir.*
difre, m., *activité.*
douster, f , *douceur.*
espern, m., *épargne.*
eünder, f , *droiture.*
esperans, f., *espérance.*
fe, f., *foi.*
fians, f., *confiance.*
furnez, f., *sagesse.*
glanded, f., *pureté.*
gras, f., *grâce.*

gwerc'hded, f., *virginité.*
gwestl, m., *vœu.*
hardiegez, f., *hardiesse.*
honestiz, f., *honnêteté, bienséance.*
karante, f., *charité.*
komportamant, m., *conduite.*
largente, f., *libéralité.*
lealded, f., *loyauté.*
madelez, f., *bonté.*
parfetiz, f., *perfection.*
pasianted, f., *patience.*
pinijen, f., *pénitence.*
poell, m., *prudence, modération.*
sentidigez, f., *obéissance.*
temperans, f., *tempérance.*
true, f., *pitié.*
vertu, f., *vertu.*

AUTRES MOTS

dereat, *bienséant.*
leal, *loyal.*
nett, *net, propre.*
teologal, *théologal.*
trueüs, *compatissant, pitoyable.*

—

espern (rad.), *épargner.*
gaout (en em) gant, *rencontrer.*
kondui, *conduire.*

presan, *presser.*

—

a dra zur, *assurément.*
dont a benn eus, *venir à bout de.*
dreist-oll, *surtout.*
e-keñver, *vis-à-vis de.*
an amzer da zont, *l'avenir.*
war dro gant, *en même temps*
  que.

Récapitulation.

VERSION

Bean ve tud klanv dre ma ne reont netra, ha re-all dre ma reont re : labour ha temperans a zo daou vedesin mat. — An hini an neus eur wreg drouk, n'an neus ket ezom da vont d'ar skol evit diski ar basianted. — Gwellan tra a c'hell eun den lezel gant e vugale goude e varo, ec'h eo skwer vat e vertuio, e vadelez, e lealded hag e gomportamant mat. — — N'eo ket awalc'h kovesât, ret eo ober pinijen. — N'eo ket, a dra zur, ar ouiziegez, mes ar vertuio hepken a lak an dud da vean mat dirak Doue. — Nag e ouifec'h dre envor an oll levrio koz, hag an oll levrio neve, netra na dalvefe kement-se d'ac'h hep gras Doue hag e garante zantel. — Eun avokad a lare d'ar varnerien : « Ho pet true, ho pet true ! » — « Oh ia, eme eun all, true o devo, a dra zur, ouz eur paour kêz avokad evel doc'h-c'hwi. » — En brezoneg ne larer ket alies : an espern eus eun dra, mes : espern eun dra-bennak. — Pet vertu teologal a zo, ha pere int-i ? Bean 'zo taer vertu teologal : ar fe, an esperans hag ar garante.

THÈME

Dieu nous donne, en même temps que le mal, la grâce nécessaire pour le supporter avec patience. — Faire l'aumône au pauvre, c'est prêter de l'argent à Dieu. — Rien ne plaît tant dans un homme que la droiture, la loyauté. — Il y a plus de mérite à faire vœu d'obéissance qu'à faire vœu de virginité. — La bienséance demande que vous marchiez dans les rues avec gravité. — Il y a des gens qui n'ont confiance dans personne : personne n'a confiance en eux. — Femmes et jeunes filles, par votre prudence, votre douceur, votre activité, vous plairez mieux assurément que par les plus belles parures. — La pureté dans les jeunes gens est comme les fleurs dans les arbres au printemps : une bonne espérance pour le temps à venir. — Avec de la sagesse et de l'audace on vient à bout de tout. — Par sa conduite, Dieu nous apprend surtout la charité : quelle bonté vis-à-vis de nous ! quelle libéralité dans ses dons ! quelle douceur et quelle patience vis-à-vis des pécheurs endurcis ! quelle pitié de ceux qui reviennent à lui !

61. — Gwall decho ha pec'hejo, *défauts et péchés.*

balc'hder, f., *arrogance, impudence.*

c'hoantegez, f., *mauvais désir, passion coupable.*

diegi, f., *paresseux.*

dismegans, f., *injure, affront.*

divergontiz, f., *impudence, effronterie.*

divinerez, f., *divination.*

dizesper, m. *désespoir.*

drouk-peden, f., *imprécation.*

fallagriez, f., *méchanceté.*

fouge, m., *orgueil, arrogance.*

gwall-dech, m., *défaut.*

gwall-gomz, f., *calomnie.*

gwap, m., *moquerie.*

hudurnez, f., *impureté.*

kaz, m., *haine.*

koler, f., *colère.*

konnar, m., *colère furieuse.*

malloz, m., *malédiction.*

mevier, m, *ivrogne.*

pec'hed, m., *péché.*

rogente, f., *arrogance.*

rustoni, f., *rudesse, sévérité.*

si, m, *défaut (physique).*

sorser, m, *sorcier.*

sorserez, f., *sorcellerie.*

strobinel, f., *enchantement, charme.*

strobineller, m., *magicien.*

tabut, m., *querelle, dispute.*

tech, m., *penchant.*

têrijen, f., *susceptibilité.*

touaden, f., *blasphème, serment.*

toueller, *trompeur.*

uzulier, m., *usurier.*

AUTRES MOTS

digalon, *sans cœur, lâche.*

digor, *sans cœur, cruel.*

divergont, *effronté.*

froudennus, *d'humeur revêche.*

fumet, *en colère.*

gwall, *funeste.*

klanv, *malade.*

konnaret, *furieux.*

oazus, *jaloux.*

siet, *qui a un défaut physique.*

techet, *enclin.*

tagnous, *hargneux, taquin.*

têr, *vif, irascible.*

fuman, *se mettre en colère.*

gwapaat, *se moquer de.*

heskinan, *agacer.*

kazan, *haïr.*

(kemer) en em gemer ouz, *s'attaquer à.*

konnari, *se mettre en colère.*

mestronian, *maîtriser.*

pec'hi, *péché.*

veñji, *venger.*

daoust da, *malgré.*

dre gant, *par cent.*

en gaou, *mensongèrement.*

Récapitulation.

VERSION

Meur a hini a zo hardi er brezel ha digalon er c'hleñvejo.
— Ar re a zent ouz o gwall-decho a labe o c'honsians hag a
goll gras Doue. — Ar c'hwec'hvet gourc'hemen a zifenn an
hudurnez. Dre ar pec'hed-se, iné ar c'hristen, da laret ê limaj
an Otro Doue, a zo labeet, stlejet er fank ha laket dindan an
treid. — An hini an neus kaz en e galon, an neus evel eur gor
en diabarz e gorv. — Eun douaden en gaou gant drouk-peden
a zo unan eus ar pec'hejo brasan dirak Doue. — N'eo ket
difennet goulen interest evit an arc'hant : mes, mar goulennet
ouspenn pemp dre gant, me lavaro ec'h oc'h eun uzulier. —
An hudurnez eo mammen an oll fallagriez. — An douster a
diskoe hoc'h eus nerz er galon ; an dêrijen a zo eur merk a
wanidigez. — Evit gwellât an droug a ra eur gwall-gomz pe
eun dismegans, nan eus nemet eur remed : o ankouât. —
Biskoaz n'eus bet gwelet er bed muioc'h a dud fall hag a
dud divergont. — Mar fell d'ac'h en em veñji eus eur gwall-
gomz, serret ho keno ha lezet ar gaou gant hoc'h enebour.

THÈME

Le mensonge et la fourberie sont frère et sœur. — Un homme
en colère a perdu la raison ; il ressemble à un chien enragé ; il
attaque tout le monde. — A quoi servent la fierté et l'arrogance ?
A faire haïr et mépriser un homme. — L'ivrogne, s'il ne corrige
pas son funeste penchant, sera brûlé en ce monde par la boisson
et dans l'autre par le feu. — Chercher à connaître le temps à venir
par la divination et la sorcellerie, c'est honorer le démon et pécher
contre Dieu. Mais beaucoup de gens se disent sorciers ou devins,
et ne sont que des trompeurs. — Il n'y avait pas autrefois dans
le monde autant de méchanceté et d'impudence. — Vous prendrez
plus de mouches avec du lait qu'avec du vinaigre, et vous gagnerez
plus de gens par la douceur que par la sévérité. — L'un est vif et
emporté, l'autre est taquin et toujours prêt à agacer les gens :
tous les jours il y a querelle et bruit dans la maison. — Ceux qui
sont habitués à s'enivrer doivent s'éloigner des auberges. — Malgré
vos fautes, ne tombez jamais dans le désespoir : la bonté de Dieu
est plus grande que la méchanceté de l'homme. — La raison a été
donnée à l'homme pour maîtriser ses passions.

62. — Joa, *joie.*

bennoz, m., *bénédiction.*
bravente, f., *beauté.*
brut vat, m., *bonne réputation.*
c'hoant, m., *désir.*
cher, m., *bon accueil.*
danve, m., *biens, fortune, matière.*
dudi, m., *plaisir, agrément.*
enor, m., *honneur.*
evurusted, m., *bonheur.*
êzamant, m., *aise, aisance.*
gened, m., *beauté.*
grad vat, m., *bon gré.*
istim, m, *estime.*
joa, f., *joie.*
joaiusted, m., *gaieté.*

kempennadurez, f., *apprêts.*
koantiri, f., *beauté.*
konfort, m., *consolation.*
levenez, f., *allégresse.*
lusk, m., *aspiration.*
meulodi, m., *louange.*
mad, m., *bien.*
oaz, m., *zèle, ardeur.*
plijadur, f., *plaisir.*
skoazel, f., *aide, secours.*
stad (ober), m., *état (faire), bon accueil.*
tro, f., *magnificence.*
trugare, f., *merci, remerciement.*

AUTRES MOTS

birvidik, *fervent.*
c'hoantus, *désireux.*
fals, *faux.*
gredus, *fervent.*
konfortus, *consolant.*
seven, *poli.*
talvoudus, *précieux.*

badinan, *badiner, plaisanter.*
c'hoantaat, *désirer.*
ober cher, *faire bon accueil.*

—

eus krwec'h, *d'en haut.*
dec'h d'an noz, *hier au soir.*
kenavo, *au revoir.*

Récapitulation.

VERSION

An dud iaouank fur ha mat a zo levenez an neñv hag enor an douar. Bean ec'h int gloar ha konfort o c'herent hag o mignoned. Goût a reont erval pegen dudius ê bevan en peuc'h pell eus ar bed, e kichen eun tad, eur vamm ha breudeur karet. Gant o zud e laront trugare hag e roont meulodi da Zoue pep mintin ha pep noz evit an oll vado o deus resevet digantan. Lies epad an de e savont o c'halon trezek o c'hrouer dre huanadenno birvidik. Evelse o bue a zo leun a evurusted. Eun de koulskoude e voint c'hoaz evurusoc'h, pa vo roet d'ê da ganan gloar da Zoue el leve-nez ar baradoz. — Ar re-all a lak o flijadur en treo ar bed-man. Enorio, danve, kempennadurez kaer, na glaskont ken, na c'hoantaont ken. Kridi a reont eman eno evurusted an den. An êzamant n'ê ket awalc'h evite. C'hoant bras o deus da zevel, da zevel bepret ; gwej ebet ne ve stad enne ; bevan a reont hep peuc'h na konfort, ha mar kavont mado ha plijadurio war o hent, an evurusted a dec'h bepret en o rôk, ken mac'h arruont en heur ar maro. Ret ê kwitât neuze ar bed. Pelec'h eman ar freuz eus o bue ? Ret ê kwitât ar vignoned-hont a rê cher d'ê. Digant piou o devo int skoazel ?

THÈME

La joie est plus précieuse que l'or. — Quand aurons-nous encore le plaisir de vous voir ? — Un homme poli ne reçoit rien sans dire merci. — Un jour on offrit de l'argent à un homme pauvre pour trahir son pays : « Cet argent ne suffit pas, dit-il, et toutes les richesses du monde ne suffiraient pas pour payer mon honneur, ma réputation et la paix de ma conscience. » — En cherchant les fausses joies du monde, on perd les vraies joies du ciel. Oui, les joies du monde passent comme la fumée, et pour-tant mon cœur a pour eux de l'ardeur et de la passion : que ferai-je ? Priez, demandez secours à la sainte Vierge, ayez recours à Notre-Seigneur dans la communion. — On fait de grands apprêts pour recevoir un roi ; on n'épargne rien pour qu'il trouve dans le pays agrément et plaisir. Mais Dieu fait pour nous des apprêts plus beaux encore : les yeux de l'homme n'ont jamais vu le bonheur qu'il nous a préparé. Sachons-lui gré de sa bonté et disons-lui tous les jours mille bénédictions, mille remerciements.

63. — Glac'har, *douleur*.

anken, f., *chagrin*.
aon, m., *peur*.
dienez, m., *besoin, disette*.
diêzamant, m., *désagrément*.
diouer, m., *manque, privation*.
enkrez, f., *chagrin violent*.
estlamm, m., *stupéfaction*.
ezom, m., *besoin*.
glac'har, m., *douleur*.
heug, m., *répugnance*.
heuz, m., *horreur*.
hirvoud, m., *gémissement*.
huanaden, f., *soupir*.
kanv, m., *deuil*.

kaz, m., *haine, aversion*.
kertri, f., *appréhension*.
keuz, keu, m., *regret*.
klemm, m., *plainte*.
malloz, m., *malédiction*.
melkoni, f., *mélancolie*.
mez, m., *honte*.
nec'hamant, m., *inquiétude*.
paourante, f., *pauvreté*.
poan, f., *peine*.
rukun, m., *répugnance*.
spont, m., *épouvante*.
tristidigez, f., *tristesse*.
trubuill, m , *tribulation*.

AUTRES MOTS

dare da, *sur le point de*.
trist, *morne*.
izel, *humble, petit*.
poanius, *pénible*.

—

ankenian, | *chagriner*.
chifan, |

delc'hen war, *insister sur*.
distanan, *adoucir, rafraîchir*.
divroan, *exiler*.
kas e-kwit, *dissiper, faire disparaître*.
kaout keu da, *regretter*.
tennan, *retirer*.

Récapitulation.

VERSION

O kanañ e listaner an anken ; gwell eo eur zon evit hir-
vondo ha huanadenno. — Eur wreg a oa en kanv, dre ma oa
bet laret d'ei e oa maro he mab ; goude e oa bet laret d'ei e
oa c'hoaz beo ar mab-se ha iac'h mat : neuze e oa kreñvoc'h
he joa evit he glac'har ; mervel a reas ar vamm gêz. — Ar
poanio hag an trubuillo a zesk an den : ober a reont d'ean
gouzout ec'h eo divroet er bed-man ; neuze en em laka da
hirvoudi trezek an neñv ha da c'houlen gant Doue hen tennan eus an dristidigez. — Malloz, eme ar Spered Santel, da
neb na gar ket Jezus ! — Jezus an nevoa bepret bevet er
baourante hag en diouer a bep tra : grêt, o ma Jezus, ma
tigemerin gant pasianted oll boanio, trubuillo ha drougio
ar vue-man. — An den a dremen buhan eus ar glac'har d'ar
joaiusted. Dec'h e oa trist ha teñval hon dremm, hirie ec'h
omp bet dare da c'hoarzin, arc'hoaz e vefomp seder hag e vo
stad ennomp. Eur bugel a ouel hag a c'hoarz war eun dro. —
Eun den ha n'an neus ket bet aon da ober pec'hejo, na dle
ket kaout kertri d'o c'hovesaat.

THÈME

Au milieu des peines ne vous laissez pas aller au chagrin et à
la mélancolie. Dieu vous retirera bientôt de la tristesse et dissi-
pera l'inquiétude de votre esprit. — Heureux celui qui a dans son
cœur regret et douleur de ses péchés. — Je frissonne quand je
pense à la mort ; mais mon Sauveur a eu aussi, devant la croix,
peur, aversion et horreur : il me consolera. — Il faut passer par
la souffrance pour arriver au séjour de paix et d'allégresse. — Au
jour du jugement les pauvres et les petits seront pleins de confiance, les orgueilleux et les arrogants trembleront d'épouvante
et de crainte. — On ne peut pas vivre sans quelque croix : tout
homme aura quelque souffrance dans son corps, ou quelque
chagrin, quelque inquiétude dans son esprit. — La gaieté et la
tristesse, la joie et la douleur se succèdent dans la vie, comme
la pluie et le beau temps. — Rions et plaisantons : on ne peut
pas toujours être triste. — Ces gens sont en deuil de leur fils :
ils le regrettent beaucoup. — Je regrette beaucoup le couteau
que j'ai perdu, j'en ai grand besoin. — Si vous comparez ce que
vous avez avec ce que vous devez, vous vous trouverez dans la
plus grande indigence.

64. — Girio diwar bep tra, *universaux*.

abeg, m., *cause*.
ali, m., *avis, suggestion*.
aprouv, m., *épreuve*.
ardo, m. pl., *suggestions*.
beli, m., *domination*.
breinadur, m , *pourriture*.
choaz, m., *choix*.
dalc'h, m., *obstacle*.
dibab, m., *choix*.
digare, m., *prétexte, excuse*.
disparti, m., *séparation*.
divez, m., *fin*.
doare, m., *condition, manière*.
esa, m., *essai*.
fin, f., *fin*.
galloud, m., *puissance*.

giz, f., *coutume*.
hanvalidigez, f., *ressemblance*.
impli, m., *emploi*.
kemm, m , *différence*.
kiriek, m., *cause*.
kustum, m., **kustumans**, f., *coutume*.
namm, m., *tache, défaut*.
ober, m., *œuvre*.
skoill, m., *obstacle*.
skwer, m., *exemple*.
sort, f., *sorte*.
stad, m , *condition*.
stum, m., *tournure, manière*.
tra, m. pl. **treo**, f., *chose*.
tu, m , *moyen, occasion*.

AUTRES MOTS

balc'h, *orgueilleux*.
dinamm, *sans tache*.
mut, *muet*.

———

delc'hen mat, *résister*.
didamalli, *excuser*.
dilezel, *délaisser*.
diskoe, *montrer*.
distagan, *détacher, affranchir*.

dispartian, *séparer*.
esaat, *essayer*.
gwellaat, *améliorer, s'améliorer*.
kavout, *trouver*.
mallozi, *proférer des jurements*.
seblantout, *sembler*.

———

a feson, | *très bien (épithète)*.
a zoare, |

Récapitulation.

VERSION

Bue Jezus Krist ac'h ê skwer ar gristenien. — Neb na c'houl ket senti ouz Doue, a vevo dindan beli an diaoul. — Keu ho po divezatoc'h eus an impli fall a ret eus ho pue. — N'eus kemm ebet breman etre ar re vat hag ar re fall ; mes, da zivez ar bed, e vo laket disparti etreze ha roet da bep unan herve e obero. — Ar gwellan stum da brezeg d'ar re-all ac'h ê rei skwer vat d'eze. — N'eus hanvalidigez ebet etre spered al loened mut hag ine an den krouet diwar limaj an Otro Doue. — An digareo hag ar gevier a lar an nen evit en em didamalli a zo alies alies gwasoc'h evit ar pez a ve bet grêt. — N'ê ket mevelien eun otro a dleomp kontan, mes e obero mat. — Burzudo hon Zalver n'o doa ket digoret daoulagad e enebourien ; netra n'hello tenerât kalon eur pec'her aheurtet. — Bean zo kemm etre an amzer dremenet hag an amzer-man. Ne oa ket gwej-all kement a fallagriez er bed, ne vije ket komzet eus an treo spontus a glever hirie an de.

THÈME

Heureux celui qui meurt en état de grâce : mourir ainsi c'est trouver la véritable vie. — La paresse est la cause de toutes sortes de péchés. — Un homme vif et emporté est une espèce de fou. — Celui qui donne mauvais exemple aux enfants devrait être attaché à une meule de moulin, et jeté au fond de la mer. — La puissance de la sainte Vierge est aussi grande que sa bonté : beaucoup de malades ont été guéris par elle ; les autres ont éprouvé une amélioration. — Fermez vos oreilles aux suggestions du démon, ou bien vous ne pourrez pas vous délivrer de ses filets. Dieu semble vous abandonner pour faire l'épreuve de votre vertu. Priez, résistez et vous sortirez de cet état sans aucune tache. — En semant du trèfle avant l'hiver et en le retournant au printemps, vous améliorez votre terre : faites l'essai et vous verrez. — La vie de l'homme sera estimée d'après les bonnes œuvres. — On dit parfois en voyant deux ou trois vauriens ensemble : « Voilà le choix des pommes pourries. » — Ceux qui jurent doivent s'affranchir de leur mauvaise habitude.

OBSERVATIONS

SUR L'EMPLOI DU LEXIQUE BRETON-FRANÇAIS

1º A cause des mutations qu'éprouvent certaines consonnes initiales (*Gram.*, nº 26), le lexique breton-français ne présentera pas toujours les mots bretons sous la forme qu'ils ont dans le texte des versions : on les y trouvera à la place que leur assigne leur initiale fondamentale.

Ainsi tel mot du texte qui commence par *b* ne figurera dans le lexique que sous *p*. Dans l'expression **e benn**, par exemple, *benn* est une forme « muée » provenant de *penn* : c'est ce dernier mot que l'élève devra chercher.

Il n'oubliera donc pas que parfois, au commencement des mots,

b	provient d'un	*p*	fondamental ;
k	—	*g*	—
d	—	*t*	—
g	—	*k*	—
t	—	*d*	—
v	—	*b, m*	—
z	—	*d, t, z*	—

w, oa, oe, oue, oui — *gw, goa, goe, goue, goui.*

2º Les syllabes **di** et **daou**, au commencement d'un mot, annoncent quelquefois un duel (*Gram.*, nº 66) : il convient de se rappeler, en cherchant le nom singulier qui les suit, qu'elles provoquent l'affaiblissement. — Le mot **daouarn** est le duel de **dorn**.

3º L'abréviation *sg.* signifie *singulatif* (*Gram.*, nº 65).

LEXIQUE BRETON-FRANÇAIS

A

abad, *m.*, pl. **ed**, abbé.
abeg, *m.*, pl. **o**, motif.
abil, *adj.*, savant.
aboe, *prép.*, depuis.
abostol, *m.*, pl. **ebestel**, apôtre.
abret, *adv.*, tôt.
absolven, *f.*, pl. **nno**, absolution.
absolvi, *v. a.*, absoudre.
ac'hanon, *pron. régime*, nous.
achui, *v. a. et n.*, achever.
adarre, *adv.*, encore.
adori, *v. a.*, adorer.
adre, *adv.*, derrière.
ahel, *m.*, pl. **io**, essieu.
aheurtet, *adj.*, obstiné, aheurté.
aillon, haillon, *m.*, pl. **ed**, mauvais sujet.
ajoent, *m.*, pl. **ed**, adjoint.
aket, *m.*, application, soin.
aketus, *adj.*, soigneux.
akwit, *adj.*, dégourdi, adroit.
al, *art.*, devant *l*, le.
alan, *m.*, baleine.
alaouri, *v. a.*, dorer.
alc'hwe, *f.*, pl. **o**, clef.
alc'hwean, *v. a.*, fermer à clef.
alc'hweer, *m.*, pl. **ien**, serrurier.
aler, *f.*, pl. **io**, charrue.
ali, *f.*, pl. **io**, conseil, avis.
alies, *adv.*, souvent.
all, *adj.*, autre.
alumen uo, *f.*, pl. **nno**, omelette.
alumi, *v. a.*, allumer.

aluzen, *f.*, pl. **nno**, aumône.
am, *adj. poss.*, mon, ma, mes.
am, *pron. régime*, me.
amand, *m.*, amende.
amann, *m.*, beurre.
amblid (iaou), *m.*, jeudi-saint.
amenuzer, *m.*, pl. **ien**, menuisier.
amezeg, *m.*, pl. **zeien**, voisin.
ampl, *adj.*, large, plus que suffisant.
ampoezoni, *v. a.*, empoisonner.
amprest, *v. a. et n.* (rad.), emprunter.
amprevan, *m.*, pl. **ed**, insecte venimeux.
amzer, *f.*, pl. **io**, temps.
an, *art.*, le, la, les.
anaon, *m.*, les trépassés.
anaoudegez, *f.*, connaissance.
anaout, *v. a.*, connaître.
andon, *m.*, pl. **io**, source.
aneval, *m.*, pl. **ed**, animal.
anken, *f.*, pl. **io**, chagrin.
ankenian, *v. a.*, chagriner.
ankouaat, *v. a.*, oublier.
ankouaüs, *adj.*, oublieux.
Anna, *n. pr.*, Anne.
annez, *m. pl.*, meubles.
annouer, *f.*, pl. **rezed**, génisse.
anoued, *m.*, froid (qu'on éprouve).
ant, *m.*, pl. **cho**, sillon.
aon, *m.*, peur.
aonik, *adj.*, peureux.
aour, *m.*, or.

apotiker, *m.*, **pl. ien**, pharmacien.
aprouvi, *v. a.*, éprouver.
aprouv, *m.*, pl. o, épreuve.
ar, *art.*, le, la, les.
arc'hant, *m.*, argent.
arc'hêl, *m.*, **pl. ed**, archange.
arc'heskob, *m.*, pl. **kibien**, archevêque.
arc'hoaz, *adv.*, demain.
arem, *m.*, airain.
argoad, *m.*, intérieur des terres.
argouro, *m. pl.*, dot.
arme, *f.*, pl. **eio**, armée.
armel, *f.*, pl. **io**, armoire.
armo-boued, *m. pl.*, ustensiles de cuisine.
arnê, *m.*, orage.
arneüs, *adj.*, orageux.
arôk, *adv.* et *prép.*, devant, avant.
aroue, arouez, *m.*, refroidissement.
aroutet, *adj.*, adroit, expert.
arrebeuri, *m. pl.*, mobilier.
arrez, errez, *m.*, arrhes.
arruont, *v. n.*, arriver.
arsa, *int.*, eh bien !

arvar, *m.*, doute.
arvor, *m.*, pays qui longe la mer.
askel, *f.*, **pl. eskili**, aile.
askorn, *m.*, **pl. eskern**, os.
astel-kar, *m. pl.*, corps d'une charrette.
asten, *v. a.*, allonger.
astu, *m.*, vermine.
aval, *m.*, **pl. o**, pomme.
aven, *v. a.*, part. **aveet**, préparer, nettoyer.
avel, *f.*, **pl. io**, vent.
avenel, *m.*, **pl. ili**, haveneau.
avent, *m.*, avent.
aviel, *m.*, évangile.
avieler, *m.*, **pl. rien**, évangéliste.
avizet, *adj.* prudent.
avokad, *m.*, **pl. ed**, avocat.
avoue, *m.*, **pl. ed**, avoué.
avu, *m.*, foie.
awalc'h, *adv.*, assez.
az, *pron. régime*, te.
az, *adj. poss.*, ton, ta, tes.
aze, *adv.*, là.
azean, *v. n.*, s'asseoir.

B

babuen, *f.*, **pl. babu**, cerise.
babuen, *f.*, pl. **nno**, cerisier.
badaillat, *v. n.*, bâiller.
badeï, *v. a.*, baptiser.
badeiant, *f.*, pl. **cho**, baptême.
badinan, *v. n.*, badiner.
bag, *f.*, **pl. o**, bateau, barque.
bagad, *f.*, pl. **o**, batelée.
bagad, *m.*, pl. **o**, troupe.
bageer, *m.*, **pl. rien**, batelier.
baill, *adj.*, marqué d'une tache blanche au front ; **baill**, *m.*, cette tache.
balan, *m.*, genêt.

balbouzat, *v. n.*, bégayer, bredouiller.
balc'h, *adj.*, effronté.
balc'hder, *f.*, effronterie.
bale, *m.*, promenade.
bale, *v. n.* et *a.* (rad.), se promener, promener.
ballin, *f.*, pl. **o**, couverture en toile.
ballot, *f.*, pl. **o**, balle à jouer.
banden, *f.*, pl. **nno**, bande.
bann, *m.*, pl. **o**, rayon (de soleil).
bannac'h, *f.*, pl. **o**, goutte.
bannan, *v. a.* et *n.*, faire basculer une charrette, basculer.

banvez, *m.* pl. **io**, banquet.
bara, *m.*, pain.
barbotal, *v. a.* et *n.*, radoter, murmurer.
bardel, *f.*, pl. **llo**, barricade.
bariken, *f.*, pl. **nno**, barrique.
barikennad, *f.*, pl. **o**, plein une barrique.
barlen, *f.*, pl. **nno**, giron.
barn, *v. a.* (rad.), juger.
barner, *m.*, pl. **ien**, juge.
barr, *m.*, pl. **o**, branche.
barr, barrad, *m.*, pl. **o**, mouvement violent dans l'atmosphère.
barren, *f.*, pl. **nno**, barre.
baro, barv, *m.*, pl. **vo**, barbe.
barz, *m.*, pl. **ed**, poète, barde.
bas, *m.*, pl. **o**, bât, sellette.
bavetten, *f.*, pl. **nno**, bavette.
baz, *f.*, pl. **bizier**, bâton.
be, *m.*, pl. **beio**, tombe.
bean, *v.*, part. **bet**, être.
bec'h, *m.*, pl. **io**, charge.
bec'hian, *v. a.*, charger, oppresser.
bed, *m.*, monde.
beg, *m.*, pl. **o**, bec, bouche.
begad, *m.*, pl. **o**, bouchée.
begian, *v. n.*, bêler.
beilladeg, *f.*, **deier**, veillée.
beleg, *m.*, pl. **leien**, prêtre.
belegi, *v. a.*, ordonner prêtre.
beli, *f.*, pouvoir, autorité.
bemde, *adv.*, tous les jours.
bemnoz, *adv.*, toutes les nuits.
benan, menan, *v. a.*, tailler une pierre.
Benead, *n. pr.*, Benoît.
Benec'h, *n. pr.*, Belle-Isle-en-Terre.
bennak, *adj.*, quelque.
benveg, *m.*, pl. **vio**, outil.
beo, *adj.*, vivant.
beoen, beven, *f.*, pl. m. **beo, bev**, bouleau.
bep, *adj.*, chaque.

bepret, *adv.*, toujours.
ber, *m.*, pl. **io**, broche.
Berc'hed, *n. pr.*, Brigitte.
bered, *f.*, pl. **ejo**, cimetière.
berio, *m. pl.*, douleurs de côté.
bern, *m.*, pl. **io**, tas.
bernian, *v. a.*, entasser.
berr, *adj.*, court; **en berr**, bientôt.
Bertalame, *n. pr.*, Barthélemy.
bervaden, *f.*, pl. **nno**, petite lessive.
besel, *m.*, pl. **io**, vase (m.).
besken, *f.*, pl. **nno**, dé à coudre.
besteod, *adj.*, bredouilleur, bègue.
betek, *prép.*, jusqu'à.
betrabezen, *f.*, pl. **bez**, betterave.
beuan, *v. a.*, noyer.
beure, *m.*, pl. **eo**, matin.
beuz, *m.*, buis.
bevan, *v. n.*, vivre.
bevans, *m.*, nourriture.
bihan, *adj.*, petit.
bihanaat, *v. a.* et *n.*, amoindrir, diminuer.
billed bank, *m.*, pl. **jo**, billet de banque.
biniman, *v. a.*, envenimer.
binimus, *adj.*, venimeux.
biniou, *m.*, biniou.
birvi, *v. n.* et *a.*, part. **bervet**, bouillir.
birvidik, *adj.*, ardent.
birviken, *adv.*, jamais (à l'avenir).
biskoaz, *adv.*, jamais (dans le passé).
biskoul, *f.*, pl. **ed**, panaris.
bivin, *m.*, chair de bœuf.
biz, *m.*, pl. **bizied**, doigt.
bizo, *m.*, pl. **eier**, bague.
blâ, *m.*, pl. **blâio**, an, année.
blâvez, *m.*, pl. **io**, année.
blaz, *m.*, saveur.
blei, *m.*, pl. **bleidi**, loup.
blejal, *v. n.*, crier, beugler.
bleud, *m.*, farine.

blenian, *v. a.*, diriger, guider.

bleuñen, *f.*, pl. **bleuñio** et **bleuñ**, *m.*, fleur.

bleuñian, *v. n.*, fleurir.

bleven, bleoen, *f.*, pl. **nno** et **blev (bleo)**, cheveu.

blincho, *m. pl.*, brindilles.

bloneg, *m.*, graisse salée.

blonsan, *v. a.*, meurtrir.

blot, *adj.*, mou, meuble.

bloukan, *v. a.*, boucler.

boc'h, *m.*, pl. **ed**, bouc.

bodan, *v. a.*, grouper.

bodennek, *adj.*, touffu.

boest, *f.*, pl. **io**, boîte.

boestad, *f.*, pl. **o**, contenu d'une boîte.

boked, *m.*, pl. **o**, bouquet, fleur.

bolante, *f.*, volonté.

bolen, *f.*, pl. **nno**, bol.

bombard, *f.*, pl. **o**, bombarde, haut-bois.

born, *adj.*, borgne.

bosen, *f.*, peste.

botan, *v. n.*, voter.

botez, *f.*, pl. **boto** et **boteier**, sabot.

botinen, *f.*, pl **nno**, bottine.

botoaer, *m.*, pl. **ien**, sabotier.

bouchon-forn, *m.*, pl. **chonno**, écouvillon.

bouc'hal, *f.*, pl. **bouc'hili**, hache.

boudig, *f.*, pl. **ed**, sorcière, fée.

boued, *m.*, nourriture, appât.

boueden, *f.*, cœur ou moelle (des végétaux).

bouellad, *m.*, pl. **o**, plein un boisseau.

bouellen, *f.*, pl. **llo**, boyau.

boufonerez, *f.*, bouffonnerie.

boulanjer, *m.*, pl. **ien**, boulanger.

bour-boaz, *adj.*, mal cuit.

boulc'h, *m.*, pl. **o**, entamure.

bouled, *f.*, pl. **ejo**, boulet.

Boulvriag, *n. pr.*, Bourbriac.

bourd, *m.*, pl. **o**, plaisanterie, farce.

Bourdel, *n. pr.*, Bordeaux.

bourlen, *f.*, pl. **nno**, collier.

boutaill, *f.*, pl. **o**, bouteille.

boutaillad, *f.*, plein une bouteille.

boutan, *v. a.*, pousser.

bouzar, *adj.*, sourd.

brago, *m.*, pl. **geier**, culotte.

bransellat, *v. a.*, balancer.

bransigel, *f.*, pl. **llo**, balançoire.

brao, *adj.*, joli, beau

bras, *adj.* et *adv.*, grand, beaucoup.

brasaat, *v. a.* et *n.*, agrandir, croître.

brasder, *f.*, grandeur.

bravente, *f.*, beauté.

brec'h, *f.*, pl. **io**, bras.

brein, *adj.*, pourri.

breinadur, *m.*, pourriture.

Breiz, *n. pr. f.*, Bretagne.

Breizad, *m.*, pl. **Breiziz**, Breton.

breman, *adv.*, maintenant.

bremazonn, *adv.*, tout à l'heure.

brenn, *m.*, son (de farine).

bresken, *v. n.* (rad.), courir (en parlant des vaches).

Breton, *m.*, pl. **ed**, Breton ; *adj.*, breton.

breur, *m.*, pl. **breudeur**, frère.

breuz, *f.*, pl. **io**, peigne à filasse.

brezel, *m.*, pl. **io**, guerre.

brezeli, *v. n.*, faire la guerre.

brezeller, *m.*, pl. **ien**, guerrier.

brezoneg, *m.*, la langue bretonne.

Briad, *n. pr.*, Bréhat.

brid, *m.*, pl. **o**, bride.

briken, *f.*, pl. **nno**, pichet.

brinso, *m. pl.*, brindilles.

briz, *adj.*, tacheté.

bro, *f.*, pl **oio**, pays.

brochen, *f.*, pl. **nno**, aiguille à tricoter.

brodan, *v. n.*, broder.

broenn, *m.*, (sg. **en**, *f.*), jonc.
bronn, *f.*, pl. **o**, mamelle.
broust, *m.*, lierre (Goelo).
broustan, *v. a.*, brosser.
broz, *f.*, pl. **io**, jupe.
brud, *m.*, bruit.
brudet, *adj.*, renommé.
brug, *m.*, bruyère.
brutel, *f.*, pl. **llo**, blutoir.
bruzunen, *f.*, pl. m. **bruzun**, miette.

bue, *f.*, pl. **io**, vie.
buezegez, *f.*, manière de vivre.
bugel, *m.*, pl. **bugale**, enfant.
buhan, *adv.*, vite.
buoc'h, *f.*, pl. **ed**, pl. générique **saoud**, vache.
burlu, *m.* (sg en *f.*), digitale.
butun, *m.*, tabac.
butuni, *v. n.* fumer.
buzugen, *f.*, pl. m. **buzug**, vermisseau.

CH

chaden, *f.*, pl. **nno**, chaîne.
chadenni, *v. a.*, enchaîner.
châkat, *v. a. et n.*, mâcher.
chafod, *m.*, pl. **o**, échafaud, estrade.
chaloni, *m.*, pl. **ed**, chanoine.
Chandelour, *m.*, Chandeleur, fête de la Purification.
chanj, *v. a. et n.* (rad.), changer.
chans, *f.*, chance.
chapel, *f.*, pl. **io**, chapelle.
chare, *m.*, pl. **o**, charroi, charriage.
chareadeg, *f.*, pl. **deier**, charroi.
charter, *m.*, pl. **ien**, charretier.
chase, *m.*, chasse.

chaseal, *v. a. et n.*, chasser.
chatal, *m.*, bétail.
cheminal, *m.*, pl. **o**, cheminée.
cher, *m.*, bon accueil.
chif, *m.*, chagrin, colère.
chilaou, *v. a.* (rad.), écouter.
choaz, *v. a.* (rad.), choisir.
chom, *v. n.* (rad.), rester, demeurer.
chopin, *m.* pl. **o**, chopine.
chopinad, *m.*, contenu d'une chopine.
chouk, *m.*, le revers du cou.
chupen, *f.*, pl. **nno**, paletot.

C'H

c'hoant, *m.*, envie, désir.
c'hoantaden, *f.*, pl. **nno**, désir capricieux.
c'hoantaat, *v. a.*, désirer.
c'hoant-dibri, *m.*, appétit (désir de manger).
c'hoantegez, *f.*, pl. **io**, désir déréglé.
c'hoantek, *adj.*, désireux.
c'hoar, *f.*, pl. **rezed**, sœur.
c'hoari, *v. n.* (rad.), jouer.

c'hoariel, *m.*, pl. **llo**, jouet.
c'hoarz, *m.*, rire.
c'hoarzaden, *f.*, éclat de rire.
c'hoarzin, *v. n.*, rire.
c'hoaz, *adv.*, encore.
c'houez, *f.*, odeur.
c'houesa, *v. n. et a.*, sentir par l'odorat.
c'houirinat, *v. n.*, hennir.
c'hwean, *v. n.*, souffler.
c'hwek, *adj.*, doux, délicat.

c'hwennen, c'hwannen, *f.,* pl.
m. **c'hwenn,** puce.
c'hwero, *adj.,* amer.
c'hwevrer, *m.,* février.
c'hwezan, *v. n.,* suer.
c'hwezen, *f.,* **c'hwezour,** *m.,*
sueur.

c'hwez-tour, *adj.,* tout en sueur.
c'hwi, *pr. suj.,* vous.
c'hwil, *m.,* pl. **ed,** coléoptère, es-
carbot.
c'hwitel, *m.,* pl. **llo,** sifflet.
c'hwitelen, *f.,* pl. **nno,** sifflet.
c'hwitellat, *v. n.,* siffler.

D

da, *prép.,* à.
daero, *m. pl.,* larmes.
daladur, *f.,* pl. **io,** herminette.
dalc'h, *m.,* soutien, obstacle.
dalc'hmat, *adv.,* continuellement,
toujours.
dale, *m.,* délai, retard.
daleï, *v. n.,* tarder.
dall, *adj.,* aveugle.
dallente, dalledigez, *f.,* aveuglement.
damanti, *v. n.,* se plaindre.
danjerus, *adj.,* dangereux.
dans, *m.,* pl. **o,** danse.
dansal, *v. n.,* danser.
dant, *m.,* pl **dent,** dent.
dantan, *v. n.,* mordre.
dantellezet, *adj.,* dentelé.
danvad, *m.,* pl. **deñved,** mouton.
danve, *m.,* matière, richesses.
daoni, *v. a.,* damner.
daou, *adj. num.,* deux.
daoulin, *m.,* duel de **glin,** *f.,* genou.
daoulinan, *v. n.,* s'agenouiller.
daoust, *conj.,* à savoir, quoique, en
dépit de.
daouzek, *adj. num.,* douze.
dare, *adj.,* mûr, sur le point de.
dareï, *v. n.,* mûrir.
darempredi, *v. a.,* fréquenter.
darn, *f.,* pl. **o,** partie, portion.
darnijal, *v. n.,* voleter.

daroueden, *f.,* pl. m. **daroued,**
dartre.
dastum, *v. a.,* ramasser, cueillir.
davancher, *m.,* pl. **o,** tablier.
daved, *prép.,* vers (nom de personne).
de, *m.,* pl. **deio,** jour.
dec'h, *adv.,* hier.
degen, *f.,* pl. **nno,** dizaine.
deit, deuet, part. de **dont.**
dek, *adj. num.,* dix.
delc'hen, *v. a. et n.,* p. **dalc'het,**
tenir, soutenir, arrêter, tenir bon.
dele, *f.,* pl. **io,** vergue, antenne.
delien, *f.,* pl. **lio,** feuille.
dellid, *m.,* pl. **o,** mérite.
den, *m.,* pl. **tud,** homme.
denjentil, *m.,* pl. **tudchentil,**
gentilhomme.
deo, *adj.,* droit (opposé à gauche).
departamant, *m.,* pl. **cho,** département.
depute, *m.,* pl. **eed,** député.
dereat, *adj.,* convenable, poli.
dereout, *v. n.,* convenir.
dero (derv), *m.,* chêne, du chêne.
derven, *f.,* pl. **nno, dero,** un chêne.
despet, *m.,* dépit ; **en despet,**
'n nespet da, en dépit de.
dever, *m.,* pl. **io,** devoir.
devez, *m.,* pl. **zio,** journée.
devi, *v. a. et n.,* brûler.

devot, *adj.*, dévot.
devus, *adj.*, brûlant.
dezerter, *m.*, pl. **ien**, déserteur.
diabarz, *m.*, dedans, intérieur.
diadre, *m.*, derrière.
diaoul, *m.*, pl. **o, ed**, diable.
diarok, *m.*, devant.
diavez, *m.*, dehors, extérieur.
diavis, *adj.*, mal avisé, imprudent.
diazean, *v. a.*, fonder, établir.
dibab, *v. a.* (rad.), choisir.
dibenn, *adj.*, étourdi, distrait.
dibennan, *v. a.*, décapiter.
dibluan, *v. a.*, déplumer.
diboanian, *v. a.*, tirer de peine, soulager.
diboultran, *v. a.*, épousseter.
dibr, *m.*, pl. **o**, selle.
dibri, *v. a.*, part. **debret**, manger.
dichal, *m.*, reflux, pente pour l'eau.
dic'hrêt, *adj.*, indisposé.
dic'hrosan, *v. a.*, dégrossir.
dic'hreunian, *v. a.*, égrener.
didamalli, *v. a.*, disculper.
didrous, *adj.*, tranquille.
diduel, *f.*, pl. **llo**, amusement, récréation.
didui, *v. a.*, amuser, récréer.
dieg, *adj.*, paresseux.
diegi, *f.*, paresse.
dienez, *f.*, indigence, privation.
dieoni, *v. a.*, écumer.
diês, *adj.*, difficile.
dievez, *adj.*, étourdi, imprudent.
diêzamant, *m.* pl. **cho**, difficulté, désagrément.
difenn, *v. a.* (rad.), défendre.
difians, *f.*, défiance.
digabestr, *adj.*, libre.
digalon, *adj.*, lâche, sans cœur.
digant, *prép.*, d'avec.
digar, *adj.*, inhumain, cruel.
digare, *m.*, pl. **io**, excuse, prétexte.
digas, *v. a.* (rad.), apporter.

digemer, *v. a.* (rad.), accueillir, recevoir.
digempen, *adj.*, malpropre, en désordre.
digeri, *v. a.*, part. **digoret**, ouvrir.
digloran, *v. a.*, écosser.
digoll, *m.*, dédommagement.
digoll, *v. a.* (rad.), dédommager.
digompez, *adj.*, raboteux, non uni.
digonfort, *adj.*, désolé.
digor, *m.*, asile ; *adj.*, ouvert.
digwener, *m.*, vendredi.
dihun, *adj.*, éveillé.
dihuni, *v. a.* et *n.*, éveiller, s'éveiller.
dija, *adv.*, déjà.
dijeri, *v. a.* et *n.*, digérer.
dijilten, *adj.*, sans gilet.
dilezel, *v. a.*, part. **zet**, délaisser.
dillad, *pl. m.*, habits.
dilost, *adj.*, sans queue ; *s. m.*, fin, clôture.
dilostan, *v. a.*, écouer.
dilun, *m.*, lundi.
dimeï, *v. a.* et *n.*, marier, se marier ; fiancer, se fiancer.
dimerc'her, *m.*, mercredi.
dimeurz, *m.*, mardi.
dimezel, *f.*, pl. **lled**, demoiselle.
dindan, *prép.* et *adv.*, sous, dessous.
diner, *m.*, pl. **ed**, denier.
dinerz, *adj.*, sans force, faible.
dinoaz, *adj.*, incapable de nuire.
dioterez, *f.*, **diotaj**, *m.*, niaiserie.
diouer, *m.*, manque, privation.
dioustu, dustu, *adv.*, tout de suite.
diouz, *prép.*, de (de contre).
dir, *m.*, acier.
diren, *f.*, pl. **nno**, lame.
direzon, *adj.*, déraisonnable.
dirio, *m.*, jeudi.
diruillal, *v. n.*, dérouler.
disadorn, *m.*, samedi.
dishual, *adj.*, sans entraves, libre.

disi, *adj.*, sans défaut.
diskabel, *adj.*, nu-tête.
diskadurez, *f.*, instruction.
diskan, *m.*, refrain.
diskar, *v. a.* (rad.), abattre.
diskargan, *v. a.*, décharger, verser (un liquide).
disken, *v. n.*, part. ennet, descendre.
diski, *v. a.*, apprendre, enseigner.
diskred, *m.*, soupçon.
diskredi, *v. n.*, soupçonner, se défier.
disklerian, *v. a.*, déclarer.
disklosan, *v. a.*, arracher au tronc (une branche).
diskoulman, *v. a.*, dénouer.
diskorn, *m.*, dégel.
diskrabat, *v. n.*, gratter (en parlant des poules) ; se démener.
diskregi, *v. n.*, p. **diskroget**, démordre, lâcher prise.
diskuill, *v. a.* (rad.), dénoncer, révéler.
diskwiz, *adj.*, délassé.
diskwizan, *v. n. et a.*, se délasser, délasser
dislaret, *v. a.*, délire.
dislonkan, *v. n.*, vomir.
dismegans, *f.*, pl. o, affront, manque d'égards.
disneu, *adj.*, qui se présente mal.
disparti, *m.*, séparation.
dispartian, *v. a.*, séparer.
dispenn, *v. a.*, défaire, déchirer.
dispign, *m.*, pl. o, dépense.
displantan, *v. a.*, déplanter.
displegan, *v. a.*, déplier, expliquer.
displijus, *ad.*, déplaisant.
disprizan, *v. a.*, mépriser.
distag, *adj.*, détaché.
distagan, *v. a.*, détacher.
distanan, *v. a. et n.*, faire refroidir, froidir.

distennan, *v. a.*, détendre.
dister, *adj.*, de peu de valeur humble.
disto, *adj.*, sans toit.
distrei, *v. a. et n.*, détourner, revenir.
distrujan, *v. a.*, détruire.
disul, *m.*, dimanche.
divade, *adj.*, sans baptême, païen.
divalo, *adj.*, laid, abject.
diverkan, *v. a.*, démarquer.
divarran, *v. a.*, émonder.
diveran, *v. n.*, couler, suinter.
diverglan, **divelgan**, *v. a.*, dérouiller.
divergont, *adj.*, insolent.
divez, *adj.*, sans honte, éhonté.
divezat, *adj.*, qui est en retard, tardif.
divian, *v. a.*, fatiguer à l'excès.
divinerez, *f.*, l'art divinatoire.
divroan, *v. a.*, expatrier, dépayser.
diwall, *v. a. et n.* (rad.), garder, prendre garde.
diwan, *v. n.*, germer.
diwar, *prép.*, de dessus.
diouiek, *adj.*, ignorant.
diwrienni, *v. a.*, déraciner.
dizamman, *v. a.*, ôter la charge, décharger.
dizec'han, *v. a. et n.*, dessécher.
dizenti, *v. n.*, désobéir.
dizesper, *m.*, désespoir.
dizolo, *v. a.* (rad.), découvrir.
dizouc'han, *v. a.*, cesser le travail (m. à m. enlever le soc) ; aboutir.
dle, *m.*, dette.
dlead, *m.*, pl o, devoir, obligation.
dleout, *v. a. et n.*, devoir.
doare, *m.*, pl. o, manière, manières, nouvelles.
Dol, *n. pr.*, Dol.
don, *adj.*, profond.
donezon, *m.* pl. o, don, donation.
dont, *v. n.*, part. **deuet**, **deut**, venir.

dor, *f.,* pl. **dorojo, dorjo,** porte.
dorn, *m.,* duel **daouarn,** main ;
pl. **o,** anse, manche.
dornad, *m.,* pl. **o,** poignée.
dornan, *v. a.,* battre.
dosier, *m.,* dossière.
douar, *m.,* pl. **o,** terre.
douari, *v. n.,* débarquer.
doubl, *m.,* pl. **o,** plancher.
Doue, *m.,* Dieu ; pl. **doueo** ; *an*
Otro Doue, Dieu.
dougen, *v. a.,* porter.
doujan, *v. a.,* craindre, respecter.
dour, *m.,* pl. **io,** eau.
dous, *adj.,* doux.
dousaat, *v. a. et n.,* adoucir, s'a-
doucir.
douster, *f.,* douceur.
dramm, *f.,* pl. **o,** javelle.
dramman, *v. a. et n.,* mettre, rester en javelle.
dre, *prép.,* par.

dreist-oll, *loc. adv.,* par dessus
tout, surtout.
dremm, *f.,* vue, mine, visage.
dren, *m.,* pl. **drein,** épine.
dresan, *v.a.,* raccommoder, corriger.
drez, *m.* (sg. **en,** *f.*), ronce.
drezen chiminal, *f.,* pl. **enno,**
crémaillère.
droug, *m.,* mal, maladie.
drouk, *adj.,* méchant.
dru, *adj.,* gras, épais.
druillennek, *adj.,* vêtu de guenilles.
druillo, *m. pl.,* guenilles.
druoni, *m.,* graisse liquide.
du, *adj.,* noir.
duaat, *v. n.,* devenir noir.
duan, *v. a.,* rendre noir.
dudi, *m.,* plaisir, charme.
dudius, *adj.,* agréable.
du-man, *loc. adv.,* chez moi, chez
nous.

E

e, *adj. poss.,* son (à lui) ; *conj.,* que ;
particule verbale ; *prép.,* dans.
ebarz, *prép.,* dans l'intérieur de.
ebat, *m.,* pl. **o,** ébat.
eben, *pron. f.,* l'autre.
ebeul, *m.,* pl. **ien,** poulain.
ebrel, *m.,* avril.
ed, *m.,* pl. **o** (sg. **en,** *f.*), blé.
egile, *pron. m.,* l'autre.
eil, *adj.,* le second.
ejen, *m.,* pl. **ed,** bœuf.
êl, *m.,* pl. **êle, êled,** ange.
elec'h, *prép.,* au lieu de.
elestr, *m.* (sg. **en,** *f.*), glaïeul.
elvezen, *m.,* ravenelle.
em, *adj.,* dans mon, ma, mes.
embann, *m.,* pl. **o,** publication,
ban.

embann, *v. a.* (rad.), publier.
emberr, *adv.,* bientôt.
eme, *v. défectif,* dit ; **eme-an,**
dit-il.
emez, *adv. et prép.,* dehors, hors de.
emgann, *m.,* pl. **o,** combat.
empren, *f.,* pl. **nno,** rais de roue.
emzivad, *f.,* pl. **ed,** orphelin.
en, *prép.,* dans.
endramm, *v. a.* (rad.), engerber.
endro, *adv.,* de retour, autour.
enebour, *m.,* pl. **ien,** ennemi.
enez, *f.,* pl. **enezi** ; **enezen,** pl.
nno, île.
enklask, *m.,* recherche, enquête.
enkrez, *m.,* affliction, angoisse.
enor, *m.,* pl. **io,** honneur.
enori, *v. a.,* honorer.

envor, *m.*, mémoire.
eoni, *v. n.*, écumer.
eor, *m.*, pl. **io**, ancre.
eoul, *m.*, huile.
epad, *prép.*, pendant, durant.
êr, *m.*, air.
erc'h, *m.*, neige.
ere, *m.*, pl. **eo**, lieu.
erean, *v. a.*, lier.
errez, *m.*, arrhes.
ero, **erv**, *f.*, pl. **irvi**, sillon.
ervat, *adv.*, bien.
Erwan, *n. pr.*, Yves.
esa, *v. a. et n.*, essayer.
êsaat, **êzetaat**, *v. n.*, devenir plus commode, se porter mieux.
eskemm, *m.*, échange.
eskob, *m.*, pl. **eskibien**, évêque.
eskopti, *m.*, pl. **o**, évêché.
esperans, *f.*, espérance.
espern, *v. a.* (rad.), épargner.
est, *m.*, pl. **o**, août ; moisson, récolte.
estaj, *m.*, pl. **o**, étage.
estan, *v. n. et a.*, récolter.
estlamm, *m.*, étonnement.
eta, *conj.*, donc.

etrezek, *prép.*, vers.
eün, *adj.*, droit.
eünan, *v. a.*, rendre droit, diriger.
eünder, *f.*, droiture.
eur, *art.*, un.
eured, *m., f.*, noce.
euz, heuz, *m.*, horreur.
euzus, *adj.*, horrible.
evaj, *m.*, pl. **o**, boisson.
evan, *v. a. et n.*, boire.
evel, *conj.*, comme.
even, *m.*, juin.
evesâat, *v. n. et a.*, prendre garde, garder.
evez, *m.*, attention, vigilance.
eveziek, evesiek, *adj.*, attentif.
evit, *prép.*, pour.
evn, *m.*, pl. **ed**, oiseau.
evoul, *m.*, huile.
evor, *m.*, bourdaine.
evurus, *adj.*, heureux.
evurusted, *m.*, bonheur.
êz, *m.*, aise.
êzamant, *m.*, aise.
ezel, *m.*, pl. **izili**, membre.
êzet, *adj.*, facile.
ezom, *m.*, pl. **o**, besoin.

F

fachan, *v. a. et n.*, fâcher, se fâcher.
falc'h, *f.*, pl. **felc'hier**, faux.
falc'hat, *v. a. et n.*, faucher.
falc'her, *m.*, pl. **ien**, faucheur.
fall, *adj.*, mauvais.
fallagriez, *f.*, méchanceté.
fallout, *v. unip.*, falloir.
fals, *adj.*, faux.
falz, *f.*, pl. **felzier**, faux.
Fanch, *n. pr.* (fam.), François.
Fanchon, *n. pr.* (fam.), Françoise.
fank, *m.*, boue.
fankigel, *f.*, pl. **llo**, bourbier.

Fant, *n. pr.* Françoise.
fantazi, *m.*, fantaisie, imagination.
faout, *m.*, pl. **o**, fente.
faoutan, *v. a. et n.*, fendre, se fendre.
fars, *m.*, far, pâte de froment.
fav, *m.* (sg. **en**, *f.*), fève.
fe, *f.*, foi.
feson, *f.*, pl. **io**, façon, manière ; a feson, très bien.
fest, *m.*, pl. **o**, festin, réjouissance.
feuillen, *f.*, pl. **nno**, feuille.
feunteun, fantan, *f.*, pl. **io**, fontaine.

feusken, *f.*, pl. nno et kad, *m.*, fagot, gerbe.
fiout, *v. n.*, se fier.
fians, *f.*, confiance.
figezen, *f.*, pl. gez, figue.
figezen, *f.*, pl. nno, gez, figuier.
fillor, *m.*, pl. ed, filleul.
fin, *adj.*, fin.
finich, *m.* (sg. en, *f.*), faîne.
finval, *v. a.* et *n.*, remuer, bouger.
flastran, *v. a.*, écraser.
flemm, *m.*, pl. o, aiguillon.
flemman, *v. a.*, piquer.
flour, *adj.*, doux, moëlleux.
foar, *f.*, pl. io, foire.
fôen, *f.*, pl. fô, *m.*, hêtre.
foenn, *m.*, foin.
fouett, *m.*, pl. o, fouet.
fouettan, *v. a.*, fouetter.
follente, *f.*, folie.
fonnus, *adj.*, abondant, fertile ; *adv.*, vite.
fons, *m.*, fond.
forbani, *v. a.*, bannir.
forc'h, *f.*, pl. ferc'hier, fourche.
forn, *f.*, pl. io, four.
forniad, *f.*, pl. o, fournée.
fornier, *m.*, pl. ien, fournier.
fors, *m.*, cas, estime ; n'eus fors, il n'importe.

fouge, *m.*, ostentation, vanité.
Frans, *n. pr.*, la France.
Fransez, *n. pr.*, François.
Franseza, *n. pr.*, Françoise.
frazen, *f.*, pl. nno, fraise de veau.
fregan, *v. a.*, déchirer.
frejo, *m. pl.*, frais, dépenses.
fresk, *adj.*, frais.
freuzen, *m.*, pl. freuz, fruit.
frêz, *adj.*, clair, distinct (en parlant de la voix).
fri, *m.*, pl. io, nez.
frikan, *v. a.*, écraser.
friko, *m.*, pl. oio, festin.
frim, *m.*, verglas.
frizet, *part.*, frisé.
fron, *f.*, duel difron, narine.
frottan, *v. a.*, frotter.
froudennus, *adj.*, fantasque.
fubuen, *f.*, pl. bu, *m.*, moucheron.
fuloret, *adj.*, courroucé, en fureur.
fumet, *adj.*, courroucé.
fun, *f.*, pl. io, longue corde.
fur, *adj.*, sage.
furchal, *v. n.* et *a.*, fureter, fouiller.
fured, *m.*, pl. ed, furet.
furnez, *f.*, sagesse.
fuzuill, *f.*, pl. o, fusil.

G

gad, *f.*, pl. gedon, lièvre.
Gaid, *n. pr.* (fam.), Marguerite.
gaillan, *v. a.*, railler.
galeo, *m. pl.*, galères.
Gall, *m.*, pl. Galloed, Gallo, Français.
galleg, *m.*, la langue française.
galloud, *m.*, pl. o, pouvoir.
galloudek, *adj.*, puissant.
gallout, *v. n.*, part. gallet, gellet, pouvoir.

gamachen, *f.*, pl. nno, guêtre.
gant, *prép.*, avec.
gaou, *m.*, pl. gevier, mensonge.
gar, *f.*, duel diouhar, jambe.
gard, *m.*, garde.
garmet, *v. n.*, crier en pleurant.
garz, *f.*, pl. girzier, haie.
gavr, *f.*, pl. gevr, chèvre.
geno, *m.*, pl. oio, bouche.
genver, ienver, *m.*, janvier.
gevel, *adj.* et *s.*, pl. lled, jumeau.

gevel, *f.*, pl. **llo**, grosses tenailles.
ginidigez, *f.*, naissance.
gir, *m.*, pl. **io**, mot.
giriadur, *m.*, pl. **io**, dictionnaire.
giz, *f.*, pl. **io**, coutume.
glac'har, *m.*, chagrin, douleur.
glac'hari, *v. a.*, chagriner.
glan, *adj.*, pur, saint.
glân, *m.*, laine.
glanded, *m.*, pureté de cœur.
glao, glav, *m.*, pl. **glaveier**, pluie.
glaou, *m.* (sg. **en**, *f.*), charbon, braise, tison.
glaouaer, *m.*, pl. **ien**, charbonnier.
glas, *adj.*, vert, bleu, gris (des chevaux).
glazard, *m.*, pl. **ed**, lézard.
glazen, *f.*, pl. **nno**, pelouse.
gle, *m.*, dette.
gleb, *adj.*, mouillé.
gleout, dleout, *v. a.*, devoir.
glesker, *m.*, pl. **ed**, grenouille.
glin, *m.*, duel **daoulin**, genou.
gliz, *m.* (sg. **en**, *f.*), rosée.
gloar, *m.*, gloire.
glorius, *adj.*, fier, vaniteux.
go, *m.*, pl. **goëd**, taupe.
goalen, *f.*, pl. **nno**, bague, baguette, aune.
goapaat, *v. a.*, se moquer de.
goas, *m.*, pl. **ed** et **goersed**, homme, garçon, mari.
godel, *f.*, pl. **llo**, poche.
goell, *m.*, levain, ferment.
goeled, *m.*, fond.
Goelo, *n. pr.*, le pays de Goelo.
goï, *v. n.*, fermenter.
golc'had, *f.*, pl. **ajo**, couette.
golo, *v. a.* (rad.), couvrir.
goloen, *f.*, pl. **nno**, couverture, couvercle.
gonid, *m.*, pl. **o**, gain.
gonit, *v. a.* et *n.*, part. **goneet**, gagner.

gobr, *m.*, pl. **o**, gages, appointement.
gopra, *v. a.* (rad.), gager.
gor, *m.*, pl. **o**, abcès, clou.
gori, *v. a.* et *n.*, chauffer (un four), couver ; s'ulcérer.
gortoz, *v. a.* et *n.* (rad.), attendre.
gouad, *f.*, pl. **ajo**, crise, mouvement subit (physique ou moral).
gouanv, *m.*, hiver.
gouarn, *v. a.* (rad.), gouverner.
gouarnamant, *m.*, gouvernement.
gouarner, *m.*, pl. **ien**, gouverneur.
goude, *adv.* et *prép.*, après.
goue, *adj.*, sauvage.
gouel, *m.*, pl. **io**, fête
gouel, *f.*, pl. **io**, voile.
gouelan, *v. n.*, pleurer.
goueren, goulen, *m.*, juillet.
goug, *m.*, pl. **o**, cou.
gouiek, *adj.*, savant.
gouiziegez, *f.*, science.
goulaouen, *f.*, pl. **goulou, golo**, chandelle.
goulen, *v. a.*, part. **goulet, goulennet**, demander.
gouli, *m.*, pl. **o**, blessure, plaie.
goulien, *f.*, pl. **nno**, lisière d'un champ.
goullou, *adj.*, vide.
gourc'hemen, *m.*, pl. **nno**, commandement, compliment.
gourdrouz, *v. n.* et *a.*, quereller, menacer, réprimander.
goured, *m.*, pl. **o**, brasse.
gouren, *v. n.* (rad.), lutter.
gouriz, *m.*, pl. **o**, ceinture.
gouspero, *m. pl.*, vêpres.
goustadik, *adv.*, doucement.
gouzel, *m.*, litière.
gouzout, gout, *v. a.* et *n.*, irrég. ; part. très usité **gouveet**, savoir.
govel, gofel, *f.*, forge.
grad, *m.*, gré, agrément.

gragal, *v. n.*, caqueter.
gras, *f.*, pl. o, grâce.
greunen, *f.*, pl. **greun**, *m.*, grain.
grognal, *v. n.*, grogner.
gronch, *m.*, pl. o, menton.
grougousat, *v. n.*, roucouler.
gwa, *f.*, pl. aï, oie.
gwad, *m.*, sang.
gwadan, *v. a.* et *n.*, saigner.
gwadegen, *f.*, pl. nno, boudin.
gwagen, *f.*, pl. nno, vague, flot.
gwak *adj.*, mou.
gwalc'h, *m.*, satiété.
gwalc'hi, *v. a.*, laver.
gwall, *adj.* et *adv.*, mauvais, très.
gwalldech, *m.*, pl. o, mauvais penchant, défaut.
gwan, *adj.*, faible.
gwanidigez, *f.*, faiblesse.
gwapaat, *v. a.*, se moquer de, railler.
gwareg, *f.*, arc ; **gwareg-glao**, arc-en-ciel.
gwaz, *adj.* et *adv.*, pire, pis.
gwaskan, *v. a.*, presser, opprimer, oppresser.
gwasken, *f.*, toux.
gwastan, *v. a.*, ravager.
gwastel, *m.*, pl. llo, gâteau.
gwazien, *f.*, pl. zio, veine.
gween, *f.*, pl. nno et gwe, *m.*, arbre.
gwej, *f.*, pl. o, fois.
gweladen, *f.*, pl. nno, visite.
gwele, *m.*, pl. o, lit.
gwelec'h, *m.*, désert.
gweled, *m.*, vue.
gwelet, *v. a.*, voir.
gwell, *adj.* et *adv.*, meilleur, mieux.
gwellaat, *v. a.* et *n.*, rendre, devenir meilleur.
gwenanen, *f.*, pl. nno et gwenan, *m.*, abeille.
gwener, *m.*, vendredi.

Gwened, *n. pr.*, Vannes.
Gwengamp, *n. pr.*, Guingamp.
gwenili, *m.* (sg. en, *f.*), hirondelle.
gwenn, *adj.*, blanc.
gwenngolo, *m.*, septembre.
gwenneg, *m.*, pl. neien, sou.
gwennerez, *f.*, pl. ed, blanchisseuse.
gwentan, *v. a.*, vanner.
gwentr, *m.*, pl. o, douleur violente.
gwerc'h, *adj.*, vierge, pur.
gwerc'hted, *f.*, virginité.
gwerc'hez, *f.*, pl. ed, vierge.
gweren, *f.*, pl. nno et gwer, *m.*, verre.
gwerennad, *f.*, pl. o, contenu d'un verre.
gwern, *f.*, pl. io, mât.
gwernen, *f.*, pl. nno et gwern, *m.*, aulne.
gwerz, *f.*, pl. io, poème.
gwerz, *f.*, pl. io, vente.
gwerzan, *v. a.*, vendre.
gwerzid, *f.*, pl. idi, fuseau pour filer.
gwespeden, *f.*, pl. nno et gwesped, *m.*, guêpe.
gwestl, *m.*, pl. o, vœu.
gwestlan, *v. a.*, vouer.
gwetur, *f.*, pl. io, voiture.
gwevod, *m.* (sg. en, *f.*), chèvrefeuille.
gwiaden, *f.*, pl. nno, tresse plate de fil, toile.
gwiader, *m.*, pl. ien, tisserand.
gwiad-kevnid, *m.*, toile d'araignée.
gwiber, *m.*, pl. ed, écureuil.
gwigourat, *v. n.*, crier (en parlant d'un essieu, d'une porte, etc.).
Gwill, *n. pr.*, Guillaume.
gwin, *m.*, vin.
gwin-ardant, *m.*, eau-de-vie.
gwinegr, *m.*, vinaigre.

gwinien, *f.*, pl. **ni**, *m.*, vigne.
gwinieg, *f.*, vignoble.
gwiniz, *m.* (sg. **en**, *f.*), froment.
gwinojen, *f.*, pl. **nno**, sentier.
gwipad, *m.*, petit lait.
gwir, *adj.*, vrai ; *s. m.*, droit.
gwirione, *f.*, pl. **o**, vérité.
gwiskamant, *m.*, pl. **cho**, vêtement.

gwiskan, *v. a.*, vêtir.
gwiz, *f.*, pl. **gwizi**, truie.
gwrac'h, *f.*, pl. **ed**, sorcière, vieille femme.
gwreg, *f.*, pl. **gwrage**, femme.
gwregonen, *f.*, pl. **nno** et **gwregon**, *m.*, prune sauvage.
gwriat, *v. a.* et *n.*, coudre.
gwrien, *f.*, pl. **gwrio**, racine.

H

ha, *conj.*, et.
habil, *adv.*, savant.
habit, *m.*, pl. **cho**, habit.
had, *m.*, pl. **o** (sg. **en**, *f.*), semence.
hadan, *v. a.*, semer.
hadneveaat, *v. a.*, renouveler.
hadveren, *f.*, pl. **io**, goûter.
haillon, *m.*, pl. **ed**, mauvais sujet.
halegen, *f.*, pl. **haleg**, *m.*, saule.
hano, *m.*, pl. **oio**, nom.
hanter, *adj.* et *adv.*, demi, à demi.
hantiz, *m.*, fréquentation.
hanv, *m.*, pl. **io**, été.
hanvalidigez, *f.*, ressemblance.
hanvout, *v. a.*, nommer.
hardiegez, *f.*, hardiesse.
harikoen, *f.*, pl. **hariko**, *m.*, haricot.
harnez, *f.*, pl. **io**, harnais, attelage.
harz, *m.*, pl. **o**, empêchement.
harzal, *v. n.*, aboyer.
harzet, part. de **herzel**.
hastan, *v. n.*, se hâter.
he, *adj.*, son, sa, ses (à elle) ; — *pron.*, la.
hed, *m.*, longueur.
hegan, *v. a.*, tracasser, agacer.
hegarat, *adj.*, affable.
hei, *m.* (sg. **en**, *f.*), orge.
heiez, *f.*, pl. **ed**, biche.
hejal, *v. a.*, secouer.

helibini, **heligentan**, *adv.*, à qui mieux mieux.
heñ, *pron.*, il.
hen, *pron.*, le.
hent, *m.*, pl. **cho**, chemin.
henvoas, *adv.*, cette nuit.
heol, *m.*, soleil.
hep, *prép.*, sans.
hepken, *adv.*, seulement.
here, *m.*, octobre, semailles.
hernaj, *m.*, serrure.
herr, *m.*, rapidité.
Herri, *n. pr.*, Henri.
herve, *prép.*, selon.
herzel, *v. n.* et *a.*, p. **harzet**, s'opposer à, empêcher.
hesken, *f.*, pl. **nno**, scie.
heskennat, *v. a.*, scier.
heskinan, *v. a.*, agacer.
heug, *m.*, dégoût, répugnance.
heugus, *adj.*, répugnant.
heuill, *v. a.* (rad.), suivre.
heurvez, *f.*, pl. **io**, durée d'une heure.
heuz, **euz**, *m.*, horreur.
heuzen, *f*, pl. **zo**, guêtre.
hi, *pron.*, elle.
higen, *f.*, pl. **nno**, hameçon.
hir, *adj.*, long.
hiraat, *v. a.* et *n.*, rendre et devenir long.

hirie, *adv.*, aujourd'hui.
hirvoud, *m.*, pl. **o**, soupir.
hirvoudi, *v. n.*, soupirer.
hiviz, *f.*, pl. **o**, chemise de femme.
ho, *adj.*, votre, vos ; *pron. rég.*, vous.
hôlen, *m.*, sel.
hôlenner, *m.*, pl. **ien**, saunier.
hon, *adj.*, notre, nos ; *pron. rég.*, nous
honestiz, *f.*, honnêteté, bienséance.
horloj, *m.*, pl. **o**, horloge.
horlojer, *m.*, pl. **ien**, horloger.
horz, *f.*, pl. **o**, masse en bois.
hospital, *m.*, pl. **io**, hôpital.
hosteleri, *f.*, pl. **o**, hôtellerie, auberge.
hosti, *m.*, pl. **o**, hostie.
hostiz, *m.*, pl. **ien**, hôtelier, aubergiste.

houad, *m.*, pl. **houidi**, canard.
houarn, *m.*, pl. **hern**, fer.
houarnan, *v. a.*, ferrer.
houc'h, *m.*, pl. **ed**, verrat.
huanaden, *f.*, pl. **nno**, soupir, aspiration.
huanadi, *v. n.*, soupir, gémir.
huchal, *v. n.*, crier pour appeler.
hucher, *m.*, pl. **ien**, huissier.
hudurnez, *f.*, obscénité.
huel, *m.*, suie.
huelvar, *m.*, gui.
hugunod, *m.*, pl. **ed**, protestant, hérétique.
hun, *m.*, sommeil.
hurus, *m.*, frisson.
hurusal, *v. n.*, frissonner.

I

i, *pron.*, ils.
iac'h, *adj.*, bien portant.
iac'hus, *adj.*, sain.
ialc'h, *f.*, pl. **o**, bourse.
Ian, *n. pr.*, Jean.
iaou, *m.*, jeudi.
iaouank, *adj.*, jeune.
iaouankiz, *f.*, jeunesse.
iar, *f.*, pl. **ier**, poule.
ien, *adj.*, froid.
ienien, *f.*, froid, froidure.
ienn, *m.*, pl. **o**, coin (à enfoncer).
ieo, *m.*, joug.
ieoten, *f.*, pl. **nno** et **ieot**, *m.*, herbe.
ifern, *m.*, pl. **io**, enfer.
ilieo, *m.*, lierre.
ilin, *m.*, pl. **o**, coude.
iliz, *f.*, pl. **o**, église.
imboud, *m.*, pl. **o**, greffe.
imboudi, *v. a.* et *n.*, greffer.
impli, *m.*, emploi.

implian, *v. a.*, employer.
inderv, *m.*, pl. **io**, après-midi.
ine, *m.*, pl. **o**, âme.
insulti, *v. a.*, insulter.
int, *pron.*, ils.
intanv, *m.*, pl. **ien**, veuf.
intanour, *m.*, pl. **io**, entonnoir.
interest, *m.*, intérêt.
ingaill, *m.*, répartition (des impôts).
invantour, *m.*, pl. **io**, inventaire.
iod, *m.*, bouillie.
iontr, *m.*, pl. **ed**, oncle.
ioul, *f.*, volonté, désir.
iourc'h, *m.*, pl. **ed**, chevreuil.
irvinen, *f.*, pl. **nno** et **irvin**, *m.*, navet.
istim, *m.*, estime.
istiman, *v. a.*, estimer.
istren, *f.*, pl. **nno** et **istr**, *m.*, huître.
itron, *f.*, pl. **nezed**, dame.
itu, *m.*, blé-noir.

iudal, *v. n.*, hurler.
iun, *m.*, pl. **io**, jeûne.
ive, *conj.*, aussi.
ivin, *m.*, pl. **o**, ongle.

ivinen, *f.*, pl. **nno** et **ivin**, *m.*, if.
Ivonan, *n. pr.*, Yvonne.
Izabel, *n. pr.*, Isabelle.
izel, *adj.*, bas.

J

jachan, *v. a.*, tirer à soi.
jandarm, *m.*, pl. **ed**, gendarme.
Jann, *n. pr.*, Jeanne.
javed, *m.*, pl. **o**, mâchoire (peu usité) ; mieux, **karven**.
jeneral, *m.*, pl. **ed**, général.
Jenovefa, *n. pr.*, Geneviève.
jesuit, *m.*, pl. **ed**, jésuite.
Jezus-Krist, *n. pr.*, Jésus-Christ.
Jil, Jilez, *n. pr.*, Gilles.
jilten, *f.*, pl. **no**, gilet.

jistr, *m.*, cidre.
joa, *m.*, pl. **aio**, joie.
joaiusted, *f.*, joie, bonheur.
jobarben, *f.*, pl. **nno**, joubarbe.
jobelinen, *f.*, pl. **nno**, béguin.
jod, *m.*, pl. **o**, joue.
Jozef, Jozeb, Job (fam.), *n. pr.*, Joseph.
jujamant, *m.*, pl. **cho**, jugement.
juri, *m.*, jury.
justis, *f.*, justice.

K

kabiten, *m.*, pl. **enned**, capitaine.
kabusin, *m.*, pl. **ned**, capucin.
kador, *f.*, pl. **io**, chaise ; **kador-vrec'hek**, fauteuil ; **kador-brezeg**, chaire.
kaer, *adj.*, beau.
kaerel, *f.*, pl. **ed**, belette.
kafe, *m.*, café.
kaillar, *m.*, crotte, boue.
kalet, *adj.*, dur.
kaletaat, *v. a.* et *n.*, rendre et devenir dur.
kalon, *f.*, pl. **o**, cœur.
kalonekaat, *v. a.* et *n.*, rendre et devenir courageux.
kalve, *m.*, pl. **kilvien**, charpentier.
kalz, *adv.*, beaucoup.
kamarad, *m.*, pl. **ed**, camarade.
kambr, *f.*, pl. **bcho**, chambre.
kammad-kar, *f.*, pl. **ajo**, jante de roue.

kamman, *v. a.* et *n.*, courber, boîter.
kammez, *f.*, pl. **ed**, boîteuse.
kan, *m.*, chant.
kanan, *v. a.* et *n.*, chanter.
kaner, *m.*, pl. **erien**, chanteur.
kann, *f.*, pl. **o**, combat, bataille.
kannab, *m.*, chanvre.
kannabeg, *f.*, chenevière.
kannerez, *f.*, pl. **ed**, lavandière.
kanon, *m.*, pl. **io**, canon.
kant, *adj.*, cent ; *subst. m.*, pl. **cho**, cent, cercle de crible.
kantik, *m.*, pl **o**, cantique.
kanton, *m.*, pl. **io**, canton.
kantoul, *f.*, pl. **io**, chandelle.
kantoulour, *m.*, pl. **io**, chandelier.
kantved, *m.*, pl. **ejo**, siècle.
kanv, kanvo, *m.*, deuil.
kanval, *m.*, pl. **ed**, chameau.
kao, kav, *f.*, pl. **io**, cave.

kaouen, *f.*, pl. **nned**, hibou

Kaouenneg, *n. pr.*, Caouennec.

kaouled, *m.*, caillebotte.

kapot, *m.*, pl. **o**, capuchon de deuil.

kar, *m.*, pl. **kiri**, charrette ; **karnean**, rouet à filer.

kar, *adj.*, apparenté ; *subs. pl.*, **kerent**, parents (parentage).

karante, *f.*, pl. **eio**, amour, affection, charité.

karanteüs, *adj.*, affectueux.

karg, *f.*, pl. **o**, charge.

kargan, *v. a.*, charger.

karlosken, *f.*, pl. **ked**, *m.*, perce-oreille.

karotezen, *f.*, pl. **nno** et **karotez** *m.*, carotte.

karout, *v. a.*, aimer.

kart, *m.*, quart.

karten, *f.*, pl. **to**, carte (à jouer).

karten, *f.*, pl. **nno**, carte (géographique).

karter, *m.*, pl. **io**, quartier.

karti, *m.*, pl. **io**, hangar, abri pour charrettes.

kartouron, *m.*, quarteron, 100 gr.

karreg, *f.*, pl. **kerreg**, rocher, écueil.

karreï, *v. a.*, équarrir.

karigel, *f.*, pl. **llo**, brouette.

karv, karo, *m.*, pl. **kirvi**, cerf.

karven, *f.*, pl. **nno**, mâchoire.

kas, *v. a.* (rad.), envoyer, porter.

kastel, *m.*, pl. **kestel**, château.

Kastellin, *n. pr.*, Châteaulin.

Kastel-Pôl, *n. pr.*, Saint-Pol-de-Léon.

kastian, *v. a.*, châtier.

kastillezen, *f.*, pl. **llez**, *m.*, groseille à grappes.

katekizan, *v. a.*, catéchiser.

katekizer, *m.*, pl. **ien**, catéchiste.

kavel, *m.*, pl. **llo**, berceau, nasse, casier.

kavout, kaout, kât, *v. a.*, trouver ; à l'infin. : avoir.

kawed, *f.*, pl. **ejo**, cage.

kaz, *m.*, pl. **kizier**, chat.

kaz, *m.*, kasoni, *f.*, haine.

kazeg, *f.*, pl. **kezegenned**, jument ; pl. **kezeg**, *m.*, chevaux ; **kazeg-vezeven**, chevaux de bois.

kazi, *adv.*, presque.

kazus, kasaüs, *adj.*, haïssable.

kê, *m.*, haie ; **d'am chê**, vers moi.

kef, *m.*, pl. **kefio**, tronc.

kegin, *f.*, pl. **o**, cuisine.

keginer, *m.*, pl. **ien**, cuisinier.

kein, *m.*, pl. **o**, dos.

keit, *adv.*, aussi longtemps, aussi loin ; — **ha me**, que moi.

kelaouen, *f.*, pl. **nno**, *m.*, sangsue.

kelc'h, *m.*, pl. **io**, cercle.

kelen, *v. a.* (rad.), instruire.

keler, *m.*, (sg. **en**, *f.*), gernotte, terre-noix, cacaouette.

kelo, *m.*, pl. **keleier**, nouvelle.

kelorn, *f.*, pl **io**, seau.

kemener, *m.*, pl. **ien**, tailleur.

kement, *adv.*, tant, tellement ; **kement all**, autant.

kemm, *m.*, différence.

kempen, *adj.*, propre.

kempen, *v. a.* (rad.), arranger, embellir.

kemer, *v. a.* (rad.), prendre ; **en em gemer ouz**, s'en prendre à.

kempenadurez, *f.*, propreté, élégance.

Kemper, *n. pr.*, Quimper.

ken, *adv.*, si, tellement ; **ken...ma, e**, si... que ; **ken kent**, aussitôt.

kenavo, *adv.*, adieu, au revoir.

kenkouls, *adj.* et *adv.*, aussi bon, aussi bien.

kentan, *adj.*, premier.

kentoc'h, *adv.*, plutôt (**evit, que**).

keñver (e), *loc. prép.*, envers, à l'égard de; **em c'heñver**, à mon égard.

ker, *adj.*, cher.

kêr, *f.*, pl. **io**, ville, village; **mont en kêr**, aller en ville; **mont d'ar gêr**, aller à la maison.

kerc'h, *m.* (sg. **en**, *f.*), avoine.

kerdu, *m.*, décembre.

kereer, *m.*, pl. **ien**, cordonnier.

kerent, *m. pl.*, parents (parentage).

kerezen, *f.*, pl. **kerez**, *m.*, cerise.

kerezen, *f.*, pl. **nno**, cerisier.

Kerneo, *n. pr.*, Cornouailles.

kernez, *f.*, famine.

kers, *prép.*, au cours de, pendant.

kertri, *f.*, appréhension, paresse.

kerzed, *m.*, marche.

kerzet, *v. n.*, marcher.

kest, *f.*, pl. **io**, quête.

keu, keuñ, *m.*, regret.

keuneud, *m.*, bois de chauffage.

keur, *m. pl.*, chœur.

kever (e), v. **keñver**.

kever, *m.*, journal de terre.

kevniden, *f.*, pl. **kevnid**, *m.*, araignée; **gwiad-kevnid**, *m.*, toile d'araignée.

kêz, *adj.*, pauvre, malheureux.

kezeg, *m. pl.*, chevaux.

ki, *m.*, pl. **chas**, chien; **ki-dour**, loutre.

kibr, *m.*, pl. **io**, chevron.

kichen (e), *loc. prép.*, auprès de.

kig, *m.*, viande, chair; — **bevin**, du bœuf; — **sal**, du lard.

kiger, *m.*, pl. **erien**, boucher.

kignat, *v. a.*, écorcher.

kignen, *m.*, ail.

kil, *m.*, revers, arrière; **a-gil**, à reculons.

kildant, *m.*, pl. **kildent**, dent molaire.

killoro, *m. pl.*, avant-train de charrue.

kinderv, *m.*, pl. **dirvi**, cousin.

kinnigan, *v. a.*, offrir.

Kintin, *n. pr.*, Quintin.

kinvi, *m.*, mousse des arbres.

kiriek, *subst. et adj.*, cause.

kistinen, *f.*, pl. **kistin**, *m.*, châtaigne.

kistinen, *f.*, pl. **nno**, châtaigner.

kivijer, *m.*, pl. **ien**, tanneur.

kizel, *f.*, pl. **llo**, ciseau (de menuisier).

klanv, *adj.*, malade.

klanvour, *m.*, pl. **ien**, malade.

klas, *f.*, *m.*, pl. **cho**, classe.

klask, *v. a.* (rad.), chercher.

klasker-boued, *m.*, pl. **rien**, mendiant.

kle, *adj.*, gauche.

klemm, *m.*, pl. **o**, plainte.

klemm, en em glemm, *v. n.* (rad.), se plaindre.

kleñved, *m.*, pl. **ejo**, maladie; — **sec'h**, phtisie.

kleuñ, *m.*, pl. **io**, talus, fossé.

kleud, *m.*, pl. **jo**, barrière.

kleuz, *adj.*, creux.

kleuzan, *v. a.*, creuser.

kleved, *m.*, ouïe.

klevet, *v. a.*, entendre; — **gant**, apprendre de.

kloareg, *m.*, pl. **kloer, kloareged**, clerc.

kloc'h, *m.*, pl. **klehier**, cloche.

kloc'haer, *m.*, pl. **ien**, sonneur de cloches.

kloerdi, *m.*, pl. **o**, séminaire.

kloge, *f.*, pl. **eo**, louche.

klogead, *m.*, pl. **o**, contenu de la louche.

klogoren, *f.*, pl. **nno**, ampoule.

kłopenn, *m.*, pl. **nno**, crâne.
kloren, *f.*, pl. **klor**, *m.*, cosse ; — u, coque d'œuf.
klouar, *adj.*, tiède.
klozan, *v. a.*, clore.
klujar, *f.*, pl. **jiri**, perdrix ; — **Spagn**, pintade.
koac'han, *v. n.*, s'affaisser.
koad, *m.*, pl. **ajo**, bois ; — **derv**, du chêne.
koadaj, *m.*, charpente.
koadek, *adj.*, boisé, ligneux.
koan, *m.*, pl. **io**, souper.
koant, *adj.*, joli, gentil.
koantiz, *f.*, gentillesse.
koar, *m.*, cire.
koaran, *v. a.*, cirer.
koareiz, *m.*, carême.
koaven, *f.*, crême.
koc'h saoud, *m.*, bouse.
koc'hu, *m.*, halle.
kôd, *m.*, bouillie (au lait).
kouean, *v. n.*, tomber.
koeff, *m.*, pl. **o**, coiffe.
koenv, *m.*, enflure.
koiller, *m.*, pl. **o**, col.
kog, *m.*, pl. **kigi**, coq ; — **Spagn**, dindon.
kole, koele, *m.*, pl. **eed**, taureau.
kôlen, *f.*, pl. **nno** et **kôl**, *m.*, chou.
kolist, *m.*, pl. **ed**, choriste.
koll, *m.*, pl. **o**, perte.
koll, *v. a.* (rad.), perdre.
kolvaz, *f.*, pl. **io**, battoir.
komandant, *m.* pl. **ed**, commandant.
komans, *v. a.* et *n.* (rad.), commencer.
komaer, *f.*, pl. **rezed**, commère.
komiser, *m.*, pl. **ien**, commissaire.
komunian, *v. n.*, communier.
kompagnonez, *f.*, pl. **io**, compagnie.

kompaer, *m.*, pl. **ien** et **kompêr**, pl. **piri**, compère.
komportamant, *m.*, conduite.
kompren, *v. a.* (rad.), comprendre.
komz, *v. n.* (rad.), parler.
kondaoni, *v. a.*, condamner.
kondui, *v. a.*, conduire.
konfirman, *v. a.*, confirmer.
konfizan, *v. a.*, confire.
konfort, *m.*, consolation.
konforti, *v. a.*, consoler.
konfortus, *adj.*, consolant.
konifl, *m.*, pl. **ed**, lapin.
konje, *m.*, pl. **eio**, congé.
konnar, *m.*, rage, grande colère.
konnaret, *adj.*, enragé, en grande colère.
konsakri, *v. a.*, consacrer.
konsevi, *v. a.*, concevoir.
konsians, *f.*, conscience.
konsort, *m.*, pl. **ed**, compagnon.
kontaden, *f.*, pl. **nno**, conte.
kontant, *adj.*, content.
kontel, *f.*, pl. **io**, couteau ; **troad —**, manche de couteau.
korden, *f.*, pl. **kerden**, corde ; — **douar**, corde de terre (ancienne mesure).
korn, *m.*, pl. **kernio**, corne ; — **butun**, pipe.
kornandon, *m.*, pl. **ed**, nain.
kornek, *adj.*, cornu.
korol, *m.*, pl. **llo**, danse.
korrigan, *f.*, pl. **ed**, fée, lutin.
korronkan, *v. n.*, se baigner à la rivière, à la mer.
korv, *m.*, pl. **o**, corps.
korven, *f.*, pl. **nno**, corsage.
korventen, *f.*, pl. **nno**, tempête, coup de vent.
korzaillen, *f.*, pl. **nno**, gorge.
koste, *m.*, pl. **eio**, côté.
kôter, *m.*, pl. **io**, chaudron.

kov, *m.*, pl o, ventre ; — **gar**, mollet.

koubl, *m.*, pl. o, arbalétrier.

koublad, *m.*, pl. o, couple, paire.

kouchan, *v. n.*, assembler, entasser ; — **eur forniad**, enfourner.

koue, *m.*, pl. eo, lessive.

kouean, *v. n.*, tomber.

kouent, *f.*, pl. cho, couvent.

kouevr, *m.*, cuivre.

koufr, *m.*, pl. o, coffre.

koulm, *f.*, pl. ed, pigeon.

kouldri, *m.*, pigeonnier.

koulskoude, *adv.*, cependant.

koulz, *m.*, pl. o, temps, époque, moment.

koumoulen, *f.*, pl. nno et **koumoul**, *m.*, nuage.

koun, *m.*, souvenir.

kousked, *m.*, sommeil.

kousket, *v. n.*, dormir ; **menel kousket**, s'endormir.

koust, *m.*, dépense, frais.

koustout, *v. a.*, coûter.

koustus, *adj.*, coûteux.

kovesâat, *v. a.* et *n.*, confesser, se confesser.

kovezour, *m.*, pl. ien, confesseur.

kovizion, *f.*, pl. o, confession, confessionnal.

koz, *adj.*, vieux.

kôz, *f.*, pl. io, causerie.

kozni, *f.*, vieillesse.

kraban, *m.*, pl. o, griffe.

krach, *m.*, salive.

kramailler, *m.*, pl. o, crémaillère.

krampoezen, *f.*, pl. **krampoez**, *m.*, crêpe.

kraou, *m.*, pl. **krevier**, écurie, étable.

kraouen, *f.*, pl. nno et **kraou**, *m.*, noix ; **kraou kelve**, noisettes.

krapat, *v. n.*, grimper.

kra, *m.*, pl. io, montée.

kravignat, *v. a.*, gratter, égratigner.

krazan, *v. a.* et *n.*, dessécher.

krei, *m.*, craie.

kreden, *f.*, pl. nno, croyance.

kregi, **krigi** (p. **kroget**), *v. n.*, mordre.

kreiste, *m.*, midi.

kreiz, *m.*, milieu.

kreiz, *m.*, pl. io, chemise.

krenan, *v. n.*, trembler.

krenegel, *f.*, pl. llo, fondrière, bourbier.

krenn, *adj.*, de moyenne taille.

kreñv, *adj.*, fort.

kreñvaat, *v. a.* et *n.*, rendre et devenir fort.

kreo, *m.*, poil.

kresk, *m.*, augmentation, croissance.

kreunen, *f.*, pl. **kreun**, *m.*, croûte.

kreur, *m.*, pl. io, crible.

kri, *m.*, cri ; — **fors**, cri à tue-tête.

krial, *v. n.*, crier.

krib, *f.*, pl. o, peigne.

kribat, *v. a.*, peigner.

kriben, *f.*, pl. nno, crête, huppe ; sommet.

krignat, *v. a.*, ronger, grignotter.

krign-beo, *m.*, cancer, gangrène.

kriski (p. **kresket**), *v. n.* et *a.*, croître, accroître.

kristen, *m.*, pl. tenien, chrétien.

kristenez, *f.*, chrétienté.

kroaz, *f.*, pl. zio, croix ; **gwener ar Groaz**, vendredi-saint.

kroazel, *f.*, duel **digroazel**, hanche, reins.

kroc'hen, *m.*, pl. krec'hen, peau.

kroec'h, **krec'h**, *m.*, haut.

krog, *m.*, pl. **krigi**, croc ; —**pank**, valet d'établi.

krogen, *f.*, pl. nno, serrure ; — **benn**, crâne.

kromm, *adj.*, courbé.
krosmoli, *v. n.*, murmurer.
kroug, *f.*, pl. **o**, potence, gibet.
krougan, *v. a.*, pendre.
kroui, *v. a.*, créer.
krozal, *v. n.*, quereller, réprimander.
krusifian, *v. a.*, crucifier.
kulator, *m.*, pl. **ed**, tuteur, curateur.
kure, *m.*, pl. **eed**, vicaire.
kurun, *m.*, pl. **o**, tonnerre.
kustum, *m.*, coutume.

kustum, *adj.*, accoutumé, habitué.
kustumi, *v. a.* et *n.*, accoutumer, s'accoutumer.
kuzan, **kuhan**, *v. a.*, cacher.
kuz-heol, *m.*, coucher du soleil, occident.
kuzulier, *m.*, pl. **ien**, conseiller.
kwign, *m.*, pl. **o**, gâteau, tourteau.
kwit, *adv.*, dehors, ailleurs ; **mont kwit**, s'en aller ; **kas-kwit**, renvoyer.
kwitaat, *v. a.*, quitter.

L

labeï, *v. a.*, salir.
labourat, *v. n.* et *a.*, travailler, labourer.
labourer, *m.*, pl. **ien**, laboureur.
lac'han, *v. a.*, tuer.
lac'hadeg, *f.*, tuerie, massacre.
laer, *m.*, pl. **laeron**, voleur.
laerez, *v. a.*, p. **laeret**, voler, dérober.
laeronsi, *m.*, pl. **o**, vol.
lagad, *f.*, duel **daoulagad**, *m.*, œil.
lakat, *v. a.*, mettre.
lamm, *m.*, pl. **o**, saut, chute ; — **ha lamm**, par chutes et rechutes.
Landreger, *n. pr.*, Tréguier.
lann, *m.*, ajonc.
Lanrodeg, *n. pr.*, Lanrodec.
lans, *m.*, élan.
lansed, *f.*, pl. **do**, étagère d'armoire.
Lanvezeg, *n. pr.*, Lanvézéac.
laonen, *f.*, pl. **nno**, lame de couteau.
Laonon, *n. pr.*, Lanvollon.
laouen, *f.*, pl. **laou**, *m.*, pou ; — **douar**, cloporte.
lard, *m.*, graisse ; — **dous**, saindoux.
lardan, *v. a.*, graisser, engraisser.
laret, *v. a.*, dire.

largente, *f.*, pl. **eio**, largesse, munificence.
lart, *adj.*, gras.
lartaat, *v. n.*, devenir gras.
Laruen, *n. pr.*, Lanrivain.
las, *m.*, pl. **o**, lacet.
laz, *m.*, meurtre, volée de coups ; age de la charrue.
lê, *m.*, haut.
leal, *adj.*, loyal, fidèle.
lealded, *m.*, loyauté, droiture.
leanez, *f.*, pl. **ed**, religieuse.
lec'h, *m.*, pl. **io**, lieu, endroit.
lec'hed, *m.*, lé d'étoffe.
lec'hid, *m.*, sédiment, terre boueuse.
ledan, *adj.*, large.
Leff, *n. de riv.*, Leff.
legestr, *m.*, pl. **legistri**, homard.
legumaj, *m. pl.*, légumes, racines fourragères.
lein, *m.*, pl. **o**, déjeuner.
lein, *m.*, haut.
leiz, *adj.* et *adv.*, plein.
lemel, *v. a.*, ôter.
lemm, *adj.*, coupant, bien aiguisé.
lemman, *v. a.*, aiguiser.
lenn, *v. a.* (rad.), lire.

leo, lev, *f.,* pl. **levio,** lieue.

leon, *m.,* pl. **ed,** lion.

lêr, *m.,* cuir.

lêren, *f.,* pl. **nno,** courroie.

lestr, *m.,* pl. **listri, lestri,** vaisseau, vase.

lestrier, *m.,* vaisselier.

leun, *adj.,* plein.

leunian, *v. a.,* remplir.

leur, *f.,* pl. **io,** aire à battre ; **leurgêr,** place publique.

leuren, *f.,* pl. surface horizontale, ex. : sole d'un four.

leuskel, *v. a.,* p. **lôsket,** lâcher.

levenez, *f.,* joie, plaisir.

levr, *m.,* pl. **io,** livre.

levrer, *m.,* pl. **ien,** libraire.

lêz, *m.,* lait ; **dour-lêz,** petit-lait ; — **ribot,** babeurre.

lez, *m.,* cour ; — **varn,** tribunal.

lezel, *v. a.,* laisser.

lezen, *f.,* pl. **nno,** loi.

lezirek, *adj.,* paresseux.

liam, *m.,* pl. **o,** lien.

liard, *m.,* pl. **ed,** liard, 1/4 de sou.

lid, *m.,* pl. **o,** cérémonie.

lien, *m.,* toile.

lienaj, *m.,* lingerie.

lies, *adv.,* souvent.

lim, *m.,* pl. **o,** lime.

limaj, *m.,* pl. **o,** image.

limbo, *m. pl.,* limbes.

limon, *m.,* pl. **o,** limon de voiture.

lin, *m.,* lin.

linad, *m.* (sg. **en,** *f.*), ortie.

linen, *f.,* pl. **nno,** ligne.

liñsel, *f.,* pl. **io,** linceul.

liorz, *f.,* pl. **o,** courtil, jardin.

lipat, *v. a.,* lécher.

listri, *pl.* de **lestr.**

liver, *m.,* pl. **ien,** peintre.

lizer, *m.,* pl. **io,** lettre (épître).

lizeren, *f.,* pl. **nno,** lettre de l'alphabet.

liziu, *m.,* lessive (liquide).

loa, *f.,* pl. **loaio,** cuiller.

loar, *f.,* lune.

lod, *m.,* part, lot.

loden, *f.,* pl. **nno,** portion, partie.

loen, *m.,* pl. **ed,** animal.

loêr, *f.,* pl. **lêro** et **lêreier** bas ; **ere loêr,** jarretière.

logoden, *f.,* pl. **nno** et **logod,** *m.,* souris.

Loïz, *n. pr.,* Louis.

lojeriz, lojeiz, *m. pl.,* logements.

lonkaden, *f.,* pl. **nno,** gorgée.

lonkan, *v. a.,* avaler.

lontek, *adj.,* gourmand, goulu.

lorc'hus, *adj.,* orgueilleux.

lore, *m.,* laurier.

lôsk, *adj.,* lâche.

lôskaat, *v. a. et n.,* rendre et devenir lâche.

loskus, *adj.,* brûlant.

louarn, *m.,* pl. **lern,** renard.

loue, *m.,* pl. **eo,** veau.

louer, *f.,* pl. **io,** auge ; — **doaz,** pétrin.

louêr, *f.,* pl. **lêro, lêreier,** bas.

Louizan, *n. pr.,* Louise.

lonnezien, *f.,* pl. **zio,** rognon.

loustoni, *f.,* saleté.

lous, *adj.,* sale.

louzaouen, *f.,* pl. **nno,** herbe médicinale ou autre.

louzo, *m. pl.,* herbes médicinales, remède, onguent.

luc'heden *f.,* pl. **luc'hed** éclair.

ludu, *m.,* cendre.

lugerni, *v. n.,* briller.

luc'han, *v. n.,* briller.

lun, *m.,* lundi.

lur, *m.,* pl. livre (mesure, monnaie).

luseden, *f.,* pl. **lused,** *m.,* punaise.

luskellat, *v. a.,* ébranler, bercer.

lutigen, *f.,* pl. **lutig,** *m.,* chandelle de résine.

M

ma, *adj.*, mon, ma, mes.
ma, *conj.*, que, si.
mab, *m.*, pl. mibien, fils.
mac'hagnet, *adj.*, estropié.
mad, *m.*, bien ; ober vad, faire du bien.
madelez, *f.*, pl. o, bonté.
maeron, maeronez, *f.*, pl. ezed, marraine.
magadurez, *f.*, nourriture.
magan, *v. a.*, nourrir.
magerez, *f.*, pl. ed, nourrice.
magus, *adj.*, nourrissant.
Mahe, *n. pr.*, Mathieu.
mailluri, *v. a.*, emmailloter.
maji, *m.*, magie.
majisian, *m.*, pl. ed, magicien.
malan, *v. a.*, moudre.
malarje, *m.*, carnaval.
malloz, *m.*, pl. io, malédiction, imprécation.
maltouter, *m.*, pl. ien agent du fisc
malv (kôl-), *m.*, mauve.
malven, *f.*, pl. paupière.
mamm, *f.*, pl. o, mère ; — goz, grand'mère.
mammen, *f.*, pl. nno, source.
mammig-koz, *f.*, pl. go, aïeule.
mann, *pron.*, rien ; — ebet, rien du tout.
man, *particule démonstrative*, -ci.
manac'h, *m.*, pl. menec'h, moine.
manch, *m.*, pl. o, manche (d'un habit).
maneg, manegen, *f.*, pl. manego, gant.
manjouren, *f.*, pl. rio, mâchoire.
mankan, *v. n.*, manquer.
mankout, *v. unipers.*, falloir.
mantel, *f.*, pl. llo, manteau.
maouez, *f.*, pl. merc'hed, femme.

maout, *m.*, pl. o, bélier ; mouton : kig-maout, du mouton.
mar, *m.*, doute.
mar, *conj.*, si.
marc'hosi, *m.*, pl. o, écurie.
marc'h, *m.*, pl. marc'ho, ronsed, cheval mâle ; — krampoez, chevalet pour crêpes.
marc'had, *m.*, pl. jo, marché.
marc'hadour, *m.*, pl. ien, marchand.
marc'hadourez, *f.*, marchandise.
marc'hallac'h, *m.*, place du marché.
Marc'harid, *n. pr.*, Marguerite.
marko, *m. pl.*, marc.
maro, *f.*, mort.
maro, marv, *adj.*, mort ; — mik, raide-mort.
marteze, *adv.*, peut-être.
martolod, *m.*, pl. ed, matelot.
martr, *m.*, pl. ed, martre, fouine.
marv-skaon, *f.*, tréteaux funèbres.
masoner, *m.*, pl. ien, maçon.
mastari, *v. a.*, souiller.
mat, *adj.*, bon ; dorn mat, main droite.
mat, *adv.*, bien.
Matelin, *n. pr.*, Mathurin.
matez, *f.*, pl. mitizien, servante ; — kar, chambrière (de charrette).
Maze, *n. pr.*, Mathieu.
me, *pron.*, je.
mê, *m.*, mai.
mechen, *f.*, pl. nno et mech, *m.*, mèche.
medalen, *f.*, pl. nno, médaille.
meder, *m.*, pl. ien, moissonneur.
mederez, *f.*, moisson.
medesin, *m.*, pl. ed, médecin.
medi, *v. a. et n.*, moissonner.

megin, *f.*, pl. **io**, soufflet de forge.

meginer, *m.*, pl **ien**, mégissier, pelletier.

meill, *m.*, pl. **ed**, mulet (poisson).

mel, *m.*, moelle ; — **penn**, cerveau.

mel, *m.*, miel.

melchon, *m.*, trèfle.

melen, *adj.*, jaune.

melenaat, *v. n.* et *a.*, devenir et rendre jaune.

melkoni, *f.*, mélancolie, tristesse.

mell, *f.*, pl. **o**, « soule » gros ballon à jouer.

mell, *m.*, vertèbre.

melveden, *f.*, pl. **melved**, *m.*, limace.

men, **min**, *m.*, pl. **mein** pierre.

menan, **benan**, *v. a.*, tailler (une pierre).

mene, *m.*, pl. **eio**, montagne.

Menebre, *n. pr.*, montagne de Bré.

menel, *v. n.*, p. **manet**, rester, demeurer.

menerez (min), *m.*, pierre de taille.

mengleu, *f.*, pl. **euio**, carrière.

menn, *m.*, pl. **ed**, chevreau.

mennan, *v. n.*, penser, demander, vouloir.

mennoz, *m.*, pl. **io**, pensée, opinion.

ment, *m.*, taille, stature.

meo, **mev**, *adj.*, ivre.

meran, *v. a.*, pétrir.

merc'h, *f.*, pl. **ed**, fille.

merc'her, *m.*, mercredi.

meren, *f.*, pl **io**, dîner.

mereuri, *f.*, pl **io**, métairie, ferme.

merienen, *f.*, pl. **merien**, *m.*, fourmi.

merienni, *v. n.*, fourmiller.

merk, *m.*, pl. **o**, marque.

merkan, *v. a.*, marquer.

merzer, *m.*, pl. **ien**, martyr.

mes, *conj.*, mais.

mesaer, *m.*, pl. **ien**, pâtre.

mesk (e), *loc. prép.*, au milieu de, parmi ; **mesk ha mesk**, pêle-mêle.

meskan, *v. a.*, mêler.

mestr, *m.*, pl. **mistri**, **mestro**, maître.

mestronian, *v. a.*, maîtriser, dominer.

'met, *conj.*, si ce n'est.

meud, *m.*, pl. **o**, ongle.

meudad, *m.*, mesure d'un pouce, 0ᵐ 027.

meuli, *v. a.*, louer.

meulodi, *f.*, pl. **io**, louange.

meur, *adj.* et *adv.*, grand, beaucoup.

meurbet, *adv.*, beaucoup, très.

meurz *m.*, mardi.

meurz, *m.*, mars.

mevel, *m.*, pl. **ien**, domestique.

mev, **meo**, *adj.*, ivre.

mevi, *v. a.*, enivrer.

mevier, *m.*, pl. **meverien**, ivrogne.

mez, *m.*, honte.

mêz (er), *loc. adv.*, dehors.

mezelour, *m.*, pl. **io**, miroir.

mezen, *f.*, pl. **mez**, gland.

mezer, *m.*, étoffe.

mezio, **mezo**, *m. pl.*, campagne.

miaoual, *v. n.*, miauler.

micher, *m.*, pl. **io**, métier.

mignon, *m.*, pl. **ed**, ami.

miligan, *v. a.*, maudire.

milin, *f.*, moulin ; — **wenterez**, tarare.

miliner, *m.*, pl. **ien**, meunier.

miller, *m.*, pl. **io**, millier.

milvig, *m.*, mie de pain.

milzin, *adj.*, difficile sur la nourriture.

min, **men**, *m.*, pl. **mein**, pierre, noyau.

minaoued, *m.*, pl. o, alène.
ministr, *m.*, pl. ed, ministre.
minor, *m.*, pl. ed, mineur.
minter, *m.*, pl. ien, chaudronnier.
miñs, *f.*, pl. o, vis, escalier.
miret, *v. a.*, garder.
mision, *m.*, pl. o, mission.
misioner, *m.*, pl. ien, missionnaire.
mistr, *adj.*, joli, coquet.
miz, *m.*, pl. io, mois.
moc'h, *m. pl.*, cochons ; penn-
moc'h, cochon.
mod, *m.*, pl. o, mode.
moell, *m.*, pl. o, moyeu.
moereb, *f.*, pl. bezed, tante.
mouester, *f.*, moiteur, humidité.
moged, *m.*, fumée.
mogedus, *adj.*, fumeux.
moger, *f.*, pl. io, mûr.
monei, *m.*, monnaie.
mont, *v. n.*, p. êt, aller ; — arôk,
précéder ; — kwit, partir.
Montroulez, *n. pr.*, Morlaix.

mor, *m.*, mer.
moraill, *m.*, pl. o, verrou.
morailli, *v. a.*, verrouiller.
morzed, *f.*, pl. o, cuisse.
morzol, *m.*, pl. io, marteau.
mouaren, *f.*, pl. mouar, *m.*, mûre.
mouchouer, *m.*, pl. o, mouchoir ;
— goug, cravate.
mouden, *f.*, pl. mouded, *m.*, motte
de terre.
moue, *m.*, crin.
mouez, *f.*, pl. io, voix.
mougan, *v. a.*, étouffer.
mougen, *f.*, brouillard.
moulan, *v. a.*, mouler, imprimer.
mouler, *m.*, pl. ien, imprimeur.
mous-c'hoarziñ, *v. a.*, sourire.
moustran, *v. a.*, fouler, tasser.
mui (ne...), *adv.*, ne... plus.
mul, *m.*, pl. ed, mulet.
muntrer, *m.*, pl. ien, meurtrier.
mut, *adj.*, muet.
muzul, *m.*, pl io, mesure.

N

na, ne, *adv.*, ne ; — ket, ne... pas ;
— ken, mui, ne... plus.
nac'han, nac'h, *v. a.*, nier.
nadoue, *f.*, pl. eio, aiguille.
nag, *conj.*, ni (devant une voyelle) ;
adv., combien.
naon, *m.*, faim.
Naoned, *n. pr.*, Nantes.
namm, *m.*, tache, vice, défaut.
nammet, *m.*, infirme.
nann *adv.*, non.
'naskont da, *loc. prép.*, à cause de.
ne, v. na.
nebeud, *adv.* et *s.*, peu, un peu.
nec'het, *adj.*, inquiet, triste.
nec'hamant, *m.*, inquiétude.

Nedeleg, *n. pr.*, Noël.
neziad, nejad, *m.*, pl. o, nichée.
nemet, *adv.*, si ce n'est.
neñv, *m.*, pl. o, ciel.
neve, *adj.*, neuf, nouveau ; — amzer, printemps.
nerz, *f.*, force.
nerzus, *adj.*, fortifiant.
nes, *adj.*, proche.
nett, *adj.*, net, propre.
nettaat, *v. a.*, nettoyer.
neud, *m.*, du fil.
neuden, *f.*, pl. nno, un fil.
neuze, *adv.*, alors.
nez, *m.*, pl. io, nid.
ni, *pr.*, nous (suj.).

niel, *m*, nielle.
nij, *m.*, vol, envolée.
nijal, *v. n.*, voler (en l'air).
Nikolas, Kolas, *n. pr.*, Nicolas.
niver, *m.*, nombre.
niz, *m.*, pl. **ien**, neveu.
noblans, *f.*, noblesse.

Normandi, *n. pr.*, Normandie.
noter. *m*, pl. **ien**, notaire.
nouen, *f.*, extrême-onction.
noui, *v. a.*, « extrémiser », donner l'extrême-onction à.
noz, *f.*, pl. **io**, nuit.

O

o, *adj. poss.*, leur, leurs ; *pron. pers.*, les.
o, *particule employée devant l'in-finitif pour marquer l'actualité :* il mange (il est mangeant), **eman o tibri.**
oabl, *m.*, firmament.
oad, *m.*, âge.
oaled, *f.*, pl. **o**, foyer.
oan, *m.*, pl. **ed**, agneau.
oaz, *m.*, jalousie.
oazus, *adj.*, jaloux.
ober, *v a.*, part. grêt, faire.
ober, *m.*, pl. **o**, œuvre, action.
ôd, *m.*, pl. ôcho, rivage.
oferen, *f.*, pl nno; ofern, pl. nio, messe ; — **bred**, grand'messe.
oferenni, ofernian, *v. n.*, dire la messe.
ofis, *m.*, pl. **o**, office.
offiser, *m.*, pl. **ien**, officier.

ôgan, *v. a.*, rouir.
oged, *m.*, pl. **ejo**, herse.
ognonen, *f.*, pl. **ognon**, *m*, oignon.
ograouer, *m.*, pl. **ien**, organiste.
ogro, **agraou**, *m.*, orgue.
oleo-sakr, *m. pl.*, (les) saintes huiles.
olier-penn, *m.*, pl. **ro**, oreiller.
olifant, *m.*, pl. **ed**, éléphant.
oll, *adj.*, tout.
onnen, *f.*, pl. **onn**, *m.*, frêne.
orijinel, *adj.*, originel.
ôter, *f.*, pl. **io**, autel.
ôtre, *m.*, autorisation, permission.
ôtro, *m.*, pl. **ôtrone**, monsieur.
ouspenn, *adv.*, en outre, de plus.
ôzan, *v. a.*, préparer, arranger, remettre en place (un membre luxé).
ôzer, *m.*, pl. racommodeur, rebouteur, auteur.
ozilen, *f.*, pl. **ozil**, *m.*, osier.

P

pa, *conj.*, lorsque, puisque.
Pab, *m.*, pl. **ed**, pape.
paeron, *m.*, pl. **ed**, parrain.
pagan, paian, *m*, pl. **ed**, païen.
pajen, *f.*, pl. **nno**, page.
pal, *f.*, pl. **io**, pelle, bêche.
palastr, *m.*, pl. **o**, emplâtre.
palez, *m.*, pl. **io**, palais.
palfad, *m.*, empan, 0m 20.

paliv, *f.*, pl. **o**, paisseau.
pan, *m.*, velours.
panezen, *f.*, pl. **panez**, *m.*, panais.
pank, *f.*, pl. **o**, bank.
Panverit, *n. pr.*, Pommerit-le-Vicomte.
paour, *adj. et s. m.*, pl. **pevien**, pauvre.
paourante, *f.*, pauvreté.

paper, *m.*, pl. **io**, papier.
paperen, *f.*, pl. **nno**, feuille de papier.
par, *adj.* et *s.*, égal, pair.
paradur, *m.*, croûte brûlée.
pardon, *m.*, pl. **io**, pardon.
pardoni, *v. a.* et *n.*, pardonner.
parean, *v. a.*, guérir.
parfetiz, *f.*, perfection.
pari, *m.*, pl. **io**, pari.
Pariz, *n. pr.*, Paris.
park, *m.*, pl. **o**, champ.
parouz, *f.*, pl. **io**, paroisse.
partian, *v. n.*, partir.
pas, *adv.*, pas.
paz, *m.*, toux ; — **iud**, coqueluche.
pasianted, *f.*, patience.
Pask, *m.*, pl. **o**, Pâques.
paste, *m.*, pâté.
pater, *f.*, pl. **o**, prière.
patriarch, *m.*, pl. **ed**, patriarche.
patron, *m.*, pl. **ed**, patron.
pazen, *f.*, pl. **nno**, marche, degré.
pe, *conj.*, ou, quand.
pêan, *v. a.*, payer.
peb, **pep**, *adj.*, chaque.
pebr, *m.*, poivre.
pechezen, *f.*, pl. **pechez**, pêche.
pechezen, *f.*, pl. **nno**, pêcher.
pec'her, *m.*, pl. **ien**, pécheur.
pec'hi, *v. n.*, pécher.
peden, *f.*, pl. **nno**, prière.
peder, *adj. fém.*, quatre.
pegement, *adv.*, combien.
pegouls, *adv.*, quand (interr.).
pel, *f.*, pl. **io**, jatte.
pelec'h, *adv.*, où (interr.).
pelerin, *m.*, pl. **ed**, pèlerin.
peliat, *v. a.*, peler.
pell, *adj.* et *adv.*, éloigné, loin, longtemps.
pell, *m.* (sg. en **en**), balle de céréale.
pellaat, *v. a.* et *n.*, éloigner, s'éloigner.

pemdeiek, *adj.*, quotidien.
pemp, *adj.*, cinq.
Pempoul, *n. pr.*, Paimpol.
pemzek, *adj.*, quinze.
penevit, *prép.*, sans, si ce n'est, sinon.
penn, *m.*, pl. **o** ; **penn da benn**, tout du long ; **dont a benn eus ou da**, venir à bout de (*s.* ou *inf.*); **a bouez-penn**, à tue-tête.
pennad, *m.*, pl. **o**, plénitude de la tête, caprice, un peu de temps.
penner, **pennher**, pl. **rien**, héritier, fils unique.
penôs, *adv.*, de quelle manière, comment.
Pentekost, *m.*, Pentecôte.
penton, *m.*, pl. **io**, cuve.
Pêr, *n. pr.*, Pierre.
perc'hirin, *m.*, pl. **ed**, pèlerin.
peren, *f.*, pl. **per**, poires.
peren, *f.*, pl. **nno**, poirier.
person, *m.*, pl. **ed**, recteur.
perroked, *m.*, pl. **ed**, perroquet.
Perroz-Gwireg, *n. pr.*, Perros-Guirec.
pesk, *m.*, pl. **ed**, poisson.
pesketaer, *m.*, pl. **ien**, pêcheur.
pet ? *adv.*, combien ?
petramant, *adv.*, ou autrement, sinon.
peuc'h, *m.*, paix.
peul, *m.*, pl. **io**, poteau, pieu.
Peurid, *n. pr.*, Pommerit ; — **Ar Roc'h**, Pommerit-Jaudy.
peurvian (ar), *loc. adv.*, le plus souvent, la plupart.
pevar, *adj.*, quatre.
pevarzek, *adj.*, quatorze.
pez, *f.*, pl. **io**, pièce ; — **lein**, faîtage.
pidi, *v. a.* et *n.*, prier.
pif, *m.*, pl. **o**, flûte.
pigel, *m.*, pl. **llo**, pioche.

pign (e-), *loc. adv.*, en suspension, suspendu.

pignal, *v. n.*, monter, grimper.

pigos, *m.*, pl. **o**, bec.

piker-lêr, *m.*, pl. **kerien -**, bourrelier.

piled, *m.*, pl. **o**, cierge.

pilat, *v. a.*, piler, écraser, battre.

pilig, *f.*, pl. **o**, poêle de cuisine, bassin de cuisine.

piliger, *m.*, pl. **ien**, chaudronnier.

piller, *m.*, pl. **o**, pilier.

pillerez, *f.*, pl. **ed**, frelon.

pinen, *f.*, pl. **nno** et **pin**, *m.*, pin.

pinijen, *f.*, pl. **nno**, pénitence.

pinvik, pinvidik, *adj.*, riche.

Pipi, *n. pr.* (fam.), Pierre.

pis, *adj.* et *adv.*, avare ; de près (regarder).

pizen, *f.*, pl. **piz**, pois ; — **moc'h**, gland ; — **logod**, vesce sauvage.

plac'h, *f.*, pl. restreint **plac'hed**, pl. gén. **merc'hed**, fille.

plad, *m.*, pl. **ajo**, plat.

pladen, *f.*, pl. **nno**, petit tourteau plat.

Plagad, *n. pr.*, Plouagat.

Planiel, *n. pr.*, Pleudaniel.

planken, *m.*, pl. **plenken**, planche.

planten, *f.*, pl. **nno** et **plant**, plante.

plasen, *f.*, pl. **nno**, place publique.

ple, *m.*, attention.

plegan, *v. a.* et *n.*, plier.

plen, *adj.*, uni, plat.

plenen, *f.*, pl. **nno**, plaine.

pleten, *f.*, pl. **nno**, tresse.

Plêranek, *n. pr.*, Ploubazlanec.

Pleuveur-Bodou, *n. pr.*, Pleumeur-Bodou.

plijadur, *m.*, pl. **io**, plaisir.

plijout, *v. n.*, plaire.

plijus, *adj.*, agréable, plaisant.

plomm, *m.*, plomb.

Plouagor, *n. pr.*, Ploumagoar.

Plouguerneve, *n. pr.*, Plouguernével.

Plouvouskant, *n. pr.*, Plougrescant.

plouzen, *f.*, pl. **nno** et **plouz**, *m.*, paille.

pluen, *f.*, pl. **nno** et **plu**, *m.*, plume (d'oiseau), plume (à écrire).

poac'hat, *v. a.* et *n.*, cuire.

poan, *f.*, pl. **io**, peine.

poanial, *v. n.*, peiner.

poanius, *adj.*, pénible.

poaz, *adj.*, cuit.

pobl, *f.*, pl. **o**, peuple.

pobran, *m.*, renoncule.

pod, *m.*, pl. **o**, pot ; **potouarn**, pl. **o**, marmite.

podad, *m.*, pl. **o**, potée.

poell, *m.*, réflexion, bon sens ; arrêt de l'écheveau.

poent, *m.*, pl. **ncho**, point.

pokat, *v. n.*, donner un baiser.

polez, *f.*, pl. **polezi**, poulette.

ponner, *adj.*, lourd.

ponsin, *m.*, pl. **ed**, petit poulet.

Pontreo, *n. pr.*, Pontrieux.

porched, *m.*, pl. **o**, porche.

porc'hel, *m.*, pl. **lled**, pourceau.

porteer, *m.*, pl. **ien**, sommier.

porz, *m.*, pl. **io**, porte ; — **mor**, port de mer.

porzier, porjer, *m.*, pl. **ien**, portier.

post, *m.*, pl. **o**, poteau.

potaj, *m. pl.*, légumes en général.

pôtr, *m.*, pl. **ed**, garçon.

pouez, *m.*, pl. **io**, poids ; **a bouez penn**, à tue-tête.

pouezan, *v. a.*, peser.

poufan, *v. n.*, se vanter.

poull, *m.*, pl. **o**, mare ; — **ar galon**, le creux de l'estomac, estomac.

poullad, *m.*, pl. **o**, contenu d'une mare.

poultr, *m.* (sg. **en**, *f.*), poussière.

poupelinen, *f.*, pl. **nno**, poupée.

poupig, *m.*, pl. **o**, bébé.

pouren, *f.*, pl. **pour**, *m.*, poireau.

poz, *m.*, pl. **io**, couplet ; halte, arrêt.

pozan, *v. a.* et *n.*, poser ; s'arrêter.

pratik, *m.*, pl. **o**, client.

pred, *m.*, pl. **ejo**, repas ; **e pred ar maro**, à l'article de la mort.

prenan, *v. a.*, acheter.

prenañ, *m.*, pl. **añio**, achat.

prenestr, *f.*, pl. **stio**, **cho**, fenêtre.

preñv, *m.*, pl. **ed**, ver.

prepari, *v. a.*, préparer.

pres, *m.*, pl. **sio**, **cho**, armoire ; empressement.

presan, *v. a.*, presser.

prisonier, *m.*, pl. **ien**, prisonnier.

prest, *m.*, pl **io**, prêt ; **kemer en prest**, emprunter.

prest, *adj.*, prêt.

prestik, *adv.*, bientôt.

prezant, *adj.*, présent.

prezegen, *f.*, pl. **nno**, sermon, discours.

prezeger, *m.*, prédicateur.

prezeg (rad.), *v. a.* et *n.*, prêcher.

prezidant, *m.*, pl. **ed**, président.

pri, *m.*, argile.

pried, *m.*, pl. **ejo**, époux, épouse.

Priel, *n. pr.*, Plouguiel.

prienti, *v. a.*, préparer.

prins, *m.*, pl. **ed**, prince.

prizon, *m.*, pl. **io**, prison.

prof, *m.*, pl. **o**, offrande pieuse.

profan, *v. a.* et *n.*, faire une offrande pieuse.

profet, *m.*, pl. **ed**, prophète.

prokulor, *m.*, pl. **ed**, procureur.

prometti, *v. a.*, promettre.

prosez, *m.*, pl. **io**, procès.

prozision, *m.*, pl. **o**, procession.

prunen, *f.*, pl. **prun**, *m.*, prune.

prunen, *m.*, pl. **nno**, prunier.

puns, *m.*, pl. **o**, puits.

puplien, *f.*, pl. **pupli**, *m.*, peuplier.

purat, *v. a.*, fourbir, nettoyer (les meubles).

purgator, *m.*, purgatoire.

put, *adj.*, âcre.

R

ra, *conj.*, que (particule optative).

raan, *v. a.*, enduire de chaux.

rabat, *m.*, rabais, baisse de prix.

rabati, *v. a.* et *n.*, rabattre (sur le prix)

rabot, *m.*, pl. **o**, rabot.

raboti, *v. a.* et *n.*, raboter.

rac'han, *v. a.*, râcler.

rak, *conj.*, car.

rakse, *loc. conj.*, c'est pourquoi.

ramonat, *v. a.* et *n.*, ramoner.

ranjan, *v. a.*, ranger.

rannan, *v. a.*, partager.

ranv, *f.*, pl. **io**, bêche.

ranvel, *f.*, pl. **llo**, séran.

raouiet, *adj.*, enroué.

rastel, *f.*, pl. **llo**, râteau.

ravanel, *f.*, pl. **llo**, drague.

raz, *m.*, pl. **rac'hed**, rat.

re, *pron.*, ceux.

re, *adv.*, trop.

re, *m.*, paire (en parlant des choses accouplées).

real, *m.*, réal (0 fr. 25).

rebech, *m.*, pl. **o**, reproche.

red, *m.*, courant ; — **red-kov**, diarrhée.

redek, *v. n.*, p. **redet**, courir.
regen, *f.*, pl. **nno**, rang.
rei, *v. a.*, p. **roet**, donné.
reien, *f.*, pl. **reio**, claie de charrette.
reiz, *adj.*, droit, juste.
reizan, *v. a.*, rectifier, régler.
rejimant, *m.*, pl. **cho**, régiment.
relego, *m. pl.*, reliques.
remed, *m.*, pl. **ejo**, remède.
renkout, *v. a.*, devoir, falloir.
renti, *v. a.*, rendre.
reo, rêv, *m.*, gelée.
republik, *f.*, république.
reseo, resev (rad.), recevoir.
resever, *m.*, pl. **ien**, receveur, percepteur.
respont, *v. a.* (rad.), répondre.
ret (bean), *adj.*, nécessaire (être).
rezinen, *f.*, pl. **rezin**, *m.*, raisin.
rezinen, *f.*, pl. **nno**, vigne.
rêzon, *f.*, pl. **io**, raison.
rêvi, *v. n.* et *a.*, geler.
ribot, *m.*, pl. **o**, baratte.
richanan, *v. n.*, gazouiller.
ridos, *m.*, pl. **o**, rideau.
rik, *adj.*, pur, sans mélange.
riou, riv, *m.*, froid.
risk, riskl, *m.*, pl. **o**, risque.
risket, *adj.*, exposé à, susceptible de.
risklan, *v. n.*, glisser.
rivinan, *v. a.*, ruiner.
riz, *m.*, riz.
Roahon, *n. pr.*, Rennes.
roben, *f.*, pl. **nno**, robe.

roched, *m.*, pl. **o**, chemise d'homme.
roc'h, *m.*, pl. **rec'hier**, rocher.
Roc'h (ar), *n. pr.*, La Roche-Derrien.
rod, *f.*, pl. **rojo**, roue.
roenv, *f.*, pl. **io**, rame, aviron.
rogan, *v. n.*, déchirer.
rogente, *f.*, arrogance.
roll, *m.*, pl. **o**, liste.
ronkel, *m.*, râle.
ront, *adj.*, rond ; — **en hir**, ovale.
rostan, *v. a.*, rôtir.
Rostren, *n. pr.*, Rostrenen.
rouantelez, *f.*, pl. **io**, royaume.
roue, *m.*, pl. **rouane**, roi.
roued, *m.*, pl. **ejo**, filet.
rozel, *f.*, pl. **llo**, râble.
rozellat, *v. a.*, remuer avec le râble.
rozen, *f.*, pl. **roz**, rose.
Rozeran, *m.*, Rosaire.
roz-ki, *m.*, églantier.
ru, *adj*, rouge.
ruan, *v. n.*, rougir.
ruban, *m.*, pl. **o**, ruban.
ruel, *m.*, rougeole.
ruill, *m.*, pl. **o**, rouleau.
ruillal, *v. n.*, rouler.
rukun, *m.*, répugnance.
run, *m.*, pl. **io**, colline.
rusken, *f.*, pl. **ruskad**, ruche.
rust, *adj.* et *adv.*, rude, sévère, rudement.
rustoni, *f.*, rudesse.
ruzan, *v. n.*, traîner par terre, ramper.
ruzulen, *f.*, pl. **nno**, rigole.

S

sabrennek, *adj.*, sablonneux.
sac'h, *m.*, pl. **sehier**, **seier**, sac.
sac'had, *m.*, sachée, pochée.
sadorn, *m.*, samedi ; — **fask**, samedi-saint.

safar, *m.*, tumulte.
safronen, *f.*, pl. **nno**, bourdon, grosse mouche.
saillet, *v. n.*, sauter.
saillerez, *f.*, pl. **ed**, sauterelle.

sakr, *adj.*, sacré.

sakramant, *m.*, pl. cho, sacrement ; gouel ar —, Fête-Dieu.

sakramanti, *v. a.*, administrer les derniers sacrements à.

sakrifis, *m.*, pl. o, sacrifice.

sal, *adj.*, salé.

saladen, *f.*, pl. nno, salade.

saludi, *v. a.*, saluer.

Salver, *m.*, Sauveur.

samm, *m.*, pl. o, charge, fardeau.

samman, *v. a.*, charger.

sant, *m.*, pl. sent, saint.

Sant-Brieg, *n. pr.*, Saint-Brieuc.

santel, *adj.*, saint.

santelez, *f.*, sainteté.

santifian, *v. a.*, sanctifier.

Sant-Malo, *n. pr.*, Saint-Malo.

saoud, *m. pl.*, vaches (en général).

saout, *m.*, pl. o, coutre.

sap, *m.*, sève.

sapinen, *f.*, pl. nno et sapin, *m.*, sapin.

sardonen, *f.*, pl. ned, taon, frelon.

saveteï, *v. a.*, sauver.

sav-heol, *m.*, lever du soleil, orient.

sê, *f.*, pl. sêo, robe de femme, d'enfant, de prêtre.

seblantout, *v. n.*, sembler, paraître.

sec'h, *adj.*, sec.

sec'han, *v. a. et n.*, sécher.

sec'hed, *m.*, soif.

sec'hour, *f.*, sécheresse.

seder, *adj.*, gai.

segal, *m.* (sg. en, *f.*), seigle ; — gwiniz, méteil.

sei, *m.*, soie.

seien, *f.*, pl. nno, ruban de soie.

seitek, *adj.*, dix-sept.

seiz, *adj.*, sept.

sekreteri, *f.*, pl. o, sacristie.

sekretour, *m.*, pl. ien, secrétaire.

sell, *m.*, pl. o, regard.

sellet, *v. a. et n.*, regarder.

seminer, *m.*, pl. io, séminaire.

semplan, *v. n.*, s'évanouir.

senedour, *m.*, pl. ien, sénateur.

senklen, *f.*, pl. nno, sangle.

sentidigez, *f.*, obéissance.

sentus, *adj.*, obéissant.

serjant, *m.*, pl. ed, sergent.

serri, *v. a.*, ramasser.

servij, *f.*, pl. o, service.

servijer, *m.*, pl. ien, serviteur.

serviji, *v. a. et n.*, servir ; en em — eus, se servir de.

setu, *prép.*, — aman, voici ; — aze, voilà.

seul, *adv.* (devant un comparatif), plus.

sevel, *v. a. et n.*, p. savet, lever, élever, se lever, s'élever.

seven, *adj.*, poli, civilisé.

si, *m.*, pl. sio, défaut physique.

siel, *m.*, pl. o, sceau.

siet, *adj.*, qui a un défaut physique.

sifern, *m.*, coryza.

sikour, *m.*, pl. io, secours.

sil, *m.*, pl. o, passoire.

silaou, *v. a.*, écouter.

silien, *f.*, sili, *m.*, anguille.

sioul, *adj.*, tranquille.

sivien, *f.*, pl. nno et sivi, *m.*, *f.*, fraise.

sizaill, *f.*, pl. o, ciseaux.

skalier, *f.*, pl. o, échalier.

skaon, *m.* (sg. en, *f.*), sureau.

skanv, *adj.*, léger.

skarzan, karzan, *v. a.*, curer, vider.

skeud, *m.*, ombre ; — e-skeud, à l'occasion de.

skeuden, *f.*, pl. nno, image, statue.

skeul, *f.*, pl. io, échelle.

skevent, *m.*, poumons.

skiant, *m.*, pl. cho, sens, faculté ; — vat, raison ; science.

skignan, *v. a.*, répandre.

skilf, *m.*, pl. o, griffe.

sklav, *m.*, pl. ed, esclave.

sklej, stlej (a), *loc. adv.*, à la traîne.

sklejal, stlejan, *v. a.*, traîner.

sklêr, *adj.*, clair.

Sklerder (Ar), *n. pr.*, La Clarté (nom de lieu).

sklerijen, *f.*, lumière.

sklintin, *adj.*, argentin, clair (en parlant de la voix).

sklisen, *f.*, pl. nno, palette à retourner les crêpes, attelle.

sklokal, *v. n.*, glousser.

skoa, *f.*, pl. skoaio, duel diskoa, épaule.

skoasel, *f.*, pl. io, ornière.

skoazel, *f.*, appui, aide.

skod, *m.*, pl. o, souche, bûche à feu.

skoill, *m.*, pl. o, obstacle.

skol, *f.*, pl. io, école.

skolaer, *m.*, pl. ien, écolier ; quelquefois : maître d'école.

skolpaden, *f.*, pl. skolpad, *m.*, copeau de bois.

skorn, *m.*, glace.

skôtan, *v. a.*, échauder, brûler.

skouarn, *f.*, pl. io, *duel* diskouarn, oreille.

skouarneta (rad.), *v. a.*, giffler.

skoued, *m.*, écu.

skoulm, *m.*, pl. o, nœud ; — red, nœud coulant.

skourje, *m.*, pl. o, fouet.

skrapan, *v. a.*, enlever.

skrabat, *v. n.*, gratter ; — ha diskrabat, gr. en tous sens ; se démener.

skrignal, *v. n. et a.*, grincer des dents, les dents.

skritouer, *m.*, pl. io, écritoire.

skritur, pl. io, *m.*, écriture.

skrivagner, *m.*, pl. ien, écrivain.

skrivan, *v. a. et n.*, écrire.

skuban, *v. a.*, balayer.

skubelen, *f.*, pl. nno, balai.

skudel, skull, *f.*, pl. llo, écuelle.

skudellad, skullad, *f.*, pl. o, écuellée.

skuill, *v. a.* (rad.), verser, répandre (un liquide).

skwer, *m.*, pl. io, exemple.

skwiz, *adj.*, fatigué.

soavon, *m.* savon.

sod, *adj.*, sot ; *subst. m.*, pl. ien.

solier, *m.*, pl. o, grenier.

somm, *f.*, pl. o, somme.

son, *f.*, pl. io, son, chanson.

son, *v. n. et a.* (rad.), sonner.

sonj, *f.*, pl. o, pensée ; — digas — eus, rappeler.

sonjal, *v. a. et n.*, penser, réfléchir.

sorser, *m.*, pl. ien, sorcier.

sorserez, *f.*, sorcellerie.

souban, *v. a.*, plonger.

soub, *m.*, soupe.

souben, *f.*, bouillon ; — vijel, bouillon maigre.

souc'h, *m.*, pl. io, soc.

soudard, *m.*, pl. ed, soldat.

souez, *m.*, étonnement.

souezi, *v. a.*, étonner.

souezus, *adj.*, étonnant.

soul, *m.*, chaume.

sourd, *m.*, pl. ed, salamandre.

soursi, *m.*, souci, soin.

Sôz, *m.*, pl. on, Anglais.

Spagn, *n. pr.*, Espagne.

sparl, *m.*, pl. io, barre de porte, levier.

sparlan, *v. a.*, faire obstacle à.

spered, *m.*, pl. ejo, esprit, intelligence.

speredet, *adj.*, intelligent.

Spered-Santel, *n. pr.*, Saint-Esprit.

speroden, *f.*, pl. **od**, groseille à maquereaux.

spernen, *f.*, pl. **spern**, *m.*, épine.

speuren, *f.*, pl. **nno**, cloison.

spillen, *f.*, pl. **spillenno** et **spillo**, épingle.

splann, *adj.*, brillant.

spluzeg, *f.*, pl. **eier**, pépinière.

spluzen, *f.*, pl. **spluz**, *m.*, pépin.

spont, *m.*, épouvante, peur.

spontaill, *m.*, pl. **o**, épouvantail.

spontan, *v. a.*, épouvanter.

spontik, *adj.*, ombrageux.

spontus, *adj.* et *adv.*, terrible, terriblement.

spoue, *m.*, éponge, liège.

stad, *m.*, état, joie ; — **ober stad eus**, faire état de, témoigner de la joie à.

stag, *adj.*, attaché.

stagus, *adj.*, contagieux.

stal, *f.*, pl. **io**, boutique.

stalav, *f.*, pl. **io**, battant d'armoire.

stambouc'han, *v. a.*, rassasier jusqu'au dégoût.

stank, *adj.*, abondant, sérré, nombreux.

staon, *f.*, pl. **io**, étrave de navire.

stardan, *v. a.*, serrer, affermir.

start, *adj.*, serré, pressé, ferme.

Stefan, *n. pr.*, Étienne.

sten, *m.*, étain.

stener, *m.*, pl. **erien**, étameur.

ster, *f.*, pl. **io**, cours d'eau, rivière.

stereden, *f.*, pl. **stered**, *m.*, étoile.

steredennek, *adj.*, étoilé.

stern, *f.*, pl. **io**, métier de tisserand, châssis, encombrement.

sternaj, *m.*, harnais.

stignan, *v. a.*, tendre (une étoffe).

stlejan, *v. a.*, traîner.

stokadur, *m.*, baisure de pain.

stoufan, stouvan, *v. a.*, boucher.

stoui, *v. n.* et *a.*, se prosterner, incliner.

stoup, *m.*, étoupe.

strakal, *v. n.*, éclater.

streboti, *v. n.*, trébucher, broncher.

strimpan, *v. n.* et *a.*, jaillir, faire jaillir.

stripo, *m. pl.*, tripes.

striz, *adj.*, étroit.

strobinel, *f.*, pl. **llo**, enchantement, magie.

strobineller, *m.*, pl. **ien**, enchanteur, magicien.

studi, *m.*, étude, études.

studius, *adj.*, studieux.

stufan, *v. n.*, moisir, se piquer par l'humidité.

stum, *m.*, tournure, manière de se tenir.

stur, *m.*, pl. **io**, gouvernail.

sujed, *m.*, pl. **o**, sujet.

sukr, *m.*, sucre.

sul, *m.*, pl. **io**, dimanche.

sun, *f.*, pl. **io**, semaine.

T

tabernakl, *m.*, pl. **o**, tabernacle.

taboulin, *f.*, pl. **o**, tambour.

taboulinan, *v. n.*, tambouriner

tabouros, *m.*, pl. **o**, tabouret.

tabut, *m.*, bruit, querelle.

tach, *m.*, pl. **o**, clou.

tachen, *f.*, pl. place, parcelle de terre.

tacher, *m.*, pl. **ien**, cloutier.

tad, *m.*, pl **o**, père ; — **koz**, grand-père ; — **tadig koz**, bisaïeul.

tagan, *v. a.*, étrangler.

tagnous, *adj.*, taquin.

taillo, *m.*, pl. impôts.

taken, *f.*, pl. **nno,** goutte de liquide.

tal, *m.*, pl. **io,** front ; **e-tal,** en face de ; **a-dal,** en face.

taler, *m.*, pl. **io,** tarière.

talvoudegez, *f.*, valeur.

talvout, talveout, *v. a.*, valoir.

tamall, *m.*, pl. **o,** reproche, accusation.

tamall (rad.), *v. a.*, reprocher.

tamm, *m.*, pl. **o,** morceaux ; **a-dammo,** par morceaux ; **eun tammig,** un peu.

tamoez, *m.*, pl. **io,** tamis.

tan, *m.*, feu.

tanô, tanav, *adj.*, mince.

tanva, *v. a.* (rad.), goûter.

tapis, *m.*, pl. **o,** tapis.

tapout, *v. a.*, attraper, prendre.

targaz, *m.*, pl. **targizier,** chat-mâle.

tarlasken, *f.*, pl. **tarlask,** *m.*, tique (insecte).

tarz, *m.*, pl. **o,** éclat.

tarzan, *v. n.*, éclater.

tas, *m.*, pl. **o,** tasse.

te, *m.*, thé.

teal (kôl), *m.*, patience, parelle.

tech, *m.*, pl. **o,** inclination, défaut.

techet, *adj.*, enclin.

tec'hel, *v. n.*, échapper.

teil, *m.*, fumier.

teilat, *v. a.*, fumer, engraisser.

telten, *m.*, pl. **nno,** tente.

temperans, *f.*, tempérance.

templ, *m.*, pl. **o,** temple.

tenn, *m.*, pl. **o,** tir, coup (de fusil, de canon).

teneraat, *v. n.*, devenir tendre.

tennadeg, *f.*, pl. **eier,** série de tirs, arrachage fait par plusieurs à la fois.

tennan, *v. a.* et *n.*, tirer, soustraire, arracher ; — **da,** ressembler à.

tentasion, *f.*, pl. **o,** tentation.

teo, *adj.*, épais.

teod, *m.*, pl. **o,** langue.

teolen, *f.*, pl. **nno,** tuile.

teologal, *adj.*, théologal.

têr, *adj.*, vif, irascible.

têrijen, *f.*, vivacité, emportement.

terri, *v. a.* et *n.* (part. **torret**), casser, se casser ; annuler ; contenter (un désir, la faim, la soif).

terzien, *f.*, fièvre.

test, *m.*, pl. **o,** témoin.

testamant, *m.*, pl. **cho,** testament.

testeni, *f.*, pl. **io,** témoignage.

testi, *v. a.* et *n.*, témoigner.

teurel, teul, *v. a.* (part. **tôlet**), jeter ; — **ar bec'h war,** rendre rendre responsable.

teureugen, *f.*, pl. **eug,** tique (insecte).

teurveout, *v. n.*, daigner.

teuzi, *v. a.*, fondre.

teval, *adj.*, sombre, obscur.

tevalaat, *v. n.* et *a.*, s'obscurcir, obscurcir.

tevalijen, *f.*, obscurité, ténèbres.

tez, *m.*, pl. **io,** pis.

ti, *m.*, pl. **tier** ; — **kêr,** hôtel-de-ville.

tieg, *m.*, pl. **tieien,** chef de maison.

tiegez, *f.*, pl. **io,** famille.

tillan, *v. a.*, teiller.

tillen, *f.*, pl. **nno** et **till,** *m.*, orme.

tin, *m.*, thym.

tireden, *f.*, pl. **nno,** tiroir.

toagen, *f.*, pl. **nno,** taie d'oreiller.

toaz, *m.*, pâte de farine.

toc'haden, *f.*, pl. **nno** et **toc'had,** *m.*, épi.

toen, *f.*, pl. **nno,** toit.

toer, *m.*, pl. **ien,** couvreur.

tôk, *m.*, pl. **o,** chapeau ; — **glañ,** chapeau de feutre ; — **touseg,** champignon.

tôker, *m.*, pl. **ien**, chapelier.

tôl, *f.*, pl. **io**, table.

tôl, *m.*, pl. **io**, coup ; **en eul tôl**, tout d'un coup ; — **peb eil tôl**, alternativement ; **tôl ha tôl**, à tout moment.

tomm, *adj.*, chaud ; — **skôt**, brûlant.

tomman, *v. a. et n.*, chauffer, se chauffer.

tommder, *f.*, chaleur.

tonel, *f.*, pl. **llo et io**, tonneau.

tonellad et toneliad, *f.*, le contenu d'un tonneau.

torchan, *v. a.*, essuyer.

torchen, *f.*, pl. **nno**, coussinet, paillasson, amas de moût destiné à être pressé.

torfet, *m.*, pl. **ejo**, forfait.

torfetour, *m.*, pl. **ien**, malfaiteur.

torz, *f.*, pl. **io**, tourte.

tosen, *f.*, pl. **nno**, colline, montagne.

tost, *adj. et adv.*, rapproché, près ; — **da**, près de ; **a-dost**, de près.

tostâat, *v. a. et n.*, rapprocher, se rapprocher.

touadel, *f.*, pl. **llo**, blasphème, imprécation, serment.

toueller, *m.*, pl. **ien**, trompeur.

toubier, *f.*, pl. **o**, nappe.

touch, *m.*, toucher.

toufle, touflez, *f.*, pl. **io**, fossé.

toui, touet, *v. a. et n.*, jurer, faire un serment ; **touet Doue**, blasphémer.

toull, *m.*, pl. **o**, trou.

toullan, *v. a.*, trouer, creuser.

tour, *m.*, pl. **io**, tour ; — **tan**, phare.

tourmant, *m.*, pl. **cho**, tourment, torture.

tourmanti, *v. a.*, torturer.

touseg, *m.*, pl. **ed**, crapaud.

touskan, *m.*, mousse terrestre.

tra, *m.*, pl. **treo**, chose.

trajedien, *f.*, pl. **nno**, tragédie.

tranch, *m.*, pl. **o**, houe.

traou, *m.*, bas, partie inférieure.

traouien, *f.*, pl. **nno**, vallée.

traouill, *m.*, pl. **o**, treuil.

trebe, *m.*, pl. **io**, trépied.

trec'h, *m.*, victoire.

tregasi, tregas, *v. a.*, tracasser, importuner.

Treger, *n. pr.*, pays de Tréguier.

tregerni, *v. n.*, résonner.

tregont, *adj.*, trente.

trei, *v. a. et n.* (part. **troet**), tourner.

treitour, *adj. et s. m.*, pl. **ien**, traître, perfide.

tremen (rad.), *v. a. et n.*, passer.

Treo, *n. pr.*, Trieux.

Treoger, *n. pr.*, Triagos.

treujen, treuchen, *f.*, pl. **jo, cho**, tronc d'arbre, de chou.

treusplantan, *v. a.*, transplanter.

treusplueg, *m.*, pl. **o**, traversin.

treust, *m.*, pl. **o**, poutre.

treut, *adj.*, maigre.

treuz, *adv.*, en travers ; **a dreuz da**, à travers.

treuz-ieot, *m.*, chiendent.

treuzi, *v. a.*, traverser.

treuzo, *m. pl.*, seuil.

tri, *adj.*, trois.

trinchen, *m.*, oseille.

Trinded, *n. pr.*, Trinité.

trist, *adj.*, triste, morne.

tristidigez, *f.*, tristesse.

triwac'h, *adj.*, dix-huit.

tro, *prép.*, pendant ; **tro an de**, tout le jour.

tro, *f.*, pl. **io**, tour, circuit, tournée, fois, magnificence ; **war eun dro**, en une fois, ensemble ; **wardro gant**, en même temps que ; **rei tro da**, solemniser.

tro-heol, *m.*, tournesol, camomille.

troad, *m.*, pl. **treid**, pied ; **war droad**, à pied.
troadur, *m.*, renouée persicaire.
troatad, *m.*, pl. **o**, pied (mesure : 0ᵐ 33).
troc'han, *v. a.*, couper.
troel, *m.*, renouée liseron.
trok, *m.*, pl. **o**, troc, échange.
tromperez, *f.*, tromperie.
tron, *m.*, pl. **io**, trône.
tronsan, *v. a.*, retrousser, relever.
trouz, *f.*, bruit.

trouzus, *adj.*, bruyant.
trubuill, *m.*, pl. **o**, chagrin.
true, *f.*, pitié
trueüs, *adj.*, digne de pitié.
trugare, *s. m. et adv.*, merci, remercîment.
tu, *m.*, côté.
Tual, *n. pr.*, Tugdual.
tud, *pl.* de **den**, hommes, gens, parents.
tule, *m.*, ombilic.
turkez, *f.*, pl. **o**, tenailles.

U

u, *m.*, pl. **io**, œuf.
ugent, *adj.*, vingt.
uhel, *adj.*, haut.
uhelder, *f.*, hauteur.

unan, *adj.*, un ; *après l'adj. poss.* tout seul.
unek, *adj.*, onze.
urz, *m.*, pl. **o**, ordre.
uzulier, *m.*, pl. **ien**, usurier.

V

varled, *m.*, pl. **o**, valet d'établi.
'vel, *conj.*, comme.
velkent, *adv.*, tout de même.
vendem, *f.*, vendange.
venji, *v. a.*, venger.
vertu *f.*, pl. **io**, vertu.
veselier, *m.*, pl. **o**, vaisselier, dressoir.

vijel, *m.*, pl. **io**, vigile, abstinence, jour maigre.
vil, *adj.*, vilain.
Visant, *n. pr.*, Vincent.
voulous, *m.*, velours.
voulousen, *f.*, pl. **nno**, ruban de velours.

W

war, *prép.*, sur.
wardro, *adv.*, environ.

warlerc'h, *adv. et prép.*, après.

Z

zoken, *adv.*, même.

LEXIQUE FRANÇAIS-BRETON

A

à, da.
abandonner, dilezel.
abattre, diskar *(rad.)*.
abbé, abad, *m. (pl.* ed).
abcès, gor, *m. (pl.* io).
abeille, gwenanen, *f. (pl.* gwenan).
abondant, fonnus, stank.
abord (d'), da gentan.
aboutir, dizouc'han.
aboyer, harzal.
absolument, a-grenn.
absolution, absolven, *f.*
absoudre, absolvi.
accueil, digemer, *m. ; faire bon accueil,* ober stad eus.
accusation, tamall, *m. (pl.* o).
accuser, tamall *(rad.),* teurel *(p.* tôlet) ar bec'h war.
achat, pren, prenan, *m. (pl.* io).
acheter, prenan.
achever, achui, peurober *(p.* peurc'hrêt).
acier, dir, *m.*
activité, difre, *m.*
adjoint, ajoent, *m. (pl.* ed).
adorer, adori.
adoucir, s'adoucir, dousaat.
affectueux, hegarat.
affliger, glac'hari.
affranchir, digabestran, distagan.
agacer, hegan.
âge, oad, *m.*
âgé, oadet.

agenouiller (s'), daoulinan.
agneau, oan, *m. (pl.* ed), agnéau.
agrandir, brasaat, kriski *(p.* kresket).
agréable, dudius, plijus.
agrément, dudi, *m.,* plijadur, *f.*
aide, sikour, *m. (pl.* io).
aider, sikour *(rad.)*
aïe ! aou !
aiguille, nadoue, *f. (pl.* eio) ; *a. à tricoter,* brochen, *f. (pl.* nno).
aiguillon, broud, *m. (pl.* o), flemm, *m. (pl.* o).
aiguiser, lemman.
aimable, karanteüs, hegarat.
aimer, karout.
air, êr, *m.*
aire, leur, *f. (pl.* io).
airain, arem, *m.*
airée, leuriad, *f. (pl.* o).
aisance, êz, *m.*
aise (à mon), war ma nanv.
aisselle, gazel, *f. (pl.* io).
ajonc, lann, *m.*
ajouter, lakat gant, lakat c'hoaz.
alène, minaoued, *m. (pl.* o).
aligner, lakat en renk, laket eün.
allée, bali, *f. (pl.* o).
allégresse, levenez, *f.*
aller, mont *(v. irr.);* s'en aller, mont kwit ; *aller mieux,* ober gwell.
allonger, hiraat.
allumer, alumi, enaoui.

alors, neuze.
alternativement, peb eil tro, peb eil gwej.
amas, bern, *m.* (*pl.* io).
amasser, bernian.
âme, iue, *m.* (*pl.* eo).
amélioration, gwellaen, *f.* (*peu usité*).
améliorer, s'améliorer, gwellaat.
amende, amand, *m.*
amener, digas (*rad.*)
amèrement, gant glac'har, rust.
ami, mignon, *m.* (*pl.* ed).
ample, ampl, frank.
amusant, fentus, diduellus, brao.
amuser (s'), c'hoari (*rad.*), en em didui.
ancre, heor, *m.* (*pl.* io).
âne, azen, *m.* (*pl.* ezen, azened).
ange, èl, *m.* (*pl.* êle, êled).
Anglais, Sôz, *m.* (*pl.* Sôzon).
Angleterre, Bro-Zôz, *f.*
animal, loen, *m.* (*pl.* ed) ; aneval, *m.* (*pl.* ed).
Anne, Anna.
anneau, *pour mettre au doigt*, bizo, *m.* (*pl.* zeier); *pour attacher*, ailleten, *f.* (*pl.* noo); — *d'une chaîne*, maill, *m.* (*pl.* o).
année, blâ, *m.* (*pl.* aio).
Annonciation, gouel ar Werc'hez miz meurz.
annulaire, biz ar bizo, *m.*, pevaret biz.
août, est, *m.* ; miz est, *m.*
apercevoir, gwelet, teurel ple da.
apôtre, abostol, *m.* (*pl.* ebestel).
apparenté, kar.
appât, boued, *m.*
appeler, gelvel (*p.* galvet).
appétit, c'hoant dibri, *m.*
appliquer à (s'), en em rei da ; pleal gant ; lakat poan da (*inf.*).

apporter, digas (*rad.*)
appréhension, aon, *m.*
apprendre, diski (*p.* desket, disket).
apprêts, kempenadurez, *f.*
approuver, aproui, kavout mat.
appui de (à l'), e-skoa.
appuyer, skoazian, harpan.
après, goude ; *d'après*, herve, diouz ; *a. midi*, indery, *m.*
araignée, kevniden, *f.* (*pl.* id, *m.*); *toile d'a.*, gwiad-kevnid, *m.*
arbre, gween, *f.* (*pl.* gwe, *m.*).
archange, arc'hêl, *m.* (*pl.* ed).
archevêque, arc'beskob, *m.* (*pl.* kisbien).
ardeur, tommder, *f.* ; *au moral*, gred, *m.*
arête, dren-pesk, *m.* (*pl.* drein-pesked).
argent, arc'hant, *m.*
argentin, sklintin.
argile, pri, *m.*
armée, arme, *f.* (*pl.* eo).
armoire, armel, *f.* (*pl.* io) ; pres, *m.* (*pl.* so, cho).
arrêter, berzel (*p.* barzet); sparlan, skoillan ; delc'ben (*p.* dalc'het).
arrhes, errez, *m.*
arriver, arruout, digoueout.
arrogance, rogente, *f.*, balc'hder, *f.*
artère, gwazien-vras, *f.* (*pl.* nnobras).
Ascension, Asansion, *m.*
aspiration, huanaden, *f.* (*pl.* nno).
asseoir, azean, diazean ; (*s'*) azean.
assez, awalc'b, trawalc'b.
assombrir *et* (s'), tevalaat.
assujettir, lakat da blegan, kabestran, sujan (*au moral*).
attacher, stagan.
attaquer à (s'), en em gemer (*rad.*) ouz.
attelage, harnez, *f.* (*pl.* io).
atteler, sternan, stagan.

attendre, gortoz (*rad.*), gedal ; *en attendant*, da c'hortoz.
attentif, eveziek, prederius.
attention à (faire), lakat evez ouz, teurel ple ouz.
attester, testenian, beau test.
attirer, tennan.
attiser (le feu), c'hwean war, ôzan.
auberge, hosteliri, *f.* (*pl.* io).
aubergiste, hostiz, *m.* (*pl.* ien).
audace, hardiegéz, hardians, *f.*
aucun, hini ebet, den ebet, nep.
auge, louer, *f.* (*pl.* io).
aujourd'hui, birie ; fete *(par rapport au futur)*.
aumône, aluzen, *f.* (*pl.* nno).
aune, goalen, *f.* (*pl.* nno).
auparavant, kent, arôk.
auprès de, e-kichen, tost da.
aussi, ive.
aussitôt, kenkent, dioustu.
autant, kement, kement-all.
autel, ôter, *f.* (*pl.* io).
automne, diskar-amzer, *m.*, dilost-banv, *m.*

autour, endro ; *a. de*, endro da ; *tout a.*, tro war dro.
autre, all.
autrefois, gwejall.
autrement, *ou*, petramant.
avaler, lonkan.
avant, **avant de**, arôk, kent ; *a. longtemps*, prestik.
avantageux, talvoudus, ampledus.
avec, gant.
avenir (à l'), diwar-vreman, hiviziken.
avent, avent, *m.*
avenue, ale, *f.* (*pl.* eio) ; bali, *f.* (*pl.* o).
aversion, kaz, *m.*, kasoni, *f.*
aveugle, dall.
aveuglement, dallente, *f.*
avis, ali, *m.* (*pl.* o).
avisé, avizet, fur.
avocat, avokad, *m.* (*pl.* ed).
avoine, kerc'h, *m.*
avoir, kaout, kât.
avoué, avoue, *m.* (*pl.* eed).
avril, ebrel, *m.*

B

bague, bizo, *m.* (*pl.* eier), goalen, *f.* (*pl.* lenno, linier).
baigner (se) *(dans l'eau libre)*, koronkan.
bailler, badaillat.
baiser, pokat da.
baisse, rabat, *m.*, disken, *m.*
baisure, stokadur, *m.*, afeden, *f.*
balai, skubelen, *f.* (*pl.* nno).
balancer, bransellat.
balayer, skuban.
balle, *à jouer*, ballot, *f.* (*pl.* o) ; mellig, *f.* (*pl.* o) ; *b. de fusil*, bouled, *m.* (*pl.* jo).
ballon *à jouer*, mell, *f.* (*pl.* o).

banc, pank, *f.* (*pl.* o).
bande, *bandelette*, liam, *f.* (*pl.* o) ; *b. de terre soulevée par le soc*, bom, *m.* (*pl.* o) ; *b. de cuir*, lêren, *f.* (*pl.* nno).
bande, *troupe*, bagad, *m.* (*pl.* o) ; banden, *f.* (*pl.* nno).
bannière, banniel, *m.* (*pl.* o).
banquet, fest, *m.* (*pl.* o) ; banvez, *m.* (*pl.* io).
baptême, badeiant, *f.* (*pl.* cho).
baptisé (non), divade.
baptiser, badeï.
baquet, pel, *f.* (*pl.* io) ; *b. à anses*, baraz, *f.* (*pl.* o).

baratte, ribol, *f. (pl. o).*
barbe, baro, barv, *f. (pl. io).*
barre, barren, *f. (pl. o); b. de gouvernail,* stur, *m. (pl. io); b. d'une porte,* prenn, *m. (pl. o);* sparl, *m. (pl. o).*
barrer, barrennan, sparlan.
barrière, kleud, kled, *f. (pl. jo).*
barrique, barriken, *f. (pl. nuo, iko).*
Barthélemy, Bertelame.
bas, *s., partie infér.,* traou, *m.*
bas, *s.,* louêr, *f. (pl. louêro, lêro, lêreier).*
bas, *adj.,* izel.
basculer *(une charrette),* bannan.
bassin, pilig, *f. (pl. o).*
bateau, bag, *f. (pl. io).*
batelier, bageer, *m. (pl. ien).*
bâtiment, *maison,* ti, *m. (pl. tier); navire,* lestr, *m. (pl. listri).*
bâtir, sevel *(p. savet).*
bâton, baz, *f. (pl. bizier); b. à bouillie,* baz-iod.
battant, *d'une armoire,* stalav, *f. (pl. io); b. d'une porte,* dorikel, *f. (pl. llo).*
battoir, kolvaz, *f. (pl. io).*
battre, dornan.
bavette, baveten, *f. (pl. nno).*
beau, kaer.
beaucoup, kalz a *(pl.) ;* meur a *(sing.)*
beauté, kaerder, gened, *f.*
bébé, poupig, *m. (pl. o).*
bec, beg *m. (pl. o).*
becqueter, pigosat.
Bégard, Bear.
bêler, begian.
belette, kaerel, *f. (pl. ed).*
bélier, maout, *m. (pl. o et meot).*
Belle-Isle-en-Terre, Benec'h.
bénédiction, bennoz, *m.*
bénitier, pisin dour binniget, *m. (pl. no).*

Benoît, Benead.
berceau, kavel, *m. (pl. llo et io).*
berger, mesaer, *m. (pl. ien).*
besoin, ezom, *m. (pl. o).*
bête, loen, *m. (pl. ed).*
beurre, amann, *m.*
biche, heicz, *f. (pl. ed).*
bien, mad, *m. (pl. o); biens,* mado, danve, *m.; faire du bien,* ober vad; *homme de b.,* deu a veson, a zoare.
bien, mat, ervat ; *aussi bien,* keukouls ; *bien portant,* iac'h.
bienséance, dereadegez, *f.,* honestiz, *f.*
bienséant, dereat.
bientôt, prestik, emberr.
billets de banque, ar c'hant paper, *m.*
biniou, biniou, *m.*
bisaïeul, tadig koz.
blaireau, broc'h, *m. (pl. ed).*
blanc, gweun.
blanchisseuse, gwennerez. *f. (pl. ed).*
blasphème, touadel, *f. (pl. llo);* le-douet, *m. (pl. leo-douet).*
blé, ed, *m. (pl. o); blé noir,* ed du, itu.
bleu, glas.
bluter, brutellan.
blutoir, brutel, *f. (pl. llo).*
bœuf, ejen, *m. (pl. ed).*
boire, evan.
bois, koad, *m. (pl. jo); bois à brûler,* keuneud, *m.*
boisseau, boezel, *m. (pl. llo).*
boisson, evaj, *m. (pl. o).*
boîte, boest, *f. (pl. io).*
boîter, kamman.
boîteux, kamm.
bol, bolen, *f. (pl. nno).*
bombarde, bombard, *f. (pl. o).*
bon, mat ; *de bonne heure,* abret, abret kaer.

bonheur, evurusted, *m.*
bonté, madelez, *f.*
Bordeaux, Bourdel.
borgne, born.
botte, heuzen, *f. (pl.* zo) ; gamachen, *f. (pl.* cho).
bottine, bottinen, *f. (pl.* nno) ; heuzig, *m. (pl.* zoigo).
bouche, geno, *m. (pl.* oio) ; beg, *m. (pl.* o).
bouchée, begad, *m. (pl.* o) ; leiz ar geno.
boucher, stouvan.
boucherie, kigeri, *f.*
bouchoir *de four*, men forn, *m.*
boudin, gwadegen, *f. (pl.* nno).
boue, fank, *m.*, kaillar, *m.*
bouillie, iod, *m. ; b. de froment,* iod gwiniz, kôd, *m.*
bouillon, souben, *f. ; b. maigre,* s. vijel ; *b. gras,* s. gig.
boulanger, boulanjer, *m. (pl.* ien); baraer, *m. (pl.* ien).
boule, boul, *f. (pl.* o).
boulet, bouled, *f. (pl.* jo).
bourbier, fankigel, krenegel, *f. (pl.* llo).
Bourbriac, Boulvriag.
bourdon, safronen, *f. (pl.* nno).
bourg, bourk, *m. (pl.* o).
bourgeois, bourc'hiz, *m. (pl.* ien).
bourreau, boureo, *m. (pl.* evien).
bourrelier, piker lêr, *m. (pl.* erien); boureller, *m. (pl.* ien).
bourse, ialc'h, *f. (pl.* o).
boursoufler (se), c'hwean.

bouse, koc'h-saoul, *m.*
bout, penn, *m. (pl.* o) ; *venir à b. de (infin.),* dont a benn da ; *(nom.),* d. a b. eus.
bouteille, boutaill, *f. (pl.* o) ; *une b. (mesure),* boutaillad, *f. (pl.* o).
boutique, stal, *f. (pl.* io).
boutonner, boutonan.
brancard, *limonière,* limon, *f. (pl.* o).
bras, brec'h, *f. (pl.* io) ; *duel* divrec'h.
brasse, goured, *m. (pl.* o).
brebis, danvadez, *f. (pl.* ed).
Bretagne, Breiz, *f.*
breton, *m.*, brezoneg.
breton, *adj.*, breton.
Breton, *m.*, Breizad, *m. (pl.* ziz) ; Breton, *m. (pl.* ed).
Brigitte, Berc'hed.
brillant, lugernus.
brindilles, blincho, briuso, *m. pl.*
briquet, diren, *f. (pl.* nno).
briser, terri (*p.* torret).
broche, ber, *m. (pl.* io).
broder, brodan.
broncher, streboti.
brosse, broust, *m. (pl.* o, cho).
brosser, broustan.
bruit, trouz, *f.*
brûlant, loskus, tom-skôt.
brûler, devi, leski (*p.* losket).
brume, mougen, *f.*
bûche, skod, *m. (pl.* o), kev, *m. (pl.* io).
bûcher, keuneudeg, *f. (pl.* eier).

C

cabaretière, hostizez, *f. (pl.* ed).
cacher, kuzan, kuban.
cachette (en), e-kuz.
cadeau, presant, *m. (pl.* cho).

café, kafe, *m.*
cage, kaoued, *f. (pl.* jo).
caillebotte, kaouled, *m.*
cailler, kaouledi.

calomnie, drouk-komz en gaou, *f.* (*pl.* dr.-komzo).

camarade, kamarad, *m.* (*pl.* ed).

canard, houad, *m.* (*pl.* houidi).

cancer, krign-beo, *m.*

canon, kanon, *m.* (*pl.* io).

canot, bagig, *f.* (*pl.* o).

cantique, kantik, *m.* (*pl.* o).

canton, kanton, *m.* (*pl.* io).

canule, alc'hwe *ou* kog bariken, *m.*

capitaine, kabiten, *m.* (*pl.* ed).

capot, kapot, *m.* (*pl.* o).

caprice, frouden, *f.* (*pl.* nno).

capucin, kabusin, *m.* (*pl.* ed).

car, rak.

cardinal, kardinal, *m.* (*pl.* ed).

carême, koareiz, *m.*

carnaval, malarje, *m.*

carrière, mengleu, *f.* (*pl.* io).

carroussel, kazeg vezeven, *f.*

carte, karten, *f.* (*pl.* nno) ; tôlen, *f.* (*pl.* nno).

cas (faire), stad (ober).

casser, terri (*p.* torret).

catéchiser, katechizan, ober katechiz da.

catéchiste, katechizer, *m.* (*pl.* ien).

cathédrale, katedral, *f.* (*pl.* io) ; iliz-veur, *f.*

Catherine, Katel.

cause, abeg, *f.* ; kiriek *(attrib.)* ; à *cause de*, abalamour da, 'n askont da.

cavalier, marc'heg, *m.* (*pl.* eien).

cave, kao, kav, *f.* (*pl.* vio).

ce, cet, ar... man, ar... ze.

celui, celle, an hini ; *c.-ci*, heman, *m.*, homan, *f.* ; *c.-là*, hennez, *m.*, honnez, *f.* ; *ceux, celles*, ar re.

ceinture, gouriz, *f.* (*pl.* o).

cendre, ludu, *m.*

cent, kant ; *(tant)pour cent*, dre gant.

cependant, koulskoude.

cercle, kelc'h, *m.* (*pl.* io).

cercueil, arched, *m.* (*pl.* o).

céréales, edo, *m. pl.*

cérémonie, lid, *m.* (*pl.* o).

cerf, karv, *m.* (*pl.* kirvi).

cerise, kerezen, *f.* (*pl.* ez, *m.*) ; babuen, *f.* (*pl.* bu).

cerisier, kerezen, *f.* (*pl.* nno) ; babuen, *f.* (*pl.* nno).

cesse (sans), dalc'hmat.

chacun, pep hini.

chagrin, glac'har, *m.*, nec'hamant, *m.* ; *ch. violent*, enkrez, *m.*

chagriner, nec'han, glac'hari.

chaîne, chaden, *f.* (*pl.* nno).

chaire, kador-zarmon, kador brezeg, *f.*

chaise, kador, *f.* (*pl.* io).

chaland, *client*, pratik, *m.* (*pl.* o) ; *bateau plat*, skaf, *m.* (*pl.* o).

chaleur, tommder, *f.*

chambre, kambr, *f.* (*pl.* bcho).

chambrière *de charrette*, matezkar, *f.* (*pl.* mitizien k.)

chameau, kanval, *m.* (*pl.* ed).

champ, park, *m.* (*pl.* o) ; *c. de foire*, marc'hallac'h, *m.*

chandelier, kantoulour, *m.* (*pl.* io).

chandelle, golo, *m.* (*pl.* oio) ; *une ch.*, kantoul c'holo, *f.* (*pl.* io g.), goloen, *f.*

changé en (être), dont da vean.

chanoine, chaloni, *m.* (*pl.* ied).

chanson, son, *f.* (*pl.* io).

chant, kan, *m.*

chanter, kanan.

chanvre, kanab, *m.*

chapeau, tôk, *m.* (*pl.* o) ; *ch. de feutre*, *t.* glân.

chapelet, chapeled, *m.* (*pl.* o).

chapelier, tôker, *m.* (*pl.* ien).

chapelle, chapel, *f.* (*pl.* llo *et* io)

chaque, pep, peb.

char, kar, *m.* (*pl.* kiri).

charbon, glaou, *m.* ; *ch. de terre*, gl. douar ; *ch. du blé*, korbon, *m.*

charbonnier, glaouaer, *m.* (*pl.* ien).
chardon, askol, *m.*
charge, samm, *m.* (*pl.* o) ; *ch. d'une charrette,* karg, *f.* (*pl.* o) ; *fonction,* karg.
charger, kargan, samman.
charité, karante, *f.*
charpente, koadaj, *m.*
charpentier, kalve, *m.* (*pl.* kilvien).
charretier, charetour, *m.* (*pl.* ien).
charrette, kar, *m.* (*pl.* kiri).
charroi, chareadeg, *f.* (*pl.* eier) ; chare, *m.* (*pl.* o).
charroyer, chareat, chare.
chasse, chase, *m.*
chasser, chaseal ; *éloigner,* kas kwit, lakat er mêz.
chassis, stern, *m.* (*pl.* io).
chat, kaz, *m.* (*pl.* kizier).
château, kastel, *m.* (*pl.* kestel).
Châteaulin, Kastellin.
châtier, kastian.
chaud, tomm.
chaudron, kôter *f.* (*pl.* io).
chaudronnier, piliger, minter, *m.* (*pl.* ien).
chauffer, tomman ; *ch. le four,* gori ar forn.
chaume, soul, *m.*
chaussure, botez, *f.* (*pl.* boto, boteier.)
chaux, ra, *m.*
chemin, hent, *m.* (*pl.* cho) ; *ch. de fer,* hent-houarn.
cheminée, chiminal, *m.* (*pl.* o).
chemise, kreiz, *m.* (*pl.* o) ; *chemise d'homme,* roched, *m.* (*pl.* o) ; *ch. de femme,* hiviz, *f.* (*pl.* o).
cher, ker.
chercher klask (*rad.*); *ch. à,* klask ; *aller ch. (quérir),* kerc'hat.
chère (*bonne*), cher vat, *f.*
chérir, karout.

cheval, marc'h, *m.* (*pl.* marc'ho, ronsed) ; *chevaux (en général),* kezeg, *m. pl.*
chevelure, pennad bleo, *m.* (*pl.* do).
cheveu, bleven, *f.* (*pl.* blev, bleo, *m.*)
chèvre, gavr, gaor, *f.* (*pl.* gevr, geor).
chevreau, menn, *m.* (*pl.* ed).
chevreuil, iourc'h, *m.* (*pl.* ed).
chevron, kibr, *m.* (*pl.* kibrio).
chien, ki, *m.* (*pl.* chas).
chiffonnier, pillaouer, *m.* (*pl.* ien).
chœur, keur, *m.* (*pl.* io).
choisir, dibab (*rad.*), choaz (*rad.*)
choix, dibab, *m.,* choaz, *m.*
chopine, chopin, *m.* (*pl.* o).
choriste, kôlist, *m.* (*pl.* ed).
chose, tra, *m., f.* (*pl.* treo, *m.*)
chrétien, kristen, *m.* (*pl.* ien).
chrétienté, kristenez, *f.*
chute, lamm, *m.* (*pl.* o).
cidre, jistr, *m.*
ciel, nenv, *m.* (*pl.* o).
cierge, piled, *m.* (*pl.* o).
cil, malven, *f.* (*pl.* nno).
cimetière, bered, *f.* (*pl.* ejo).
cinq, pemp.
cinquante, hanter-kant.
cire, koar, *m.*
cirer, koaran.
ciseaux, sizaill, *f.* (*pl.* o) ; *ciseau à froid,* kizel, *f.* (*pl.* llo).
clair, sklêr.
Clarté (La), Ar Sklerder, Sklerded.
classe, klas, *m.* (*pl.* o) ; renk, *m.* (*pl.* o) ; skol, *f.* (*pl.* io).
clayon *de charrette,* reien, *f.* (*pl.* reio).
clef, alc'hwe, *m.* (*pl.* o).
client, pratik, *m.* (*pl.* o).
cloche, kloc'h, *m.* (*pl.* klehier).
cloison, speuren, *f.* (*pl.* nno).
cloporte, laouen douar, *f.* (*pl.* laou d.), gwrac'h, *f.* (*pl.* ed).

clos, kloz.
clou, tacb, *m. (pl.* o).
cloutier, tacher, *m. (pl.* ien).
cochon, porc'hel, *m. (pl.* elled) ;
penn-moc'h, *m. (pl.* moc'h).
cœur, kalon, *f. (pl.* o) ; *sans cœur,*
digalon.
coffre, kouf, *m. (pl.* o).
coiffe, koeff, *m. (pl.* o) ; *c. d'été,*
jobelinen, *f. (pl.* nno) ; *c. de deuil,*
kapot, *m. (pl.* o).
coiffure, *sans c.,* diskabel.
coin, korn, *m. ;* kogn, *m. ; coin à*
fendre le bois, ienn, *m. (pl.* o).
col, kolier, *m. (pl.* o).
colère, droug, *m. suivi d'un v. et*
de e, en : je suis en colère : droug
a zo ennon ; *fureur,* konnar, *m.*
colique, droug-kov, *m.*
collège, kolaj, *m. (pl.* o) ; kelendi,
m. (pl. o).
colline, run, *f. (pl.* io) ; krec'hen,
f. (pl. nno) ; taroz, *m. (pl.* io).
colombier, kouldri, *m. (pl.* o).
colonne *de lit,* post gwele, *m. (pl.*
to gwele).
combat, emgann, *m. (pl.* o).
combien, pet, pegement, pegen ;
nag a *(exclam.)*
combler, kargan, leunian.
commandant, komandant, *m. (pl.*
ed).
commandement, gourc'hemen,
m. (pl. nno).
comme, evel, evel ma *(suivi d'un v.)*
commencer, komans *(rad.),* de-
raoui.
comment, penôs.
commerce, kemmwerz, *m. ;* kon-
vers, *m.*
commère, komaer *f. (pl.* erezed).
commissaire, komiser, *m. (pl.*
ien).
commode, êzet.

commune, komun, *f. (pl.* o) ; parouz, *f. (pl.* io).
communier, komunian.
communion, komunion, *f. (pl.* o).
compagnie, kompagnouez, *f. (pl.*
io) ; banden, *f. (pl.* nno); *fréquen-*
tation, darempred, *m.*
compatissant, douget d'an drue,
trueek ?
compère, kompaer, *m. (pl.* ien) ;
kompêr (*pl.* piri).
compliments, gourc'hemennou,
m. pl.
composer, ober *(irrég.)*
compter, kontan.
concevoir, konsevi.
condamner, kondaoni.
condition, stad, *m.,* renk, *m. (pl.*
o) ; *à c. que,* gant ma, betek ma.
conduire, kondui, kas *(rad.),* ambroug *(rad.), faire la conduite.*
conduite, komportamant, *m.,* bue,
f., doare bevan, *m.*
confesser (se), kovesaat.
confesseur, kovezour, *m. (pl.* ien).
confessionnal, kovizion, *f.;* kador
govizion, *f.*
confiance, fians, *f.*
confire, konfizan.
confirmer, konfirman, kouzoumenni
congé, konje, *m. (pl.* o).
connaissance, anaoudegez, *f.,*
gouiegez, *f.*
connaître, anaout, gouzout.
consacrer, konsakri.
conscience, konsians, *f.*
conseil, ali, *m. (pl.* o) ; kuzul, *m.*
(*pl.* io).
conseiller, kuzulier, konsailler, *m.*
(*pl.* ien).
consentement, grad vat, *m.,* ôtre,
m., asant, *m.*
conserver, miret.
consolant, konfortus, frealzus.

consolation, konfort, *m.*, frealz, *m.*
consoler, konforti, frealzi.
consommer (se), *être complète-*
ment cuit, peurboac'hat.
conte, kontaden, *f. (pl.* nno) ; mar-
vaill, *m. (pl.* o).
content, laouen, kontant ; *je suis*
content, stad a zo ennon.
contentement, levenez, *f.*, plijadur, *f.*
contenter, plijout da.
continu, ha na baouez tamm.
continuellement, hep paouez,
dalc'hmat.
continuer, delc'hen gant, kendel-
c'hen ; *c. à*, delc'hen da ; *durer*,
pad *(rad.)*
contre, enep, ouz.
contrister, nec'ban, chifan, anoazi.
convenable, dereat.
convenir, *être convenable*, dereout
· ouz ; *plaire à*, plijout da.
convertir, gonit da zoue, konver-
tisan ; *se c.*, distrei ouz Doue.
copeau, skolpaden, *f. (pl.* ad).
coq, kog, *m. (pl.* kigi).
coque, kloren, *f., (pl.* klor).
coqueluche, paz-iud, *m.*, dreo, *m.*
coquet, mistr, koantik.
corde, korden, *f. (pl.* kerden) ; *c. de*
bois, de terre, k. *(pl.* nno).
cordonnier, kereer, *m. (pl.* ïen).
corne, korn, *m. (pl.* kernio).
Cornouaille, Kerneo, Kernev, *f.*
cornu, kornek.
corps, korv, *m. (pl.* o).
corriger, *un travail*, reizan, difa-
zian ; *quelqu'un*, dresan, kastian.
corset, korven, *f. (pl.* nno).
côte, kosten, *f. (pl.* to) ; *montée*, kra
m.(pl. io) ; *région maritime*, arvor.
côté, koste, *m. (pl.* eio) ; *du c. de*,
e koste, da goste.
cou, goug, *m. (pl.* o).

coude, ilin, *m. (pl.* o).
coudre, gwriat.
couette, golc'had, *f. (pl.* ajo).
couler, *v. n.*, redek ; *c. goutte a*
goutte, beran, diveran.
couleuvre, aer, *f. (pl.* ed).
coup, tôl, *m. (pl.* io) ; *d'un coup,*
en eun tôl ; *c. sur c.*, t. ba t. ; *c. de*
fusil, tenn fuzul, *m.*
coupable, kablus.
couper, troc'han.
couple, koublad, *m. (pl.* o).
couplet, poz, *m. (pl.* io).
cour *d'une maison*, porz, *m.(pl.* io) ;
d'un souverain, lez, *m.*
courage (prendre), kalon (kemer),
kalonekaat.
courageux, kalonek.
courant, red, *m.*
courir, redek, galoupat.
courroie, lêren, *f. (pl.* nno).
court, berr.
courtil, liorz, *f. (pl.* o).
cousin, kinderv, *m. (pl.* dirvi).
couteau, kontel, *f. (pl.* llo *et* io).
coûter, koustout.
coutume, kustumans, *f. (pl.* o) ;
kustum, *m. (pl.* o) ; giz, *f. (pl.* io).
couvent, kouent, *f. (pl.* cho).
couver, gori.
couvercle, goloen, *f. (pl.* nno) ;
golo, *m. (pl.* io).
couverture *de lit*, goloen wele, *f.*,
pallin, *f. (pl.* o) ; *c. en laine*, tapis,
m. (pl. o).
cracher, skopan, krachat.
craie, krei, *m.*
craindre, kaout aon ; *c. avec res-*
pect, doujan.
crâne, klopenn, *m. (pl.* o) ; krogen
ar penn, *f.*
crapaud, touseg, *m. (pl.* ed).
cravate, mouchouer goug, *m. (pl.*
ro) ; kravaten, *f. (pl.* nno).

créateur, krouer, *m.*

créer, kroui.

crémaillère, drezen, *f.* (*pl.* nno) ; drezeu chiminal ; kramailler, *m.* (*pl.* o).

crême, koaven, *f.*

crêpe, krampoezen, *f.* (*pl.* ez).

crête, kriben, *f.* (*pl.* nno) ; *faite,* lein, *m.*

creuser, kleuzan, toullan.

creux, kleuz.

crible, kreur, *m.* (*pl.* io) ; *c. très clair,* grelard, *m.* (*pl.* o).

cribler, ôzan, aven (*p.* aveet), grelardi.

crier, krial ; *pour appeler,* hopal ; *c. comme les enfants,* garmet ; *c. à tue-tête,* iouc'hal.

crime, torfet, *m.* (*pl.* jo).

criminel, fall.

crinière, moue, *m.*

croire, kridi (*p.* kredet).

croître, kriski (*p.* kresket), brasaat.

croix, kroaz, *f.* (*pl.* io).

crotte, *boue,* kaillar, *m.*, fank, *m.*

croûte, kreun, *m.* ; *sg.* kreunen, *f.* ; *c. brûlée,* paradur, *m.*

croyance, kreden, *f.* (*pl.* nno).

crucifier, krusifian, stagan ouz ar groaz.

cruel, kri, didrue.

cuiller, loa, *f.* (*pl.* loaio).

cuire, poac'hat.

cuir, lêr, *m.*

cuisine, kigin, kegin, *f.* (*pl.* o).

cuisinier, kiginer, *m.* (*pl.* ien).

cuisse, morzed, *f.* (*pl.* o) ; *duel* divorzed.

cuit, poaz ; *mal cuit,* bour-boaz.

cuivre, kouevr, *m.*

culotte, brago, *m.* (*pl.* geier) ; bragez, *m.*

curieux *à voir,* souezus, kaer da welet.

cuscute, bosen, *f.*

cuve, penton, *m.* (*pl.* io) ; kibel, *f.* (*pl.* llo).

D

dame, itron, *f.* (*pl.* nezed).

danger, riskl, risk, *m.* (*pl.* o) ; danjer, *m.* (*pl.* io) ; *en d. de,* risket da.

dangereux, danjerus, gwall, fall.

dans, e, en.

danse, dans, *m.* (*pl.* o).

danser, dansal.

dartre, daroueden, *f.* (*pl.* ed, *m.*)

de, a, diouz, diwar.

dé *à coudre,* besken, *f.* (*pl.* nno).

débiteur, dleour, *m.* (*pl.* ien).

décembre, kerdu, *m.*

décharger, diskargan, dizamman.

déchirer, fregan, rogan.

déclarer, disklerian, laret, rei da c'hout.

décomposé, *défait,* dispennet ; *corrompu,* troet, brein.

découvert, dizolo.

découvrir, dizolo *(rad.),* kavout, diskuill *(rad.)*

dédommager, dic'haouan, digoll *(rad.)*

défaut *du corps,* si, *m.* (*pl.* o) ; *de l'âme,* tech fall ; *sans défaut,* disi, divlamm.

défendre, difenn *(rad.) ; d. à,* miret ouz ; *il est défendu de,* arabad eo.

défense (dent), skilf, *m.* (*pl.* o).

dégel, diskorn, *m.*

dégrossir, dic'hrosan, divrasan.

dehors, er-mêz, e-mêz ; *de d.,* aziavêz.

déjà, dija, ken abret.

déjeuner, dijuni *(rad.)*, leinan.

délaisser, dilezel.

délicat, tener, flour, c'hwek ; *pour la nourriture*, milzin.

délivrer, tennan a boan ; lezel da vont ; *d. de*, pellaat.

demain, arc'hoaz.

demande, goulen, *f.* *(pl.* nno*)*.

demander, goulen*(rad.)*;*d. à*,pidi.

démarquer, diverkan.

demeurer, chom *(rad.)* ; menel *(p.* manet*)*, *d. en arrière*.

demoiselle, dimezel, *f.* *(pl.* lled).

démon, diaoul, *m.* *(pl.* ed, o) ; drouk-spered, *m.* *(pl.* ejo).

denier, diner, *m.* *(pl.* o).

dénoncer, diskuillan, disklerian.

dénouer, diskoulman.

dent, dant, *m.* *(pl.* dent).

dentelé, dantek.

dépense, dispign *m.* *(pl.* o).

déplaire, displijout.

déployer, displegan.

déplumer, dibluan.

depuis, aboe.

député, depute, kannad, *m.* *(pl.* ed).

déraisonnable, direzon ; *en parlant d'une personne*, diavis.

dernier, divezan.

dérouiller, diverglan, divelgan.

dérouler, displegan.

désagréable, divalo, dichek.

désagrément, displijadur, *m.*

descendre, disken, *p.* nuet.

désert, gouelec'h, *m.* *(pl.* io); lec'h distro, *m.* *(pl.* lec'hio d.)

déserteur, dezerter, *m.* *(pl.* ien).

désespoir, dizesper, *m.*

désir, c'hoant, *m.*; dezir, *m.(pl.* io); *mauvais d.*, ioul fall, *m.* *(pl.* lo); c'hoantegez, *f.* *(pl.* io).

désirer, c'hoantaat, kaout c'hoant da.

désireux, an neus c'hoant da.

désobéir, dizenti.

dessécher, dizec'han ; *d. tout à fait*, krazan.

dessus, lein, *m.* ; gorre, *m.*

détacher, distagan.

détendre, distardan ; *d. un arc, un ressort*, distignan.

détruire, distrujan, dismantr *(rad.)*

dette, dle, gle, *m.*

deuil, kanv, kanvo, *m.*

deux, daou, *m.* ; diou, *f.*

deuxième, eil.

devant, *s.* diarôk, *m.*

devant, *adv. et prép.*, arôk.

devenir, dont *(v. irrég.)* da vean.

devoir, dever, *m.* *(pl.* io).

devoir, dleout, gleout ; *devant un infin.*, renkout ; fallout *(unipers.)*

dévot, devot.

diable, diaoul, *m.* *(pl.* ed, ó).

diarrhée, red-kov, *m.*

Dieu, Doue, *m.* ; *faux dieux*, fals doueo.

différence, kemm, *m.*

difficile, diês.

dimanche, sul, *m.* *(pl.* io); disul.

diminuer, bihanaat.

dindon, kok-Indrez, *m.* *(pl.* kigi-I.); *dinde*, iar-I. *(pl.* ier-I.)

dîner, meren, mern, *f.* *(pl.* io).

diocèse, eskopti, *m.* *(pl.* o).

dire, laret.

disette, dienez, *f.*

dispute, tabut, *m.*, striv, *m.*

dissipé, dibenn ; *s.* penn skanv, *m.*

dissiper, *dépenser follement*, fouettan ; fontan.

distrait, dievez, dible.

divertissement, c'hoari, ebat, *m.* *(pl.* o).

divination, divinerez, *f.*

dizaine, degen, *f.* *(pl.* nno).

docteur, doktor, *m.* *(pl.* ed).

doigt, biz, *m.* (*pl.* ied).
Dol, Dol.
doloire, daladur, *f.* (*pl.* io).
domestique, s. mevel, *m.* (*pl.* ien); matez, *f.* (*pl.* mitizien).
domestique, *adj.*, = *de la maison*, eus an ti.
domination, beli, *f.*, domani, *m.*
don, donezon, *f.* (*pl.* o) ; prezant, *m.* (*pl.* cho).
donation, donezon, *f.* (*pl.* o).
donner, rei, *p.* roet.
dorer, alaouri.
dormir, kousket.
dos, kein, *m.* (*p.* o).
dot, argouro, *m.*

douceur, dousder, *f.*
douleur, poan, *f.* (*pl.* io) ; droug, *m..; affliction*, glac'har, *m.*
doute, mar, arvar, *m.*
doux, dous, c'hwek ; *au toucher*, flour ; *de caractère*, kabask.
douze, daouzek.
drap, mezer, *m.*
dressoir, veselier, *m.* (*pl.* o).
droit, s. gwir, *m. ; impositions*, gwirio, taillo, *m. pl. ;* kustum, *m.*
droit, eûn, reiz.
droite, an tu deo, *m. ; à d.*, a zeo, en tu deo.
droiture, lealded, eünder, *f.*
dur, kalet ; *cruel*, kri.

E

eau, dour, *m.* (*pl.* io, eier) ; *eau-de-vie*, gwin-ardant, *m.*
ébat, ebat, *m.* (*pl.* o).
échafaud, chafod, *m.* (*pl.* o).
échalier, skalier, *f.* (*pl.* o).
échange, eskemm, *m. ;* trok, *m. ; en éch. de*, en esk. da.
échanger, trokan.
échauder, skôtan.
échelle, skeul, *f.* (*pl.* io).
échelon, báz skeul, *f.* (*pl.* bizier).
éclair, luc'heden, *f.* (*pl* ed, *m.*)
éclat *de tonnerre*, tarz kurun, *m.* (*pl.* zo k.)
éclater, tarzan.
école, skol, *f.* (*pl.* io).
écolier, skolaer, *m.* (*pl.* ien).
écorcher, kignat.
écouter, chilaou.
écouvillon, skubelen forn, *f.* (*pl.* enno, *f.*)
écraser, frikan, flastran.
écrire, skrivan.
écriture, skritur, *f.* (*pl.* io).

écrivain, skrivagner, *m.* (*pl.* ien).
écu, skoued, *m.*
écuelle, skull, *f.* (*pl.* o).
écuellée, skullad, *f.* (*pl.* o).
écumer, eoni.
écureuil, gwiber, *m.* (*pl.* ed).
écurie, kraou ar c'hezeg, *m.* (*pl.* krevier) ; marchosi, *m.* (*pl.* o).
éduquer, sevel (*p.* savet).
effacer, lemel, diverkan.
effrayer, spontan.
effrayant, spontus.
effronté, divergont, divez.
effronterie, divergontiz, divezder, *f.*
égal, ingal, hanval.
église, iliz, *f.* (*pl.* o) ; *é. paroissiale*, i. parouz.
eh bien ! ac'hanta !
élan, lans, *m.*
éléphant, olifant, *m.* (*pl.* ed).
élever, sevel (*p.* savet).
éloigner, s'éloigner, pellaat.
embarrasser, lujan.

embrasser, briata, pokat da.
emmailloter, mailluri.
émonder, divarran.
émoudre, lemman.
émouvoir (s'), teneraat, bean stra-
fillet.
empan, raouen, *f.* (*pl.* nno) ; *longueur d'un e.*, raouennad, *f.*
empêcher, harz, herzel (*p.* har-
zel).
emplâtre, palastr, *m.* (*pl.* o).
emplette, pren, *m.*, prenan, *m.*
employer, implian.
emporter (s'), konnari ; *je m'em-
porte*, mont a ra droug ennon.
emprunter, emprest *(rad.)*
en, e, en.
enclore, klozan.
enclume, anne, *f.* (*pl.* io).
encore, c'hoaz.
encourager, rei kalon da.
encrier, skritouer, *m.* (*pl.* io).
endormir (s'), menel (*p.* manel)
kousket.
endroit, lec'h, *m.* (*pl.* io).
enduire, gwiskan ; *e. de chaux*, g.
gant ra, raan.
endurcir, s'endurcir, kaletaat.
enfance *(dès l')*, a-vihanik.
enfant, bugel, *m.* (*pl.* gale).
enfer, ifern, *m.* (*pl.* io).
enfler, koenvi, c'hwean.
enflure, koenv, *m.*
enfourner, lakat e forn, kouchan
ar forniad.
enfuir (s'), tec'hel, kemer an tec'h.
engerber, endramm *(rad.)*
enivrer (s'), en em vewi.
ennemi, enebour, *m.* (*pl.* ien).
enquête, enklask, *m.*
enrouer, raouian.
ensemble, war eun dro, a-gevret.
ensuite, goude, goude-ze.
entamure, boulc'h, *m.* (*pl.* o).

entendre, klevet.
entêté, kalet a benn, pennek.
entièrement, a-bez.
entonnoir, foulin, *m.* (*pl.* o) ; intanour, *m.* (*pl.* io).
entraves, hual, *m.* (*pl.* o) ; *sans e.*,
dishual.
entre, etre ; *parmi*, e-touez.
entrer, mont ebarz, antren (*p.*
treet).
envenimer, bunumi.
envers, e-keñver.
envoyer, kas *(rad.)*
épais, teo, teñv.
épargne, espern, *m.*
épargner, espern *(rad.)*
épaule, skoa, *f. ; duel* diskoa ; *pl.*
skoaio.
épée, kleze, *m.* (*pl.* zeier) ; kleve,
m. (*pl.* eo).
épi, toc'haden, tolc'haden, *f.* (*pl.* ad,
m.)
épine dorsale, goalen gein, liven
gein, *f.*
épingle, spillen, *f.* (*pl.* llo).
épousseter, diboultran.
épouvantable, spontus.
épouvante, spont, *m.*
épouvanter, spontan ; *facile à e.*,
spontik.
époux, épouse, pried, *m.* (*pl.* jo).
épreuve, esa, *m.*, aprouv, *m.*
éprouver, esa *(rad.)*, aprouvi.
épuiser, divian.
équarrir, karrean.
escabeau, skaon, *f.* (*pl.* io) ; skabel,
f. (*pl.* llo).
escalier, mins, *f.* (*pl.* o).
escarpolette, bransigel, *f.* (*pl.* llo).
esclave, sklav, *m.* (*pl.* ed).
Espagne, Spagn, *f.*
espèce, sort, *m.*
espérance, esperans, *f. ;* ged, *m.*,
gortoz, *m.*

esprit, spered, *m.* *(pl.* jo) ; *e. malin,* drouk-spered.

essai, esa, *m.,* tôl esa, *m. (pl.* lio e).

essayer, esa *(rad.)*

essieu, ahel, *m. (pl.* io).

essuyer, torchan.

estime, istim, *m.,* stad, *m.,* brud vat, *m.*

estimer, istiman, prizan, ober stad eus.

estomac, poull ar galon, *m.,* kalon, *f. (pl.* o) ; kov, *m. (pl.* o).

estropier, mac'hagnan, namman.

et, ha, hag.

étable, kraou ar zaout, *m. (pl.* krevier).

établi, pank amenuzer, *f. (pl.* pauko).

étage, estaj, *m. (pl.* o).

étagère, lansed, *m. (pl.* o).

étain, sten, *m.*

étameur, stener, *m. (pl.* ien).

étancher, stankan.

étang, stank, *f. (pl.* o).

état, stad, *m. (pl.* o).

été, hanv, *m.*

étendre, asten (*p.* astennet) ; displegan.

éternel, peurbadus ; a bado da viken.

Etienne, Stefan.

étincelant, lugernus.

étoffe, mezer, *m.*

étoile, stereden, *f. (pl.* red, *m.*)

étoilé, steredennek.

étonnement, souez, *m.,* estlamm, *m.*

étonner (s'), bean souezet.

étouffer, mougan.

étoupe, stoup, *m.*

étrangler, tagan.

étrave, staon, *f. (pl.* io).

être, *v.,* bean.

étrèpe, tranch, *m. (pl.* o).

étroit, striz, enk.

étude, studi, *m. (pl.* o).

étudier, studian.

évangéliste, avieler, *m. (pl.* ien).

évangile, aviel, *m. (pl.* o).

évanouir (s'), semplan, fallaat.

évêché, eskopti, *m. (pl.* o).

éveiller (s'), dihuni.

évêque, eskob, *m. (pl.* kibien).

excellent, eus an dibab, eus ar gwellañ.

excuse, digare, *m. (pl.* io).

excuser, didamall *(rad.)*

exemple, skwer, *f. (pl.* io).

exercer à, diski da.

exil, harlu, *m.*

exiler, divroan, forbani.

extérieur, diavêz, *m.*

extrême-onction, nouen, *f. ; donner l'e. à,* noui.

extrémité, penn, *m.,* lost, *m.*

F

fâcher, lakat droug en ; *se f.,* fachan ; kounari ; *je me fâche,* droug ac'h a ennon.

fâcherie, fachiri, droulans, *f.*

facile, êzet.

façonner, stuman, ôzan.

façons, *de bonnes façons,* a zoare, a neu, a feson.

faible, gwan.

faiblesse, gwanidigez, *f. ; évanouissement,* falladen, *f.*

faim, naon, *m.*

fainéant, *adj.,* didalve, lezirek.

faire, ober *(v. irrég.)*

faix, samm, *m. (pl.* o) ; bec'h, *m. (pl.* io).

falaise, teven, *f.* (*pl.* nno).

falloir, fallout *(v. unip.)*; renkout; bean ret.

famine, kernez, *f.*

fantassin, soudard war droad, *m.* (*pl.* arded).

fantôme nocturne, teuz, *m.* (*pl.* ed); spontaill, *m.* (*pl.* o).

far, fars, *m.*

fardeau, samm, *m.* (*pl.* o); bec'h, *m.* (*pl.* io).

farine, bleud, *m.*

fatigué, skwiz.

faucille, falz, *f.* (*pl.* felzier).

faux, falc'h, *f.* (*pl.* felc'hier).

fauteuil, kador vrec'hek, *f.* (*pl.* rio).

faux, fals *(devant le s.);* fôs; gaou.

fée, boudig, *f.* (*pl.* ed); korrigez, *f.* (*pl.* ezed).

femme, maouez (*pl.* ed); plac'h (*pl.* merc'hed); *f. mariée*, gwreg (*pl.* gwrage); *vieille f.*, gwrac'h (*pl.* ed).

fendre, faoutan.

fenêtre, prenest, *f.* (*pl.* echo, echer).

fente, faout, *m.* (*pl.* o).

fer, houarn, *m.*; *f. de cheval*, houarn (*pl.* hern).

ferme, mereuri, *f.* (*pl.* o); feurm, *m.* (*pl.* io); koumanand, *f.* (*pl.* cho).

fermentation (en), en go *(en parlant de la pâte)*.

fermenter, goï.

fermer *à clef*, alc'hwean.

ferrer, houarnan.

ferrures, hernaj, *m.*

fertile, founnus, dru.

fervent, birvidik, gredus.

festin, banvez, *f.* (*pl.* io); pred bras, *m.* (*pl.* ejo); friko, *m.* (*pl.* oio).

fête, gouel, *m.* (*pl.* io).

Fête-Dieu *(dimanche après la)*, sul ar Zakramant, *m.*

feu, tan, *m.*; *f. de joie*, tantad, *m.* (*pl.* o); *incendie*, tan gwall.

feuille, delien, *f.* (*pl.* delio); deliaven, *f.* (*pl.* deliav); *f. papier*, paperen, *f.* (*pl.* nno); feuillen baper, *f.* (*pl.* nno).

février, c'hwevrer, *m.*

fiançailles, dimei, *m.* (*pl.* o).

fierté, rogente, *f.*

fièvre, terzien, *f.*

figue, figezen, *f.* (*pl.* gez, *m.*)

figure, *visage*, dremm, *f.*, bizaj, *m.*; *air*, tres, *m.*; feson, *f.*; êr, *f.*

fil, neuden, *f.* (*pl.* neud, *m.*)

filet, roued, *m.* (*pl.* jo).

fille, merc'h, *f.* (*pl.* ed).

fillette, plac'hig, *f.* (*pl.* o).

filleul, fillor, *m.* (*pl.* ed).

fils, mab, *m.* (*pl.* mibien); *f. unique*, penn-ber, *m.* (*pl.* rien).

fin, *s.*, divez, *m.*, fin, *f.*

fin, *adj.*, moan, munut.

firmament, oabl, *m.*

fisc (agent du), maltouter, *m.* (*pl.* ien).

fixer, *arrêter*, delc'hen (*p.* dalc'het); *déterminer*, lakat.

flamber, flaminan.

flot, gwagen, *f.* (*pl.* nno).

foi, fe, *f.*

foie, avu, *m.*

foire, foar, *f.* (*pl.* io).

fois, gwej, *f.* (*pl.* o); tro, *f.*

folie, follente, *f.* (*pl.* io); sotoni, *f.* (*pl.* o).

fond, goeled, *m.*; fons, *m.*

fondre, teuzi, fontan.

fontaine, feunteun, fantan, *f.* (*pl.* io).

fonts-baptismaux, fons-badeiant, *m.*

force, nerz, *f.*; *par f.*, dre heg; *à f. de (inf.)*, dre fors, dre hir.

forcer *à. de*, lakat da, ober.

forfait, torfed, *m.* (*pl.* jo).

forge, govel, *f.*, gol, *f.* (*pl.* io).

forgeron, gov, *m.* (*pl.* ien).
fort, kreūv, nerzus.
fortifier (se), krenvaat.
fortune, *biens,* mado, *m. pl. ;*
    danve, *m.*
fossé, touflez, toufle, *f.* (*pl.* io).
fouetter, fouettan.
fouiller, furchal.
foule, engroez tud, *m.,* kalz a dud ;
    en f., e-leiz, a-vern.
fouler, gwaskan, flastran, moustran.
four, forn, *f.* (*pl.* io).
fourberie, tromperez, *f.,* korvigel,
    f., tro gamm, *f.* (*pl.* troio k.)
fourbir, purat.
fourche, forc'h, *f.* (*pl.* ferc'hier).
fourmi, merienen, *f.* (*pl.* rien, *m.*)
fourmiller, bean stank.
fournée, forniad, *f.* (*pl.* o).
fournier, fornier, *m.* (*pl.* ien).
foyer, oaled, *f.* (*pl.* ejo).
frais, *s.,* koust, koustamant, *m. ;*
    frêjo, *m. pl.*
frais, *adj.,* fresk.
fraise, sivien, *f.* (*pl.* sivi, *m.*); *f. de*
    veau, frazen loue, *f.* (*pl.* nno).
fraisier, planten sivi, *f.* (*pl.* nno).
France, Frans, Bro-C'hall, *f.*
Français, Fransez, *m.* (*pl.* sizien).
François, Fransez, Fanch (*fam.*)
Françoise, Fransean, Fant.

frapper, skei (*p.* skoet).
frelon, sardonen, *f.* (*pl.* ed).
fréquentation, darempred, *m.*
fréquenter, darempredi, pleustran.
frère, breur, *m.* (*pl.* breudeur).
friser, rodelli, frizan.
frissonner, burusal, krenan.
froid, *s.,* ienien, *f. ; sensation,* riou,
    riv, *m.*
froid, *adj.,* ieu.
froment, gwiniz, *m. ; sg.* en, *f.*
front, tal, *m.* (*pl.* io).
frotter, frottan.
fruit, freuzeu, *f.* (*pl.* freuz, *m.*)
fuir, tec'hel.
fumée, moged, *m. ; sg.* en, *f.*
fumer, mogedi (*à l'intérieur*) ; di-
    vogedi (*à l'extérieur*); *f. du tabac,*
    butunat.
fumeux, *qui répand de la fumée,*
    mogedus.
fumier, teil, *m.*
funeste, fall, gwall, glac'harus.
furet, fured, *m.* (*pl.* ed).
fureur, konnar, *m.*
furieux, konnaret.
fuseau, gwerzid, *f.* (*pl.* zidi).
fusil, fuzuill, *f.* (*pl.* o).
fût, *tonneau,* fust, *m.,* tonel, *f.* (*pl.*
    llo, io).

G

gages, gobr, *m.*
gagner, gonit.
gai, seder, laouen.
gaieté, levenez, *f.*
gain, gonid, *m.* (*pl.* o).
galère, galeo, *m. pl.*
Gallo. *s.,* Gallo, *m.* (*pl.* ed); *adj.,* gall.
gant, manegen, *f.* (*pl.* go).
garçon, pôtr, *m.* (*pl.* ed) ; *domes-*
    tique, mevel, *m.* (*pl.* ien).

garde, *s. m.,* gward (*pl.* ed).
garde (prendre), bean war evez,
    evesaat, diwall (*rad.*)
garder, miret ; se g. de, diwall.
gare, *s.,* gar, *f.* (*pl.* io).
gare ! *interj.,* diwall ! diwallet !
gâteau, gwastel, *f.* (*pl.* llo).
gauche, kle ; *à g.,* a gle.
gazon, glazen, *f.*
gelée, reo, *m.*

gémir, hirvoudi.
gémissement, hirvoud, *m. (pl.* o).
gencive, kig-dent, *m.*
gendarme, archer, *m. (pl.* ien) ; jandarm, *m. (pl.* ed).
gendre, mab-kaer, *m.*
général, jeneral, *m. (pl.* ed).
Geneviève, Jenovefan.
genou, glin, *f., duel* daoulin, *m.*
gens, tud, *m. pl.*
germer, diwan (*rad.*)
gibet, kroug, *f. (pl.* o).
Gildas, Gweltas.
gilet, jilten, *f. (pl.* nno).
Gilles, Jiles, Jil, Jili.
giron, barlen, *f. (pl.* nno).
glace, *eau gelée,* skorn, *m. ; sg.* en, *f.*
gloire, gloar, *m.* ; enor, *m. (pl.* io).
glorieux, enorus.
glousser, sklokal.
Goelo, Goelo.
gorge, goug *f. (pl.* o).
gorgée, lonkaden, *f. (pl.* nno).
gosier, korzaillen, *f. (pl.* nno).
goût, blaz, *f.; organe du g.,* tanva, *m.*
goûter, *s.,* hadveren, *f. (pl.* ernio, erenno).
goûter, tanva (*rad.*), tanvaat.
goutte, droug an urlo, *m.*
gouvernail, stur, *m. (pl.* io).
gouvernement, gouarnamant, *m.* (*pl.* cho).
grâce, *en religion,* gras, *f.*
grain, greun, *m. ; sg.* eu, *f.*
graisse, *g. salée de porc,* bloneg, *m. ; sg.* en, *f. ; g. fondue,* lard dous, *m. ; g. liquide,* druoni, *m.*
grand, bras.
grandeur, brasder, *f.*
grand'mère, mamm-goz, *f. (pl.* mo koz).
grand-père, tad-koz, *m.(pl.*do koz).

grange, granch, *f. (pl.* o).
gras, lart ; *devenir g.,* lartaat.
gratter *la peau,* kravignat ; *g. la terre,* diskrabat.
gravité, *qualité,* parfetiz, *f.*
gré, grad, grad vat, *f.; de plein g.,* a galon vat.
greffe, imboud, *m. (pl.* o); imbouden, *f. (pl.* nno).
greffer, imboudan.
grenouille *de haie,* glesker, *m.* (*pl.* ed) ; *g. de mare,* ran, *m. (pl.* ed).
griffe, skilf, *m. (pl.* o); kraban, *m.* (*pl.* o).
grignoter, krignat.
griller, rostan ; *une crêpe,* krazan.
grimper, krapat.
grincement *de dents,* skrign dent, *m.*
grincer, skrignal.
gronder, *réprimander,* gourdrouz (*rad.*), krozal da.
gros, teo, teūv.
groseille *à épines,* speroden, *f. (pl.* od, *m.*) ; *à grappes,* kastillezen, *f.* (*pl.* ez, *m.*)
groseillier, bod sperod, bod kastillez, *m. (pl.* bodo).
grouper, bodan.
guêpe, gwespeden, *f. (pl.* ed).
guérir, parean, lac'haat.
guerre, brezel, *m. (pl.* io) ; *faire la g.,* brezeli.
guerrier, brezeller, *m. (pl.* ien) ; den a vrezel, *m.*
guêtre, gamachen, *f. (pl.* cho); heuzen, *f. (pl.* zo).
gui, ubel-var, *m.*
guigne, babuen, *f. (pl.* babu, *m.*)
Guillaume, Gwillo, Gwillerm, Gwill.
Guingamp, Gwengamp.

H

habile, abil, gouiek, akwit.

habiller, gwiskau.

habitant, den, *m.* (*pl.* tud).

habit, gwiskamant, *m.* (*pl.* cho) ; *en général*, dillad, *m. pl.*

habitude, kustumans, *f.* (*pl.* o) ; giz, *f.* (*pl.* io) ; *penchant*, pleg, *m.* (*pl.* o).

habitué, kustum, boaz ; *en mauv. part*, techet.

hache, bouc'hal, *f.* (*pl.* c'hili).

haie, ke, *f.* (*pl.* keio) ; garz, *f.* (*pl.* girzier).

haine, kasoni, *f.* ; kaz, *m.*

haïr, kazan.

haleine, alan, *f.*

halle, koc'hu, *m.*

hameçon, higen, *f.* (*pl.* nno).

hanche, lez, *f.* ; kroazel, *f.*

hangar, karti, *m.* (*pl.* o).

hanneton, c'houil dero, *m.* (*pl.* led).

hardi, hardi ; *en mauv. part*, divergont.

hardiesse, hardians, *f.*

hâter (se), hastan.

hausse, kresk, *m.*

haut, *s.*, lein, *m.*, beg, *m.* ; *d'en haut*, eus krec'h, eus an nec'h.

haut, *adj.*, uhel.

hectolitre, hektolitr, sac'had, *m.* (*pl.* o) ; hanter-voczel, *m.*

hennir, c'houirinat.

Henri, Herri.

herbe, ieot, *m.* ; *sg.* en, *f.* ; *simple*, louzaouen, *f.* ; *mauv. herbes*, louzo, *m. pl.*

hérétique, hiritik, bugunod, *m.* (*pl.* ed).

héritier, her, *m.* (*pl.* ed) ; *seul h.*, penn-her (*pl.* rien); *f.* herez (*pl.* ed).

herminette, daladur, *f.* (*pl.* io).

Hernin, Hernin.

heure, heur, *f.* (*pl.* io) ; *de bonne h.*, abret.

heureux, evurus.

hier, dec'h ; *h. matin*, d. d'ar beure; *h. soir*, d. d'an noz.

histoire, istor, *f.* ; *conte*, kontaden, *f.* (*pl.* nno).

hiver, gouanv, *m.*

homard, legestr, *m.* (*pl.* legistri).

homme, den, *m.* (*pl.* tud).

honnêteté, honestiz.

honorer, enori.

honte, mez, *f.*

honteux, *pour les personnes*, mezek ; *pour les choses*, mezus.

hôpital, hospital, *m.* (*pl.* io).

horloge, horloj, *m.* (*pl.* o).

horloger, horlojer, *m.* (*pl.* ien).

horreur, heuz, *m.*

horrible, heuzus.

hostie, hosti, *m.*

hôtel de ville, ti-kêr, *m.*

hôtellerie, hosteliri, *f.* (*pl.* io).

huile, eoul, evoul, *m.* ; *saintes-huiles*, oleo sakr.

huissier, bucher, *m.* (*pl.* ien).

huit, eiz.

humain, ... an den ; *bon*, mat.

humble, izel a galon, humbl, vuel (*peu usité*).

humide, mouest, gleb.

humidité, mouester, *f.*, glebour, *m.*

hurler, iudal.

I

idée, souj, *m.* (*pl.* o) ; soujezon, *f.*
f. (*pl.* o) ; menoz, *f.* (*pl.* io).
ignorant, diouiek, dizesk, azén.
île, enez, *f.* (*pl.* enezi) ; enezen, *f.*
(*pl.* nno).
Iltud, Iltud.
image, limaj, *m.* (*pl.* o) ; skeuden,
f. (*pl.* nno) ; patrom, *m.*
imagination, fantazi, *m. ;* ijin, *m.*
imiter, heuill, kemer skwer diwar.
Immaculée-Conception, Kon-
sepsion dinamm.
immédiatement, dioustu, dustu,
kenkent.
importe ? (qu'), fors a zo ? fe 'ta
tôl kaer.
impôts, taillo, *m. pl.*
importuner, skwizan, ôgan, terri
e benn da.
imprécation, drouk peden, *f.* (*pl.*
nno), malloz, *m.* (*pl.* io).
imprimeur, mouler, *m.* (*pl.* ien).
impudence, divergontiz, *f.*
impureté, loustoni, *m.* (*pl.* o).
incomparable, dispar.
index, biz-iod, *m.*
indigence, dienez, *f. ;* paourante, *f.*
indiquer, diskoe, diskoel (*part.*
diskoe).
indisposé, *un peu malade,* dic'hrêt.
industrie, *qualité,* ampartiz, *f. ;*
métier, micher, *f.* (*pl.* io).

infect, brein, flerius.
infidèle, *déloyal,* disleal ; *non bap-*
tisé, divade.
injure, dismegans, *f. ; parole inju-*
rieuse, komz ponner, *f.* (*pl.* zo) ;
dire des inj., kanan pouill.
inquiet, nec'het.
inquiétude, nec'hamant, *m.*
insecte, amprevan, *m.* (*pl.* ed) ;
i. ailé, c'houil, *m.* (*pl.* ed).
insister *sur,* delc'hen (*p.* dalc'het)
war.
instituteur, mestr-skol, *m.* (*pl.*
mistri, mestro, mecho sk.)
instruction, diskadurez, *f.*
instruire, diski (*p.* disket *et* desket), kentelian, kelen (*p.* kelennet).
insulter, insulti, komz (*rad.*) vil
ouz.
intelligent, speredek, lemm a spered, digor a spered.
intérêt, interest, *m.*
intérieur, *s.,* diabarz, *m.*
intestins, bouello, *m. pl.*
inventaire, invantoar, *m.* (*pl.* io).
irascible, têr.
irréprochable, divlamm, dire-
bech.
irriter, lakat da gonnari, chifan,
sevel (*p.* savet) droug en.
ivre, meo, mev.
ivrogne, mevier, *m.* (*pl.* ien).

J

jaillir, strinkan, strimpan.
jaloux, jalous, a zo gwarizi en e
galon.
jamais, gwej ebet ; *dans le passé,*
biskoaz ; *dans l'avenir,* biken.

jambe, gar, *f., duel* dioubar.
janvier, genver, ienver.
jardin, liorz, jardin, *f.* (*pl.* o).
jarretière, ere loer, *m.* (*pl.* ereo
lêro).

jatte, pel, *f.* (*pl.* io).
jaune, melen.
javelle, dramm, *f.* (*pl.* o).
Jean, Ian ; *la. S¹-Jean*, gouel-Ian.
Jeanne, Jann.
jeter, teurel, teul (*p.* tôlet).
Jésus-Christ, Jezus-Krist.
jésuite, jezuist, *m.* (*pl.* ed).
jeu, c'hoari, *m.* (*pl.* io).
jeudi, iaou, diriaou ; *j.-saint*, i. gamblid.
jeune, iaouank.
jeûne, iun, *m.* (*pl.* io).
jeunesse, iaouankiz, *f.*
joie, levenez, *f.*, joa, *f.* (*pl.* io).
joli, koant, brao.
Joseph, Jozef, Jozeb, Job *(fam.)*
joue, jod, *f.* (*pl.* o).
jouer, c'hoari *(rad.)*
jouet, c'hoariel. *f.* (*pl.* llo).
joug, ieo, *f.* ; suj., *m.*
jour, de, *m.* (*pl.* deio).

journal *de terre*, devez arat, *m.* ; kever douar, *m.* (*pl.* rio d.)
journalier, pemdeiek.
journée, devez, *m.* (*pl.* zio, jo).
joyeux, laouen, seder.
juge, barner, *m.* (*pl.* ien) ; *j. de paix*, juj a beuc'h (*pl.* ed).
jugement, barn, *m.* (*pl.* o) ; barnedigez, *f.*
juger, barn *(rad.)*
juillet, gouelen, goulen, *m.*
juin, even, mezeven, *m.*
jumeau, *adj. et s.*, gevel, *m.* (*pl.* ed).
jument, kazeg, *f.* (*pl.* kezegenned).
jupe, broz, *f.* (*pl.* zio, jo).
jupon, broz dindan, *f.* (*pl.* zio, jo).
jurer, *prêter serment*, toui ; *proférer des imprécations*, mallozi.
jury, juri, *m.*
jusqu'à, betek.
justice, justis, *f.* gwir, *m.*

L

là, eno.
-à, -ze, -hont.
laborieux, vaillant ; *homme l.*, ki labour, *m.* (*pl.* chas l.)
laboureur, labourer, *m.* (*pl.* ien).
lacet, las, *m.* (*pl.* o).
lâche, lôsk.
lacs, laso, *m. pl.*
laid, vil, divalo.
laine, gloan, glân, *f.*
laisser, lezel.
lait, lêz, *m.* ; *lait caillé*, l. kaoulet ; *l. tourné*, l. tro ; *l. baratté*, l. ribot ; *petit l.*, dour l., *m.*, gwipad, *m.*
lancer, teurel, teul, (*p.* tôlet).
lande, *ajonc*, lann, *m.* ; *terre où croît l'aj.*, lanneg, *f.* (*pl.* eier).
langue, *organe*, teod, *m.* (*pl.* o) ; *langage*, yez, *m.* (*pl.* o).

Lanrivain, Larueu.
Lanrodec, Lanrodeg.
Lanvézéac, Lanvezeg.
Lanvollon, Laonon.
lapin, konifl, *m.* (*pl.* ed).
large, ledan.
larmes, daelo, *m. pl.*
laurier, lore, *m.*
lavandière, kannerez, *f.* (*pl.* ed).
laver, gwalc'hi ; *l. le linge*, kannan.
le, la, les, *art.*, ar, an, al.
le, *pron.*, e, heu, han, anean ; *la*, he, hi, anei ; *les*, o, anê.
lé *d'étoffe*, lec'hed, *m.*
lécher, lipat.
leçon, kentel, *f.* (*pl.* io).
Leff, Leū, Le.
léger, skanv ; *de peu de valeur*, dister.

lendemain, de warlec'h, *m.*, tronoz, *m.*

levain, goell, *m.*

lever, se lever, sevel (*p.* savet).

lessive, kouc, *m.* (*pl.* o); *l. liquide*, liziu (ju), *m.* ; *petite l.*, bervaden, *f.* (*pl.* nno).

lettre *de l'alphabet*, lizeren, *f.* (*pl.* nno) ; *épître*, lizer, *m.* (*pl.* io).

leur, *adj.*, o ; *pron.*, d'ê, oute, etc.

levier, loc'h, *m.* (*pl.* o) ; sparl, *m.* (*pl.* o).

lèvre, muzel, *f.* (*pl.* llo) ; lapen *(fam.), f.* (*pl.* nno).

lézard, glazard, *m.* (*pl.* ed).

libéralité, largente, *f.* (*pl.* eio).

libraire, levrer, *m.* (*pl.* ien).

lichen, kinvi, *m.*, touskan, *m.*

licou, kabestren, *f.* (*pl.* nno) ; kabestr, *m.* (*pl.* o).

lieu, lec'h, *m.* (*pl.* io).

lieue, leo, lê, *f.* (*pl.* levio, lêio).

lièvre, gad, *f.* (*pl.* gedon).

ligne, linen, *f.* (*pl.* nno).

limace, melveden, *f.* (*pl.* ed, *m.*)

limbes, limbo, *m. pl.*

lime, lim, *f.* (*pl.* o).

limon, *terre boueuse*, lec'hid, *m.* ; *l. de charrette*, limon, *m.* (*pl.* o).

limpide, sklêr.

linge, lien, *m.* (*pl.* nno) ; *lingerie*, lienaj, *m.*

lingère, kemenerez, *f.* (*pl.* ed).

lire, lenn *(rad.)*

liste, roll, *m.* (*pl.* o).

lit, gwele, *m.* (*pl.* o).

livre, *s. m.*, levr, leor, *m.* (*pl.* io).

livre, *s. f.*, lur.

loi, lezen, *f.* (*pl.* nno).

loin, pell.

long, hir.

longtemps, pell amzer, pell.

loques, druillo, *m. pl. ; en l.*, druillennek.

louange, meulodi, *f.* (*pl.* o).

louche, *s.*, kloge, *f.* (*pl.* o).

louche, *adj.*, luch.

louer, *vanter*, meuli ; *prendre, donner à louage*, feurmi.

Louis, Louiz.

loup, blei, *m.* (*pl.* bleidi).

lourd, ponner.

loutre, ki dour, *m.* (*pl.* chas dour).

loyal, leal.

loyauté, lealded, *f.*

lucarne, lukan, *m.* (*pl.* io).

lumière, sklerijen, *f.*

lundi, lun, *m.*, dilun.

lune, loar, *f.*

lutte, *entre deux lutteurs*, kroggouren, *m.* ; *entre deux armées*, stourm, emgann, *m.* (*pl.* o) ; *batterie*, kann, *f.* (*pl.* o).

lutter, stourm *(rad.)*, enebi ouz ; *joûter*, gouren.

M

mâchoire, majouren, *f.* (*pl.* rio) ; karven, *f.* (*pl.* nno).

mâcher, châkat.

maçon, masoner, *m.* (*pl.* ien).

magicien, strobineller, sorser, *m.* (*pl.* ien), majisian, *m.* (*pl.* ed).

magie, strobinel, *f.*, breo, *m.*

magnificence, splannder *f.*, kaerder, *f.*

magnifique, kaer meurbet.

mai, mê, *m.*

main, dorn, *m.*, *duel* daouarn.

maintenant, breman.

maintenir, delc'hen (*p.* dalc'het).

mairie, ti-kêr, *m.*
maire, mêr, *m. (pl.* io).
mais, mes, avat *(après un mot).*
maison, ti, *m. (pl.* tier).
maître, mestr, *m. (pl.* mistri, mestro).
maîtriser, mestronian, dont a benn
eus.
mal, *s.,* droug, *m.,* poan, *f. (pl.* io);
adv., fall, gwall ; *plus mal,* gwas;
de mal en pis, gwasoc'h gwas.
malade, klanv.
maladie, klenved, *m. (pl.* ejo).
malédiction, malloz, *m. (pl.* io).
malfaiteur, torfetour, *m. (pl.* ien).
malgré, daoust da, en despet da.
malheureux, *personne,* gwalleürus, reuzeudik, kêz; *chose,* gwall...
malpropre, lous, vil.
maltraiter, gwallgas *(rad.)*
mamelle, bronn, *f. (pl.* o).
manche, *s. m.,* troad, *m. (pl.* treid).
manger, dibri *(p.* debret).
manier, manial, kas ha digas ; *m.*
un outil, labourat gant.
manière, doare, *m. (pl.* o).
manque, dienez, *f.,* diouer, *m.*
manquer, *faire défaut,* mankan ;
manquer de, kaout ezom, diouer
eus.
manteau, mantel, *f. (pl.* llo, io) ;
m. de deuil, plisen, *f. (pl.* nno).
maquereau, brezel, *m. (pl.* bre-
zili).
marc, masklo, *m. pl.*
marchand, marc'hadour, *m. (pl.*
ien).
marchandise, marc'hadourez, *f.*
marche, *d'escalier,* pazen vins, *f.*
(pl. nno mins).
marché, marc'had, *m. (pl.* ajo).
marcher, kerzet.
marchette, *d'un rejet,* spleten, *f.*
(pl. nno).

mardi, meurz, *m.,* dimeurz ; *m.*
gras, meurz al lard.
mare, poull, *m. (pl.* o).
margelle, bardel, *f. (pl.* llo).
Marguerite, Marc'harit, Gait *(fam.)*
mari, ozac'h, ôc'h, *m. (pl.* ezec'h) ;
pried, *m. (pl.* ejo).
mariage, dimei, *m. (pl.* o).
marier (se), dimei.
marmite, potouarn, *m. (pl.* io).
marquer, merkan.
marraine, maeronez, *f. (pl.* ed).
marre, marr, *f. (pl.* mirri).
mars, meurz, *m.*
marteau, morzol, *m. (pl.* io).
martre, martr, *m. (pl.* ed).
martyr, merzer, *m. (pl.* ien).
massacre, lac'hadeg, *f.*
masse, *tas,* bern, *m. (pl.* io) ; pez,
m. (pl. io) ; *gros marteau,* horz
houarn, *f.*
mât, gwern, *f. (pl.* io); *m. de beau-*
pré, gwern gorn ; *m. de misaine,*
gwern vizen.
matelot, martolod, *m. (pl.* ed).
Mathieu, Maze, Mahe.
Mathurin, Matilin.
matière, danve, *m.*
matin, beure, *m. (pl.* o); mintin, *m.*
matou, targaz, *m. (pl.* targizier).
maudire, miligan, rei e valloz da.
mauvais, fall, gwall..., divalo.
me, am, ac'hanon, anon.
méchanceté, drougiez, fallagriez,
f.
méchant, drouk, gwall..., fallakr.
mèche *de chandelle,* mechen ; *de*
fouet, touchen, *f. ; de cheveux,*
kuchen, *f. (toujours pl.* nno).
médaille, medalen, *f. (pl.* nno).
médecin, medesin, *m. (pl.* ed).
médicament, louzo, *m. pl. em-*
ployé comme s.; autre pl. louzeier;
remed, *m. (pl.* jo).

médius, biz-kreiz, *m.*
meilleur, gwell, gwelloc'h.
mélancolie, melkoni, *f.*
mêler, meskan.
membre, ezel, *m. (pl.* izili).
même, *adj.,* ; *après un pron. pers.* unan *précédé de l'adj. pos.; le m.,* ar memes hini ; an hevelep hini.
même, *adv.,* zoken, endeün ; *tout de m.,* velkent ; *quand m.,* ha pa.
mémoire, eñvor, *f.*
ménage, tiegez, *f. (pl.* io).
ménager, *v.,* espern, *(rad.)*
mendiant, klasker boued, *m. (pl.* rien).
Ménébré, Menebre.
mener, kas *(rad.)*
mensonge, gaou, *m. (pl.* gevier).
menton, gronch, *f. (pl.* o).
menuisier, amenuzer, *m. (pl.* ien).
mépriser, disprizout.
mer, mor, *m. (pl.* io).
merci, trugare, bennoz Doue da.
mère, mamm, *f. (pl.* o).
mercredi, merc'her, *m.* ; dimerc'her ; *m. des Cendres,* m. al Ludu.
mérite, dellid, milid, *m. (pl.* o).
merle, moualc'h, *f. (pl.* mouilc'hi).
merrain, tufen, *f. (pl.* tuf, *m.)*
messe, oferen, *f. (pl.* nno) ; ofern, *f. (pl.* io) ; *grand'm.,* o. bred ; *m. matinale,* o. veure.
messéant, amzere.
mesure, muzul, *m. (pl.* io).
métairie, mereri, meri, *f. (pl.* o).
métier, micher, *f. (pl.* io).
métier *de tisserand,* stern, *f. (pl.* io).
mettre, lakat.
meule, *pour moudre,* men milin ; *pour aiguiser,* blerim, *f. (pl.* o).
meule, *tas,* bern, *m. (pl.* io) ; *m. de forme conique,* grac'hel, *f. (pl.*

llo) ; *mettre en m.,* bernian, grac'hellan.
meunier, miliner, *m. (pl.* ien).
meurtrier, muntrer, *m. (pl.* ien).
meurtrir, blonsan.
miauler, miaoual.
Michel, Mikêl ; *la St-M.,* gouel-M.
midi, kreiste, *m.*
mie, milvig, *m.*
miel, mel, *m.*
miette, bruzunen, *f. (pl.* zun, *m.)*
mieux, gwell ; *tant m.,* gwell a ze.
migraine, droug-penn, *m.,* poan benn, *f.*
milieu, kreiz, *m. ; au m. de,* e-kreiz.
mille, mil.
mineur, minor, *m. (pl.* ed).
ministre, ministre, *m. (pl.* ed).
minuit, hanter-noz.
minutieux, pis.
miroir, mellezour, mellour, *m. (pl.* io).
mission, *exercice religieux,* mision, *m.*
missionnaire, misioner, *m. (pl.* ien).
mode, giz, *f. (pl.* io).
modération, poell, *m.*
moelle, *des os,* mel, *m.; des végétaux,* boueden, *f.*
moine, manac'h, *m. (pl.* menec'h).
moins, nebeutoc'h ; *au m.,* da vihanan ; *à m. que,* nemet ha.
mois, miz, *m. (pl.* io).
moisi, louedet.
moisson, est, *m.*
moitié, hanter.
molaire, kil-dant, *m. (pl.* kil-dent).
mollet, kov-gar, *m.*
moment, mare, *m. (pl.* eo) ; koulz, *m. (pl.* io).
mon, ma, mes, ma, em.
monde, bed, *m.*
monnaie, monei, *m.*

monsieur, ôtro, *m. (pl.* ôtrone).

montagne, mene, *m. (pl.* io) ; tosen, *f. (pl.* nno).

montée, kra, *m. (pl.* io).

monter, pignal, sevel (*p.* savet).

montrer, diskoel, diskoe (*rad.*)

moquer de (se), gwapaat, ober gwap eus.

moquerie, gwap, *m.*

morceau, tamm, *m. (pl.* o) ; *par m.*, a dammo.

mordre, kregi, krigi (*p.* kroget).

Morlaix, Montroulez.

morne, trist.

mort, *s. f.*, maro, *f. ; à l'article de la mort*, e pred ar maro.

mort, *s. m.*, maro, marv ; *fête des Morts*, gouel an Anaon.

mot, gir, *m. (pl.* io).

motte, *de terre*, mouden, *f. (pl.* dad, *m.*) ; *m. de marc*, mouden, torchen, *f. (pl.* nno).

mou, gwak.

mouche, kelienen, *f. (pl.* len, *m.*)

moucheron, fubuen, *f. (pl.* fubu, *m.*)

mouchoir, mouchouer, *m. (pl.* o).

moudre, malan.

mouiller, glebian, gleban ; *tout mouillé*, gleb tour.

moulin, milin, *f. (pl.* o).

mousse, *plante*, kinvi, *m.*, touskan, *m.*

mouton, *en général* danvad, *m. (pl.* denved) ; *viande*, maout, *m.*

moyeu, moell, *m. (pl.* o).

muet, mut.

mulet, mul, *m. (pl.* ed) ; *poisson*, meill, *m. (pl.* ed).

mûr, *adj.*, dare ; *très m.*, taoulet.

mur, *s. muraille*, moger, (*pl.* io).

murmurer, *se plaindre*, krosmoli.

mutiler, *estropier*, mac'hagnan.

N

Nantes, Naoned.

nappe, toubier, *f. (pl.* o).

narine, fron, *f., duel* difron ; toull fri, *m. (pl.* toullo ar fri.)

nativité, gauidigez, *f.*

navire, lestr, *m. (pl.* listri) ; batimant, *f. (pl.* cho).

nécessaire (être), ret (bean).

neige, erc'h, *m.*

ne... plus, ne... ken, ne... mui.

nettoyer, nettaat.

neuf, neve ; *tout n.*, neve flamm.

neuf, *nombre*, nao, nav.

neveu, niz, *m. (pl.* ien).

nez, fri, *m. (pl.* frio).

niaiserie, diotaj, *m.*

nichée, neziad, nejad, *m. (pl.* o).

nid, nez, *m. (pl.* zio, jo).

nièce, nizez, *f. (pl.* ezed).

nier, nac'h (*rad.*)

noblesse, noblans, *f.*

noce, eured, *m. (pl.* ejo).

Noël, Nedeleg.

nœud, skoulm, *m. (pl.* o) ; *n. coulant*, s. red.

noir, du.

noircir, *rendre noir*, duan ; *devenir noir*, duaat.

noix, kraouen, *f. (pl.* kraou, *m.*)

nom, hano, *m. (pl.* oio).

nombre, niver, *m. ; grand n.*, kalz.

nombreux, stank, e-leiz.

nommer, hanvout.

Normandie, Normandi.

notaire, noter, *m. (pl.* ien).

notre, hon.

nourrice, magerez, *f. (pl.* ed).

nourrir, magan.

nourriture, magadurez, *f.*
nous, ni.
nouveau, neve.
nouvelle, *s.,* kelo, *m.* (*pl.* leier) ;
neventi, *f.* (*pl.* o).
novembre, miz du.

noyau, men, min, *m.* (*pl.* mein).
noyer, *v.,* beui.
nuage, koumoulen, *f.* (*pl.* oul, *m.*),
koabren, *f.* (*pl.* braj).
nuit, noz, *f.* (*pl.* io).
nuque, chouk ar c'hil, *m.*

O

obéir, senti.
obéissance, sentidigez, *f.*
obéissant, sentus.
obliger, *forcer,* lakat da, gourc'hemenni ; *être obligé de,* renkout.
observer, teurel (*p.* tôlet) ple.
obscurité, tevalijen, *f.*
obstacle, skoill, harz, *m.* (*pl.* o) ;
dalc'h, *m.*
obstiné, aheurtet.
obstruer, stouvan, stankan.
obtenir, kaout, (*p.* bet).
occupé *(être)* à, bean o.
octobre, miz here, *m.*
odeur, c'hwez, *f.*
odorat, c'hwesa, *m.*
œil, lagad, *f.* (*duel* daoulagad).
œuf, u, *m.* (*pl.* uo).
œuvre, ober, *m.* (*pl.* o).
office *religieux,* ofis, *m.* (*pl.* o).
officier, ofiser, *m.* (*pl.* ien).
offrande, prof, *m.* (*pl.* o).
offrir, kinnig (*rad.*)
oie, gwa, *f.* (*pl.* gwaï).
oiseau, evn, labous, *m.* (*pl.* ed).
ombrageux, spontik.
omelette, alumen uo, *f.* (*pl.* nno).
oncle, iontr, *m.* (*pl.* ed).
ongle, ivin, *m.* (*pl.* o).
onguent, louzo, *m. pl.,* *employé*
comme sing., ; autre pl., louzeier.
onze, unek.
or, aour, *m.*
orage, barr-arne, *m.* (*pl.* rro a.) ;
chaleur d'o., arne, broutac'h, *m.*

orageux, arneüs.
ordre, *disposition,* urz, *f.* ; *sans*
ordre, digempen, direiz ; *com-*
mandement, urz, gourc'hemen, *f.*
ordre, *sacrement,* urz, *f.* (*pl.* o).
ordination, urzo, *f. pl.*
oreille, skouarn, *f., duel* diskouarn ;
anse, sk.·(*pl.* io, o).
organiste, ograouer, *m.* (*pl.* ien).
orge, hei, *m.*
orgue, ograou, ogro, *m. pl.*
orgueil, lorc'h, *m.,* rogente, *f.*
orgueilleux, lorc'hus, rok.
orient, sav-heol, *m.*
originel, orijinel.
ornière, skoasel, *f.* (*pl.* llo, io).
orphelin, emzivad, minor, *m.* (*pl.*
ed) ; *orpheline,* ... dez, ... rez, *f.*
(*pl.* ed).
orteil, biz troad, *m.* (*pl.* zied tr.) ;
gros o., mead tr.
os, askorn, *m.* (*pl.* eskern).
oser, kredi.
ôter, lemel.
ou, pe.
où ? pelec'h ?
oublier, ankouaat.
ouïe, kleved, *m.*
ouvert, digor.
ouvrir, digeri (*p.* digoret).
outil, benveg, *m.* (*pl.* vio).
ouvrier, micherour, *m.* (*pl.* ien) ;
jours o., deio pemdeiek.
ovale, rond-u.

P

page, floc'h, *m. (pl.* ed).
païen, pagan, paian.
paille, plouz, *m., sg.* en, *f.*
Paimpol, Pempoull.
pain, bara ; *p. d'autel*, b. kan.
pair, par ; *hors de p.*, dispar.
paire, *couple de choses inanimées,* re, *m.*
paître, peuri.
paix, peuc'h, *f.*
palais, *demeure,* palez, *m. (pl.* io); *partie de la bouche,* staon, *f.*
paletot, porpan, *m. (pl.* so); chupen, *f. (pl.* nno).
palette, *pour tourner les crêpes,* sklisen, *f. (pl.* nno).
panaris, biskoul, *f.*
pantalon, brago, *m. (pl.* geier).
paon, pañ, *m. (pl.* paned).
pape, pab, *m. (pl.* ed).
papier, paper, *m. (pl.* o).
Pâques, Pask, *m., dimanche de P.,* sul Fask, *m.*
par, dre.
paradis, baradoz, *m.*
parce que, dre ma, o vean ma, abalamour ma.
pardon, pardon, *m. (pl.* io).
parent, *adj.,* kar, *s. pl.* kerent ; *proche p.,* kar nez ; *p. éloigné,* pell gar.
paresse, diegi.
paresseux, diek, lezirek, didalve.
parfois, a-wejo.
parfum, louzo c'hwez vat, *m.*
pari, klaoustre, *f. ;* pari, *m.*
parier, lakat e klaoustre, parian, lakat.
Paris, Pariz.
parler, komz ; *p. à,* k. ouz.

parmi, e-touez.
paroisse, parouz, *f. (pl.* zio, jo).
parole, komz, *f. (pl.* o).
parrain, paeron, *m. (pl.* ed).
part, *portion,* lod, *m. ;* loden, *f. (pl.* nno) ; raun, *m. ; de la part de,* a-beurz.
partager, lodennan, rannan.
partie, loden, *f. (pl.* nno) ; darn, *m.,* raun, *m.*
partout, dre-oll.
parure, bravente, *f. ;* dillad kaer, *m. pl. ; qui a une belle parure,* kampet, kempen.
passer, tremen *(rad.)*
passion, c'hoant bras, *m. ; p. coupables,* c'hoantegezio, *f. pl.*
passoire, sil, *m. (pl.* o).
pâte, toaz, *m. ; pâte pour crêpes,* bas, *m.*
pâté, paste, *m.*
patience, pasianted, *f.*
pâtre, mesaer, *m. (pl.* ien).
patriarche, patriarch, *m. (pl.* ed).
patron, *protecteur,* patron, *m. (pl.* ed).
pâturage, peuri, *m.*
paupière, malven, *f. (pl.* nno).
pauvre, paour ; *s. pl.,* pevien, peorien ; *en parlant des choses,* dister, koz...
pauvreté, paourante, *f.*
payer, pêan.
pays, bro, *f. (pl.* broio).
peau, kroc'hen, *f. (pl.* krec'hen).
peaussier, meginer, *m. (pl.* ien).
pessel, paisseau, paliv, *f. (pl.* o); paluc'hen, *f.*
péché, pec'hed, *m. (pl.* ejo).
pêche, pechezen, *f. (pl.* chez).

pêcher, pec'hi.
pêcher, s., planten bechez, f.
pêcher, pesketa.
pêcheur, pesketaer, m. (pl. ien).
peigne, krib, f. (pl. o) ; à filasse, breuz, f. (pl. o).
peigner, kribat ; p. la filasse, breuzat.
peine, poan, f. (pl. io).
peiner, poanial, kemer poan.
peintre, liver, m. (pl. ien).
pèlerin, pirc'hirin, pelerin, m. (pl. ed).
pelouse, glazen, f. (pl. nno).
pelle à feu, palikeden, f. (pl. nno); pal dan, f. (pl. lio tan).
penchant, pleg, m. (pl. o) ; mauvais p., tech fall, m. (pl. cho).
pendant, epad.
pendre, suspendre, lakat en pign ; étrangler au gibet, krougan.
pénible, poanius.
pénitence, pinijen, f. (pl. nno).
pensée, sonj, m. (pl. o) ; sonjezon, f. (pl. o) ; mennoz, m. (pl. io).
Pentecôte, Pentekost.
perce (mettre en), lakat en toull.
perce-oreille, karlosten, f. (pl. ted, m.)
percepteur, pôtr an taillo.
perchoir, klud, m. (pl. o).
perdre, koll (rad.)
perdrix, klujar, f. (pl. klujiri).
père, tad, m. (pl. o); p. de famille, penn tiegez, m.
perfection, parfetiz, santelez, f.
permission, ôtre, m.
Perrine, Perrinan.
perroquet, perroked, m. (pl. ed).
Perros-Guirec, Perroz-Gireg.
persécuter, gwallgas (rad.)
perte, koll, m. (pl. o).
pesant, ponner.
peser, pouezan.

petit, bihan.
pétrin, louer, f. (pl. io).
pétrir, merat.
peu, nebeud ; un peu, eun tamm, m. ; pour les liquides, eur bannac'h, m. ; avant peu, kent pell, prestik.
Peumerit-Quintin, Purid-Kintin.
peuple, pobl, m. (pl. o).
peur, aon, m.
peureux, aonik ; pour les animaux, spontik.
pharmacien, apotiker, m. (pl. ien).
phtisie, klenved sec'h, m., tizig ien, m.
pièce, pez, m. (pl. io).
« piécette » bavette de tablier, baveten, f. (pl. no).
pichet, picher, m. (pl. o).
pied, troad, m. (pl. treid) ; à p., war droad.
pied, mesure, troatad, m.
Pierre, Pêr, Pipi (fam.)
pierre, men, min, m. (pl. mein); p. de taille, m. menerez.
pieu, peul, m. (pl. io).
pigeon, koulm, f. (pl. ed).
pilier, pilier, m. (pl. o).
piller, skrapan.
pintade, klujar-Spagn, f.
pipe, korn, m. (pl. kernio).
piquer, flemman.
pis, gwas, gwasoc'h ; tant pis, gwas a ze.
pitié, true, f.
pitoyable, trueüs.
place, lec'h, m. (pl. io) ; pl. de village, plasen, f. (pl. nno) ; leur gêr, f. ; pl. du marché, marc'hallac'h, m.
plaie, gouli, m. (pl. o).
plaindre (se), en em glemm (rad.), damanti.

plaine, plenen, kompezen, *f.* (*pl.* nno).

plainte, klemm, *m.* (*pl.* o).

plaire, plijout.

plaisant, fentus, brao, farsus.

plaisanter, farsal.

plaisir, plijadur, plijadurez, *f.* (*pl.* io) ; dudi, *m.*

planche, planken, *m.* (*pl.* plen-ken).

plancher, doubl, *m.* (*pl.* o).

planter, plantan.

plat, s., plad, *m.* (*pl.* jo).

plein, leun ; *plein le…,* leiz an…

Pleudaniel, Planiel.

Pleumeur-Bodou, Pleuveur-Bodou.

pleurer, gouelan.

pleurésie, droug koste, *m.,* pisti-go, *m. pl.*

plier, plegan.

plomb, plomm, *m.*

Plouagat, Plagad.

Ploubazlanec, Plêraneg.

Plouguernével, Plougerneve.

Plouguiel, Priêl.

Plougrescant, Plouvouskan.

Ploumagoar, Plouagor.

ployer, plegan.

pluie, glao, glav, *m.* (*pl.* glaveier).

plume, pluen, *f.* (*pl.* nno, plu).

plus, muioc'h.

plutôt, kentoc'h ; *pl. que,* k. vit.

poche, godel, *f.* (*pl.* llo, io).

poêle, pilig, *f.* (*pl.* o).

poésie, barzoniaj, *f.* ; *poème,* bar-zoneg, *m.,* gwerz, *f.* (*pl.* io).

poète, barz, *m.* (*pl.* ed).

poids, pouez, *m.* (*pl.* io).

point *(être sur le),* bean dare da.

points *de côté,* pistig, *m.* (*pl.* o).

poire, peren, *f.* (*pl.* per, *m.*)

poirier, peren, *f.* (*pl.* nno) ; gween ber, *f.* (*pl.* gwe per, *m.*)

poisson, pesk, *m.* (*pl.* ed).

poivre, pebr, *m.*

poli, *civil,* seven ; *lisse,* flour.

pomme, aval, *m.* (*pl.* o) ; *p. de terre,* aval douar ; patatezen, *f.* (*pl.* ez, *m.*)

Pommerit-le-Vicomte, Panve-rid-ar-Beskont.

Pommerit-Jaudy, Peurid-ar-Roc'h.

pondre, doï.

Pontrieux, Pontreo.

porc, porc'hel, *m.* (*pl.* led) ; penn-moc'h, *m.* (*pl.* moc'h) ; *porc salé,* kig sal.

porche, porched, *m.* (*pl.* o).

port, porz-mor, *m.* (*pl.* zio, *m.*)

portail, dor-dal, *f.*

porte, dor, *f.* (*pl.* dorjo).

portefaix, porteer, *m.* (*pl.* ien).

porter, dougen ; *p. et reporter,* kas ha digas (*rad.*)

portier, porzier, porjer, *m.* (*pl.* ien).

poser, lakat ; *porter sur,* dougen war.

pot, pod, *m.* (*pl.* o) ; *mesure,* po-dad.

potence, kroug, *f.* (*pl.* o).

pouce, meud, *m.* (*pl.* o) ; *mesure,* meudad.

poudre, poultr, *m.*

poulain, eubeul, *m.* (*pl.* ien).

poule, iar, *f.* (*pl.* ier).

poulette, polez, *f.* (*pl.* polezi).

poumon, skevent, *m.*

poupe, diadre eul lestr, *m.*

poupée, poupelinen, *f.* (*pl.* nno).

pour, evit.

pourquoi, perak.

pourrir, breinan.

pourriture, breinadur, *m.*

pourtant, koulskoude.

pourvu que, gant ma.

poussière, poultren, *f.* ; poultr, *m.*

poussin, ponsin, *m.* (*pl.* ed).

poussinière, iarig, *f.*

poutre, treust, *m.* (*pl.* o, io).

pouvoir, galloud, *m.*

prairie, prad, *m.* (*pl.* ajo).

précéder, mont, dont arôk.

prêcher, prezeg (*rad.*)

précieux, talvoudus.

précoce, abret, prim.

prédicateur, prezeger, *m.* (*pl.* ien).

préfet, prefet, *m.* (*pl.* ed).

premier, kentan ; *à qui le premier*, helibini, heligentan.

prendre, kemer (*rad.*)

prénom, hano bade, *m.* (*pl.* oio bade).

préparer, ôzan, danzen (*p.* danzeet).

près de, e-kichen, tost ; *sur le point de*, prest, dare da.

président, prezidant, *m.* (*pl.* ed).

presser, gwaskan, stardan ; *se p.*, hastan.

pressoir, gwaskell, *f.* (*pl.* llo) ; presouer, *m.* (*pl.* io).

prêt, *adj.*, prest.

prétexte, digare, *m.* (*pl.* o).

prêter, prestan, rei (*p.* roet) en prest.

prêtre, beleg, *m.* (*pl.* leien) ; *ordonner pr.*, belegi.

prêtrise, belegiaj, *m.*

prier, pidi (*p.* pedet).

prière, peden, *f.* (*pl.* nno).

prince, prins, *m.* (*pl.* ed).

printemps, neve amzer, *f.*

priser, ober stad eus, prizan.

prison, prizon, *m.* (*pl.* io).

privation, dienez, *f.*, diouer, *m.*

prix, priz, *m.* (*pl.* zio, jo).

procès, prosez, *m.* (*pl.* io).

procession, prozision, *m.* (*pl.* o).

prochain, *adj.*, nesan, tostan, a deu ; *s. m.*, nesan.

proche, tost.

procureur, prokulor, *m.* (*pl.* ed).

produire, *causer*, digas (*rad.*), ober; *rapporter*, teûl (*p.* tôlet).

profond, don.

prohiber, difenn (*rad.*)

promenade, baleaden, *f.* (*pl.* nno).

promener (se), bale (*rad.*)

prophète, profet, *m.* (*pl.* ed).

propre, kempen, mist, prop, net.

propriété, *domaine*, plas, *m.* (*pl.* o) ; **mereri, mêri**, *f.* (*pl.* o).

prosterner (se), stoui.

proue, diarôg eur lestr, *m.*

prudence, furnez, *f.*

prudent, fur.

prune, prunen, *f.* (*pl.* prun, *m.*)

prunier, prunen, *f.* (*pl.* nno); gween brun, *f.* (*pl.* gwe prun).

publication, embann, (*f. pl.* o).

puce, c'hoannen, c'hoennen, *f.* (*pl.* c'hoenn, *m.*)

puisque, pa, pe, penegwir.

puissance, galloud, *m.* ; beli, *m.*

puissant, galloudek, krenv.

puits, puns, *m.* (*pl.* o).

punaise, luseden, *f.* (*pl.* ed) ; laouen goad, *f.* (*pl.* laou koad).

punir, kastian.

pur, *sans mélange*, rik ; *chaste*, glan, dinam, pur.

pureté, glander, *f.*

purgatoire, purgator, *m.*

Purification *de la S. V.*, Chandelour.

pus, lin brein, *m.* ; diskargadur, *m.*

Q

quand, pa, pe.
quantité *(en)*, e-leiz.
quarante, daou-ugent.
quartier, karter, *m. (pl.* io) ; korn douar, *m.*
quatre, pevar ; *q.-temps,* daouzek deio, *m.*
que, e, ma ; (brasoc'h) evit ; (kement) ha ; (ne) ... nemet.
quelque, eur... bennak, eun nebeud, eun toullad.
quelquefois, eur wèj bennak, a-wejo.
quelqu'un, unan bennak.

quenouille, kegel *f. (pl.* io).
querelle, tabut, *m.,* trouz, *m.* ; jach, *m.*
quête, kest, *f. (pl.* o, io).
queue, lost, *f. (pl.* o) ; *sans queue,* besk.
quiconque, piou bennak, an neb.
Quintin, Kintin.
quinze, pemzek.
quitter, kwitaat, dilezel.
quoique, daoust ma ; daoust (d'in), evid(on) da vean.
quotidien, pemdeiek.

R

rabais, disken, *m.,* rabat, *m.*
rabattre, rabati, teûl *(p.* tôlet) d'an traou.
rabot, rabot, *m. (pl.* o).
raboter, rabotaa.
raccommoder, peseliat, dresi.
raclette, rozel, *f. (pl.* io).
raie, *ligne,* lineu, rouden, *f. (pl.* nno) ; *sillon,* ant, *m. (pl.* cho).
railler, gwapaat, ober gwap eus ; gaillan.
raison, rezon, *f.,* skiand vat, *f.*
râle, renklen, ronkel, *f.*
ramoner, ramonat.
rangé *(bien),* ranjet.
rapiécer, peseliat.
rassembler, dastum *(rad.),* bodan.
rassis *(devenir),* diazean.
rat, raz, *m. (pl.* rac'hed).
râteau, rastel, *f. (pl.* llo, io) ; *r. uni,* rozel, *f. (pl.* io).
ratelier, rastel, *f. (pl.* llo, io).
rattacher (se), bean stag ouz.
réal, real, *m.*

rebouteur, ôzer, *m. (pl.* ien).
receveur, resever, *m. (pl.* ien).
recherche, enklask, *m.*
rechercher, klask *(rad.)*
réciter, laret dre envor.
récompenser, digoll *(rad.)* ; di-c'haouan.
reconnaissance, anaoudegez vat, *f.*
recourber, kromman, plegan.
récréation, didu, *m.* ; c'hoari, *m. (pl.* io).
récréer (se), en em didui.
recteur, person, *m. (pl.* ed).
réfléchir, sonjal ervat.
reflux, dichal, *m.,* trec'h, *m.*
refrain, diskan, *m.*
refroidissement, riou, *m.* ; *r. fiévreux,* arouez, aroue.
regard, sell, *m. (pl.* o).
regarder, sellet.
régiment, rejimant, *m. (pl.* cho).
régler *sur (se),* kemer skwer diwar.
regret, keuñ, keu, *m.*
regretter, kaout keuñ.

reine, rouanez, *f.* (*pl.* ed).

rejeter, disteurel (*p.* distôlet), kas (*rad.*) pell.

relever, hadsevel (*p.* savet).

religieuse, *s.*, leanez, *f.* (*pl.* ed).

religieux, *s.*, manac'h, *m.* (*pl.* menec'h).

religion, relijion, *f.*

reliques, relego, *m. pl.*

remercier, trugarekaat ; laret trugare, bennoz Doue.

remplir, kargan.

remuer, finval.

renard, louarn, *m.* (*pl.* lern).

rencontrer, kaout, en em gaout gant.

renommé, brudet.

renouveler, hadnevaat.

Rennes, Roahon.

renverse (à la), war e gil, war lein e gein.

répandre, *verser*, skuill (*rad.*) ; *éparpiller*, skignan, struill (*rad.*)

répartition *des impôts*, ingaill, *m.*

repas, pred, *m.* (*pl.* jo).

reposer (se), diskwizan.

repousser, kas (*rad.*) kwit, kas endro, kas da vale.

réprimander, gourdrouz, krozal da.

reptile, amprevan, *m.* (*pl* ed).

république, republik, *f.*

répugnance, *pour les personnes*, kaz, *m.* ; *pour les choses*, heug, *m.*, rukun, *m.*

répugnant, heugus.

réputation (*bonne*), brud vat, *f.*

résister, stourm (*rad.*)

respect, doujans, *f.*

respecter, doujan.

ressemblance, henvalidigez, *f.*

rester, chom (*rad.*) ; menel (*p.* manel).

retard (en), divezat, diweat.

retenir, delc'hen (*p.* dalc'het) ; miret).

retentir, tregerni.

retirer, tennan, lemel.

retourner, *v. n.*, distrei (*p.* distroet), mont war e giz, mont endro.

rétracter, dislaret.

retrousser, trousan.

rêve, huvre, *m.* (*pl.* o).

revêche (*d'humeur*), grignous, amjestr.

revenant, bugel-noz, *m.* (*pl.* lien n.) ; anko, *m.*

revenir, dont endro, dont war e giz, distrei (*p.* distroet).

revoir (au), kenavo.

rhumatisme, remm, *m.*, gwentr-red, *m.*

rhume *de poitrine*, gwasken, *f.*, paz, *m.* ; *r. de cerveau*, sifern, *m.*

ricanement, skrign-dent, *m.*

riche, pinvik.

rideau, ridoch, *m.* (*pl.* o).

rien, netra, mann.

rigole, ruzulen, *f.* (*pl.* nno).

rire, c'hoarziũ.

rivage, ôd, *m.* (*pl.* ôcho).

rive, ribl, *m.*

rivière, ster, *f.* (*pl.* io).

riz, riz, *m.*

robe, sê, *f.* (*pl.* o) ; hroz, *f.* (*pl.* zio).

Roche-Derrien (La), Ar Roc'h.

rocher, *de la côte*, karreg, *f.* (*pl.* kerreg) ; *de la terre ferme*, roc'h, *m.* (*pl.* reihier).

rognon, lonnezien, *f.* (*pl.* nno).

roi, roue, *m.* (*pl.* rouane).

ronger, krignat.

rosaire, rozêr, *m.* (*pl.* io).

rosée, glizen, *f.*, gliz, *m.*

Rostrenen, Rostren.

rôti, *s.*, kig rost, *m.*

rôtir, rostan ; *en desséchant*, krazan.

roucouler, grougousat.
roue, rod, *f.* (*pl.* rojo).
rouge, ru.
rougeole, ruel, *f.*
rougir, ruaat.
rouille, mergl, *m.*, melg, *m.*
rouiller, merglan, melgan.
rouler, ruillal.
royaume, rouantelez, *f.* (*pl.* io).

ruban, seien, *f.* (*pl.* nno), ruban, *m.* (*pl.* o).
rude, rust, garo.
rudesse, rustoni, *f.*
rue, ru, *f.* (*pl.* ruio).
ruiner, dimanstr (*rad.*), rivinan.
ruisseau, gwaz, *f.* (*pl.* zio, jo).
rusé, fin.

S

sable, sabren, *m. ; s. de mer*, trêz.
sablonneux, sabreunek, grouanek.
sabot, botez koad, *f.* (*pl.* boto, boteier koad).
sabotier, botoaer, *m.* (*pl.* ien).
sac, sac'h, *m.* (*pl.* seihier).
sacré, sakr.
sacrer, sakri.
sacrements, sakramaut, *m.* (*pl.* cho).
sacrifice, sakrifis, *m.* (*pl.* o).
sacristain, sakrist, *m.* (*pl.* ed).
sacristie, sekreteri, *f.* (*pl.* o).
sage, fur.
sagesse, furnez, *f.*
saigner, gwadan.
sain, iac'h.
saindoux, bloneg, *m.*
saint, *s.*, sant, *m.* (*pl.* sent) ; *adj.*, santel.
Saint-Brieuc, Sant-Brieg.
sainte, santez.
sainteté, santelez.
Saint-Pol de Léon, Kastel Pôl.
saison, amzer, *f.* (*pl.* io), mare, *m.* (*pl.* o).
salade, saladen, *f.*
salamandre, sourd, *m.* (*pl.* ed).
sale, lous, vil.
saler, salan.
salive, krach, *m.*, hal, *m.*

saluer, saludi.
samedi, sadorn, *m.* ; disadorn ; *s.- saint*, sadorn fask.
sanctifier, santelaat.
sang, gwad, *m.*
sanglier, houc'h goue, *m.* (*pl.* moc'h g.)
sangsue, kelaouen, *f.* (*pl.* nno, aou, *m.*) ; gwaderez dour, *f.* (*pl.* ed d.)
sans, hep ; *si ce n'est*, anez, panevet.
santé, iec'hed, *m.*
sardine, sardinen, *f.* (*pl.* ned).
satiété, gwalc'h, *m.*
satisfaire, *contenter*, plijout da.
saunier, holenner, *m.* (*pl.* ien).
sauter, saillet, lammet.
sauterelle, karv-raden, *f.* (*pl.* kirvi r.) ; saillerez, *f.* (*pl.* ed).
sauvage, goue ; *fruit s.*, ...put, ... moc'h.
sauver, sovetaat.
Sauveur, Salver, *m.*
savant, gouiek, gouiziek, abil.
saveur, blaz, *f.*
savoir, gouzout, goût (*v. irrég.*).
savon, soavon, *m.*
sceau, siel, *m.* (*pl.* o).
scellés, siel, *m.*
scie, hesken, *f.* (*pl.* nno).
science, gouiegez, gouiziegez, *f.*
scier, heskennat.

seau, kelorn, *m.* (*pl.* io) ; keloren, *f.* (*pl.* nno).
sec, sec'h.
sécher, sec'han.
secours, sikour, *m.* (*pl.* io).
secrétaire, sekretour, *m.* (*pl.* ien).
seigle, segal, *m.*
séjour, chomaj, *m.*
sel, holen, *m.*
selle, dibr, *m.* (*pl.* o).
semaine, sun, *f.* (*pl.* io).
semblable, hanval.
sembler, seblantout.
semer, hadan.
séminaire, kloerdi, *m.* (*pl.* o).
sénateur, senedour, *m.* (*pl.* ien).
sens, skiant, *f.* (*pl.* cho).
sentier, gwinojen, *f.* (*pl.* nno).
sentir, santout.
séparation, disparti, *m.*
séparer, dispartian, pellaat.
sept, seiz.
septembre, gwenngolo.
seran, ranvel, *f.* (*pl.* llo, io).
sergent, serjant, *m.* (*pl.* ed).
sérieusement, da vat, vit mat, a-zevri.
sermon, prezegen, *f.* (*pl.* nno).
serrer, stardan.
serrure, krogen, *f.* (*pl.* nno).
serrurier, alc'hweer, *m.* (*pl.* ien).
servante, matez, *f.* (*pl.* mitizien).
service, servij, *m.* ; *office relig.* (*pl.* jo).
servir, serviji.
serviteur, servijer, *m.* (*pl.* ien).
seuil, treuzo, *m. pl.*
seul, *tout seul,* ma, da, e,.. unan ; *un seul,* unan bepken.
seulement, hepken.
sévère, rust, garo, trenk.
si, mar, ma.
siècle, kantved, *m.* (*pl.* jo).
siffler, c'hwitellat.

sifflet, c'hwitel, *f.* (*pl.* llo).
sillon, ero, erv, *f.* (*pl.* irvi).
sinon, anez, nemet, pe.
six, c'hwec'h.
soc, souc'h, *m.* (*pl.* o).
société, kevredigez, *f.* (*pl.* io) ; *les gens,* an dud ; *compagnie,* kompagnonez, *f.* (*pl.* io).
sœur, c'hoar, *f.* (*pl.* rezed).
soie, sei. *m.* ; *ruban de soie,* seien, *f.* (*pl.* nno).
soif, sec'hed, *m.*
soigneux, aketus, prederius.
soin, aket, preder, *m.*
soir, abarde, inderv, *m.*
soixante, tri-ugent.
sol, douar, *m.* (*pl.* o); *s. battu,* leur, *f.* (*pl.* io).
soldat, soudard, *m.* (*pl.* ed).
soleil, heol, *m.*
sombre, teval.
sombrer, mont d'ar goeled.
somme *d'argent,* somm, *m.* ; dornad arc'hant, *m.* ; *sommeil,* hun, *m.*
sommeil, kousked, *m.*
sommier *de pressoir,* maout presouer, *m.* (*pl.* to).
son *(du blé),* brenn, *m.*
son, sa, *adj., à lui,* e ; *à elle,* he ; ses, o.
songer, sonjal.
sonneur, soner, *m.* (*pl.* ien).
sorcellerie, breou, *m.*, sorserez, *f.*
sorcier, sorser, *m.* (*pl.* ien).
sorte, sort, *m.* ; rumm, *m.* (*pl.* o).
sortir, mont er mêz.
sou, gwenneg, *m.* (*pl.* neien).
soufflet *de forge,* megin, *f.* (*pl.* io).
souffleter, rei eur skouarnad.
souffler, c'hwean.
souffrance, poan, *f.* (*pl.* io).
souiller, mastari, sôtran.
soûl (mon), gwalc'h, (ma) *m.*

soule, mell, *f.* (*pl.* o).
soulever, sevel (*p.* savet).
soulier, botez lêr, *f.* (*pl.* boto, boteier lêr).
soupçon, diskred, *m.*, disfians, *f.*
soupçonner, diskredi war.
soupe, souben, *f.*
souper, *s.*, koan, *f.* (*pl.* io).
soupir, huanad, *m.* (*pl.* o) ; huanaden, *f.*
soupirer, huanadi.
source, *en génér.*, mammen *f.* (*pl.* nno) ; *s. d'eau vive*, audon, *m.* (*pl.* io).
sourire, mousc'hoarzin.
souris, logoden, *f.* (*pl.* logod, *m.*)
sous, dindan.
souvenir, sonj, *m.; koun, m. (peu usité).*
souvenir (se), kaout, delc'hen (*p.* dalc'het) sonj eus ; *faire se s.*, digas sonj eus.
souvent, alies, meur a wej ; *le plus s.*, ar peurvuian.
spacieux, frank, ledan.
splendeur, sked, *m.*

statue, statu, *f.* (*pl.* io) ; skeuden, *f.* (*pl.* nno).
studieux, aketus.
suave, c'hwek, flour, dous.
succéder (se), dont an eil war-lerc'h egile.
sucre, sukr, *m.*
suer, c'hwezan.
sueur, c'hwezen, *f.*, c'hwezour, *m.*
suffire, bean awalc'h.
suggestions, ardo, *m. pl.*
suie, buel, *m.*
suite, *par s. de*, dre ; *tout de s.*, dioustu, dustu, raktal.
suivre, heul, heuill (*rad.*)
sujet, *s., au s. de*, diwarbenn ; *adj., s. à*, douget da.
supporter, *soutenir*, dougen ; *souffrir*, gouzanv (*rad.*)
sur, war.
surface, gorre, *m.*
surpris, *étonné*, souezet, estlammet.
surtout, dreistoll.
survenir, digoueout, c'hoarveout.
susceptibilité, têrijen, kizidigez, *f.*
suspendre, lakat e pign.

T

tabac, butun, *m. ; t. à priser*, b. poultr ; *à fumer*, b. frizet ; *à chiquer*, b. karot.
tabernacle, tabernakl, *m.*
table, tôl, *f.* (*pl.* io) ; *t. des matières*, tôlen, *f.* (*pl.* nno).
tableau, tôlen, *f.* (*pl.* nno).
tablier, davanjer, *m.* (*pl.* o).
tabouret, tabouros, tabros, *m.* (*pl.* o).
tache (sans), dinamm.
tacheté, briz ; *t. de blanc au front*, baill.
taie d'oreiller, toagen, *f.* (*pl.* nno).

tailleur, kemener, *f.* (*pl.* ien).
tailler *des pierres*, benan, menan.
taire (se), tevel (*p.* tavet).
talon, seul, *m.* (*pl.* io)
tambour, taboulin, *f.* (*pl.* o).
tambouriner, taboulinan.
tamis, tamoez, *m.* (*pl.* io).
tanneur, kivijer, *m.* (*pl.* ien).
tant, kement ; *t. qu'ils peuvent*, herda m' hallont.
tante, moereb, *f.* (*pl.* bezed).
tantôt, emberr ; *t... t...*, gwej... gwej.
taon, sardonen, *f.* (*pl.* don, *m.*) ; kelienen dall, *f.* (*pl.* lien, *m.*)

tapis, tapis, *m. (pl.* o) ; pallen, *f.*
(*pl.* nno).

taquin, grignous, heskinus.

tard, divezat, diweat.

tarière, talar, *m. (pl.* io).

tartine *de beurre,* tamm bara 'g
aman, bar' aman, *m.*

tas, bern, *m. (pl.* io).

tasse, tas, *m. (pl.* o).

tasser, bernian ; *se t.,* kouac'han.

taupe, go, *m. (pl.* goed)

taureau, kole, koele, *m. (pl.* o).

teiller, tillan.

téméraire, diaviz.

témoignage, testeni, *f. (pl.* o).

témoin, test, *m. (pl.* o)

tempérance, temperans, *f.*

tempérer, dousaat, distanan.

temple, templ, *m. (pl.* o).

temps, amzer, *f. ; il est t.,* poent
eo ; *une fois le t.,* eur wej an amzer,
gwej ha gwej ; *à t.,* en koulz ; *en
même t. que,* wardro gant.

tenailles, turkez, *f. ; grosses t.,*
gevel, *f. (pl.* io).

tendre, tener.

tenir, delc'hen (*p.* dalc'het).

tente, telten, *f. (pl.* nno).

terne, teval.

terre, douar, *m. (pl.* o) ; *par t.,*
war an douar, a blad.

terrier, toull louarn, toull konifl,
m. (pl. llo).

testament, testamant, *m. (pl.*
cho).

tête, penn, *m. (pl.* o).

tique, teureugen, *f. (pl.* eug, *m.*)

tir, *série de coups d'armes à feu,*
tennadeg, *f. (pl.* deier).

tirer, tennan ; *t. à soi,* jachan.

tiroir, tireden, *f. (pl.* nno).

tisserand, gwiader, *m. (pl.* ien).

toile, lien, *m. ; toile d'araignée,*
gwiad kevnid, *m.*

toison, kreo, *m.*

toit, toen, *f. (pl.* nno) ; *t. en ardoises,* t. mein glas ; *t. en chaume,*
t. zoul ; *sans toit,* disto.

tombe, be, *m. (pl.* beio).

tomber, kouean.

ton, *adj.,* **ta, tes,** da ; *après* da
prép., az.

ton, *s.,* ton, *m. (pl.* io).

tonneau, tonel, *f. (pl.* io, llo)

tonnerre, kurun, *m. (pl.* o).

tordre, gwian ; *t. du linge,* diwas-
kan.

torture, tourmant, *m. (pl.* cho),
poan, *f. (pl.* io).

torturer, bourrevian.

tôt, abret.

toucher, *v.,* stokan, touch *(rad.)*

toucher, *s.,* stok, touch, *m.*

toujours, bepret.

tour, *f.,* tour, *m. (pl.* io).

tour, *m., mouv. circulaire,* tro, *f.*
(*pl.* io) ; *ruse,* tro kamm ; *t. de
tourneur,* teurgn, *f.*

tourbillon, avel dro, *f. ;* korventen, *f.*

tourner *en rond,* trei (*p.* troet) ;
au tour, teurgnan.

tourte, torz, *f. (pl.* o).

Toussaint *(la),* gouel an Oll Zent,
m.

tout, oll ; *t. entier,* a-bez ; *t. à fait,*
a grenn.

toux, pas, *m. ;* gwasken, *f.*

tragédie, trajedien, *f. (pl.* io).

train, *convoi,* tren, *m. (pl.* io) ; *al-
lure,* kerzed, *m.*

train de (en), o *suivi d'un inf.*

traîner, stlejan, sklejan.

traître, treitour, *m. (pl.* ien) ; trubard, *m. (pl.* ed).

tranquille, didrous, sioul.

transplanter, treusplantan.

transporter, kas *(rad.)*

travail, labour, *m.* (*pl.* io) ; *travaux forcés,* galeo, *m. pl.*
travailler, labourat.
travers (à), a-dreuz.
traverser, treuzan,
traversin, olier penn, penn olier, *m.*
trèfle, melchon, *m.*
Tréguier, Landreger ; *le pays de T.,* Treger.
trembler, krenan.
trémie, kern, *f.* (*pl.* io).
tremper, trempan, souban.
trente, tregont.
trépied, trebe, *m.* (*pl.* eio).
très, meurbet, bras, gwall...
tresser *de la paille,* pletenni, ober pleten.
tréteaux *funèbres,* marskaon, *f.* ; marc'h-kanvo, *m.*
treuil, traouil, traouail, *m.* (*pl.* o).
Triagos (les), Treoger (an).
tribulation, truhuill, *m.* (*pl.* o).

tribunal, lez-varn, *m.*
Trieux, Treo.
Trinité, Trinded, *f.*
tripes, stripo, *m. pl.*
triste, trist, melkoniet.
tristesse, tristidigez, *f.*
trois, tri, *m.,* taer, *f.*
tromper, tromplan, touellan ; *se t.,* fazian, en em dromplan.
tronc, kef, *m.* (*pl.* io) ; *t. de chou,* treujen gôl, *f.* (*pl.* jo).
trône, tron, *m.*
trou, toull, *m.* (*pl.* o).
troupe, banden, *f.* (*pl.* uno); bagad, *m.* (*pl.* o).
trouver, kavout.
truie, gwiz, *f.* (*pl.* zi).
tu, te.
tuer, lac'han ; *à tue-tête,* abouez penn.
tuerie, lac'hadeg, *f.*
tuile, teolen, *f.* (*pl.* teol, *m.*)
tumulte, trouz, *f.,* safar, *m.*

U

ulcérer (s'), gori.
un, unan ; *un seul,* u. hepken ; *l'un, l'autre,* an eil egile.
uni, *sans aspérité,* kompez, plen ; *non uni,* digompez.

ustensiles, listri kegin, *m. pl.*
usurier, uzulier, *m.* (*pl.* ien).
utile, mat, talvoudus.

V

vache, buoc'h, *f.* (*pl.* saoud, buc'hezed).
vague, *s.,* gwagen, *f.* (*pl.* uno).
vaisselier, listrier, *m.*
vaisselle, listri kegin, *m. pl.*
valet, mevel, *m.* (*pl.* ien).
valet d'établi, varled, *m.* (*pl.* o).
valeur, talvoudegez, *f.*
vallée, traouien, *f.* (*pl.* nno).

valoir, talvout.
vanner, gwentan.
Vannes, Gwened.
vase, *m.,* besel, *m.* (*pl.* io).
vase, *f., sédiment,* lec'hid, *m.*
vaurien, haillon, lampon, *m.* (*pl.* ed).
veille ; *la v. de,* de rôk, de kent, derc'hent, *m.*

veillée, beilladeg, *f.* (*pl.* eier).
veiller, beillan ; *v. sur*, evesaat, teùl evez ouz.
veine, gwazien, *f.* (*pl.* zio).
velours, voulous, *m. ; ruban de v.*, voulousen, *f.* (*pl.* nno).
vendre, gwerzan.
vendredi, gwener, *m.* ; digwener ; *v.-saint*, gwener ar groaz.
venger, venji.
venimeux, bunumus.
venir, dont *(v. irrég.)*
vent, avel, *f.* (*pl.* io) ; *v. brûlant*, a. skôt.
vente, gwerz, *f.* (*pl.* io) ; *v. à l'encan*, g. en ekan.
vêpres, gouspero, *m. pl.*
ver, preñv, *m.* (*pl.* ed) ; *v. de terre*, buzugen, *f.* (*pl.* zug, *m.*) ; *v. à soie*, preñv sei.
verglas, frim, *m.*
vergue, delez, *f.* (*pl.* zio).
véritable, gwir.
vérité, gwirione, *f.* (*pl.* o).
vermine, astu, *m.*
vérole, brec'h, *f.*
verrat, houc'h, *m.* (*pl.* ed).
verre, gwer, *m.* ; *un v.*, eur weren, *f.*
verrou, moraill, *m.* (*pl.* o).
verrouiller, moraillan.
vers, *s.*, gwerzen, *f.* (*pl.* gwerz, gwerzenno ; *une pièce de v.*, gwerz, *f.* (*pl.* zio).
vers, *prép.*, etrezek.
versé *dans*, abil, gouiek, a oar.
verser, *par dessus bord*, skuill *(rad.) ; tranvaser*, diskargan.
vert, glas.
vertu, vertu, *f.* (*pl.* io) ; furnez, *f.*
veste, chupen, *f.* (*pl.* nno) ; porpan, *m.* (*pl.* so).
vêtements, dillad, *m. pl.*
vêtir, gwiskan.

veuf, intanv, *m.* (*pl.* ien).
viande, kig, *m. ; v. de bœuf*, kig bevin.
vicaire, kure, *m.* (*pl.* eed).
vide, goullou.
vie, bue, *f.* (*pl.* eio).
viellesse, kozni, *f.*
vierge, gwerc'hez ; *V. Marie*, G. Vari.
vieux, koz ; *vieille, s.*, gwrac'h, *f.* (*pl.* ed).
vif, beo, prim, ampart.
vigile, *abstinence*, vijel, *m.* (*pl.* o).
vigilance, evez, *m.*
vigoureux, krenv.
vilain, vil, divalo.
village, keriaden, *f.* (*pl.* nno).
ville, kêr, *f.* (*pl.* io).
vin, gwin, *m.*
vinaigre, gwinegr, *m.*
Vincent, Visant.
vingt, ugent.
virginité, gwerc'hded, *f.*
vis-à-vis *de*, a dal da.
visite, gweladen, *f.* (*pl.* nno), *surtout en vue d'un mariage*.
vite, buban, bubon.
vitesse, berr, *m.*
vivre, bevan ; *vive… !* bevet…! da virviken !
vœu, gwestl, *m.* (*pl.* o).
voici, setu aman.
voilà, setu aze.
voile, gouel, *f.* (*pl.* io).
voir, gwelet.
voisin, amezeg, *m.* (*pl.* zeien).
voiture, gwetur, *f.* (*pl.* io) ; kar, *m.* (*pl.* kiri).
voix, mouez, *f.* (*pl.* io).
vol, *larcin*, laeronsi, *m.* (*pl.* o) ; *v. des oiseaux*, nij, *m.*
voler, *dérober*, laerez (*p.* laeret) ; *en parlant des oiseaux*, nijal.

voleter, nijeta (*inf. seulement*) ; gouruijal.
voleur, laer, *m.* (*pl.* laeron).
volonté, bolante, *f.*, ioul, *f.* (*peu usité*).
voter, botan.
vôtre, ho.

vouer, gwestlan.
vouloir, mennout (*peu usité*) ; fellout (*v. unip.*) ; ne pas vouloir, goulen *avec la négation.*
vous, c'hwi.
vue, gweled, *m.*

Y

Yves, Ervoan, Evoan, Oan.

Z

zèle, karaute virvidlk, *f.* ; soursi bras, *m.*

ADDENDA

Ajouter :

p. 18. — **N° 31.** — Règle. Les conjonctions de subordination ne peuvent être séparées du verbe que par un pronom personnel complément et par la particule **en em.** *Quand le soleil se lève,* **pa zav an heol** ; *quand je vous verrai,* **pa ho kwelin** ; *si les enfants s'aiment,* **mar en em gar ar vugale.**

p. 44. — *Note.* — A vrai dire, les noms collectifs qui ont un singulatif féminin en **en** peuvent sans inconvénient être considérés eux-mêmes comme des noms féminins. Ils désignent en effet des noms de choses, noms qui, au pluriel, ne doivent jamais à leur genre d'éprouver des mutations. On dira, par exemple : **ar bleo, ar blevenno,** f., *les cheveux ;* **bleo kaer, blevenno kaer,** *de beaux cheveux* (*Gram.,* n° 65).

Mais il arrive quelquefois que le pluriel collectif s'emploie comme un singulier. Ainsi l'on dit : **an ed,** *le blé ;* **an edo,** *les blés ;* de même : **ar golo,** *la chandelle,* **ar goloio** ou **goleier,** *les chandelles.* On traite **ed** et **golo** comme des noms masculins : **ed kaer, golo gwenn,** tandis que l'on dira avec le singulatif **eun eden gaer,** *un beau grain de blé ;* **eur c'holaouen wenn,** *une chandelle blanche.*

La formule qui fait l'objet de la présente note n'est donc que le résultat d'une généralisation : souvent il n'y a pas nécessité d'en tenir compte.

p. 83 (s.-titre). — Etudier la leçon n° 31 de la *Petite syntaxe.*

p. 36 (titre). — La famille, le corps...

Ajouter :

p. 50. **c'hwezen**, f., *sueur.*
p. 52. **gwaskenni**, *tousser.*
p. 52. **laerez**, f., *mal de côté, colique.*
p. 54. **blonegen**, f., *pain de graisse salée.*
p. 58. **spoue**, m., *éponge, liège, bouchon de liège.*
p. 60. **heuzen**, f., *guêtre.*
p. 62. **plisen**, f., *manteau de deuil.*
p. 66. **tabros, tabouros.**
p. 86. **pal dan**, f., *pelle à feu.*
p. 88. **lanfas**, m., *filasse.*
p. 88. **endramm** (*rad.*)
p. 100. **loc'h**, m., *levier.*
p. 104. **nadoue**, f., *aiguille.*
p. 124. **kouzoumenni**, *administrer la confirmation.*
p. 150. *p* peut provenir d'un *b* fondamental.
p. 153. **bavetten...** bavette de tablier.
p. 154. **blonegen**, *f.*, pain de graisse salée.
p. 156. **deliaven**, *f.*, pl. **deliav**, feuille.
p. 158. **diskwiz**, *s. m.*, repos.

p. 160. **fenoz**, cette nuit.
p. 160. **fete**, aujourd'hui (dans l'avenir).
p. 161. **lanfas**, *m.*, filasse.
p. 162. **goulaouen... golo**, *m.*
p. 163. **gwerzen**, *f.*, vers.
p. 164. **henvoaz, henoaz.**
p. 168. **kib**, *m.*, pl. **io**, chevron.
p. 172. **levenez, levene.**
p. 172. **loc'h**, *m.*, pl. **o**, levier.
p. 173. **mat**, *adj...; quelquef.* grand.
p. 177. **pegus**, contagieux.
p. 178. **porpan**, *m.*, pl. **so**, paletot.
p. 180. **rodelli**, friser.
p. 187. **s'affranchir** *de*, terri, kas da vale.
p. 196. **crever**, kreuvi.
p. 197. **dire**, ... lavarout.
p. 198. **écume**, eonen, *f.*, eon, *m.*
p. 199. **entourer**, bean, lakat en dro da ; ober an dro da.
p. 200. **se fâcher**, ... kemer droug.
p. 201. **filasse**, lanfas, *m.*
p. 202. **franchise**, frankiz, *f.*
p. 204. **humain**, ... mat, tener.
p. 207. **lier**, stagan.

CORRIGENDA

Au lieu de :	*lire :*
p. 24 aobl	oabl.
p. 26 dichal	dinaou.
p. 30 tom	tomm.
p. 40 gopr	gobr.
p. 40 gopraat	gopra.
p. 40 komêr	komaer.
p. 40 kompêr	kompaer.
p. 42 Beneat	Benead.
p. 44 javed, *m.,* pl. o	garvenn, f. pl. nno.
p. 48 bouello, m. pl.	bouello, pl.
pp. 49, 51 gwech	gwej.
p. 65 javedo	garvenno.
p. 65 dislotet	dilostet.
p. 65 c'hase	chase.
p. 73 dichrêt	dic'hrêt.
p. 76 plichiglaou	pichiglaou.
p. 79 begplat	beg plat.
p. 83 peñv-sei	preñv-sei.
p. 86 spec'haden	speroden.
p. 88 (titre) ar c'hanab	ar plant lanfas.
p. 88 (titre) *le chanvre*	*les plantes textiles.*
p. 92 *herbe* (plutôt mauvaise)	*herbe* (utile ou nuisible).
pp. 94, 95 *étrèpe*	*étrape.*
p. 100 disken	diskenn.
p. 103 doman	domman.
p. 103 lesfet	lezfet.
p. 104 aveï	aven (p. aveet).
p. 104 *pécel*	*paisseau.*
p. 108 (titre) Ar micherio	Micherio.
p. 111 (titre) de cause, d'énonciation	de cause,.. d'énonciation.
pp. 114, 115 krê	krei.
p. 122 peurvian	peurvuian.
p. 126 kalonekaat, *encourager...*	kalonekaat...
p. 127 c'halonekaat	c'honforti.

Au lieu de :	*lire :*
p. 132 deputed	deputeed.
p. 132 konsailler	kuzulier.
pp. 134, 135 kanol	kanon.
p. 137 testiou, testio	testo.
pp. 138, 139 dalledigez	dallente.
p. 142 konnar, m.	konnar, f.
p. 144 (titre) joa	levene.
p. 148 (titre) *universaux.*	*termes divers.*
p. 152 arruont	arruout.
p. 158 disken	diskenn.
p. 161 frêjo, *m. pl.*	frêz, *m.*, pl. zio, jo.
p. 168 kibr,... pl. io	kibr, ... pl. o.
p. 168 konnar, *m.*	konnar, *f.*
p. 174 miligan	milligan.
p. 176 agraou	ogroaou.
p. 176 pank ... bank	pank ... banc.
p. 176 Panverit	Panverid.
p. 178 Plêranek	Plêraneg.
p. 178 potouarn ... pl. o	p ... pl. io.
p. 182 skouarneta	skouarnata.
p. 189 bague ... gaolen	b .... goalen.
p. 197 disken	diskenn.
p. 202 konnar, *m.*	konnar...
p. 208 miligan	milligan.

TABLE

des Sujets traités dans les Exercices

V. — SOCIÉTÉ RELIGIEUSE ET CIVILE

VI. — L'AME ET SES FACULTÉS

TABLE

des Règles appliquées dans les Exercices